语文让成长更精彩

——我的生态语文理论研究与实践之路

彪 ◎ 著

世界知识出版社

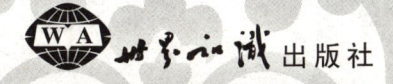

图书在版编目（CIP）数据

语文让成长更精彩：我的生态语文理论研究与实践之路 / 罗珠彪著. — 北京：世界知识出版社，2018.12
　ISBN 978-7-5012-5889-5

　Ⅰ．①语… Ⅱ．①罗… Ⅲ．①小学语文课－教学研究 Ⅳ．① G623.202

中国版本图书馆 CIP 数据核字（2018）第 247641 号

语文让成长更精彩

作　　者：罗珠彪
责任编辑：侯新鹏
策划统筹：赵俊辉　赵春霞
装帧设计：豆苗工作室

出版发行：世界知识出版社
地　　址：北京市东城区干面胡同 51 号
网　　址：http://www.ishizhi.cn/
电　　话：(010)65265923
经　　销：新华书店
印　　刷：天津雅泽印刷有限公司

开　　本：787×1092 16 开
字　　数：260 千字
印　　张：19
版　　次：2018 年 12 月第 1 版
印　　次：2018 年 12 月第 1 次
定　　价：88 元

目录

第一章 生态语文的背景
 第一节 四大文明古国，唯独中国语文常青 /4
    ——生态语文是中华民族的优良传统
 第二节 语文终究以人为本 /12
    ——生态语文是国际语文教育发展的重要趋向
 第三节 创新，是为了更好地传承 /19
    ——生态语文是新时期立德树人的时代要求

第二章 什么是生态语文
 第一节 从"失位"走向"回归" /27
    ——生态语文的提出
 第二节 让"小树"变"森林" /36
    ——生态语文的研究
 第三节 始于初心、终于未来的生态语文 /45
    ——生态语文的发展

第三章 生态语文的宗旨与价值
 第一节 为孩子破解生命与成长的格局 /57
    ——生态语文的宗旨1：回归语文本真
 第二节 不只是说说而已 /63
    ——生态语文的宗旨2：守护人文本性
 第三节 让每个人都成为独一无二的"自己" /69
    ——生态语文的宗旨3：促进自主成长
 第四节 语文，一切学科的"根" /76
    ——生态语文的价值1：学科学习价值
 第五节 阳光雨露让生命成长 /84
    ——生态语文的价值2：生命发展价值
 第六节 善用这股流淌千年的泉水 /92
    ——生态语文的价值3：文化传承价值

第四章 生态语文的基本特征
 第一节 人文精神与人文素养 /100
    ——生态语文的人文性

目录

　　第二节　呵护思维之花 /110
　　　　　　——生态语文的多样性
　　第三节　做自己的老师 /118
　　　　　　——生态语文的自主性
　　第四节　一生的教育　/125
　　　　　　——生态语文的持续性

第五章　生态语文素养分析
　　第一节　核心素养，架设未来桥梁 /133
　　　　　　——生态语文素养的五维框架
　　第二节　给孩子一种幸福的生活方式 /144
　　　　　　——生态语文素养的七种主要能力

第六章　生态语文素养培养路径
　　第一节　沿着价值的方向寻找目标 /175
　　　　　　——构建生态语文课堂评价标准
　　第二节　综合素养提升的必由之路 /181
　　　　　　——建设生态语文必修课程
　　第三节　语文能力决定一个人的未来 /190
　　　　　　——完善生态语文专项课程
　　第四节　破茧成蝶，让梦想的翅膀飞起来 /209
　　　　　　——加强生态语文精英课程建设
　　第五节　用标准和培训去提升 /219
　　　　　　——建设生态语文教师队伍
　　第六节　让科研成果真正走进教学一线 /251
　　　　　　——生态语文科研成果的全方位推广

第七章　生态语文素养测评
　　第一节　语文素养，发掘创新人才 /257
　　　　　　——生态语文素养测评的前期探索
　　第二节　你真的了解自己吗 /274
　　　　　　——生态语文指数的构建与测评
　　第三节　搭建生态语文论坛平台　发布年度生态语文指数 /299
　　　　　　——生态语文建设的平台化与数据化之路

第一章 生态语文的背景

第一节
四大文明古国，唯独中国语文常青

——生态语文是中华民族的优良传统

反思《"钱学森世纪之问"的答案》

2011年春季，我在湖北武汉青山学校里辅导孩子的作文，我想启发一下孩子的批判思维，一堂课下来，收获超出我的想象。最让我震惊的是下面一篇作文：

"钱学森世纪之问"的答案

湖北武汉青山 万嘉铭

某年某月某日，在朱圈十三点小学，发生了滑稽的一幕。

"李——白！"胡老师勃然大怒，"你又喝酒了！"教室里弥漫着的酒香已经把同学们熏得摇摇晃晃，可经胡老师一吓，立马清醒了。

李白一惊："老师，我在写诗。"他举起了手中的一张纸。

胡老师更生气了："上课就是上课！写什么诗？还喝酒！完全不像个小学生！"

"哎！比尔·盖茨，你又在干什么？"

比尔·盖茨小心翼翼地站起来:"没……没干什么呀?"可慌张中,一本《计算机大全》从抽屉中掉了下来。

"不仅上课看书,还不承认!你看你,像什么样子,整天沉迷电脑!叫家长来!"胡老师已气得满脸通红,"今天的晚自习加一小时!"

全班叹息起来,胡老师眼睛一瞪:"干什么,干什么?再加一小时!"全班立刻静了下来。

不一会儿,就见涂校长走了进来,同学们连忙起立,只有乔布斯一人坐在原地,一动不动地在发呆。涂校长刚好看见了他,生气地问:"乔——布——斯!你在干什么?"乔布斯连忙起立:"我在设计平板电脑路线图。"胡老师两眼一瞪:"校长来了也不打招呼!你像什么学生?啊?!"乔布斯吓坏了,连忙收起了所谓的"胡思乱想"。

涂校长说:"小胡,把学生评语给我看看。"胡老师递上一叠《学生评价表》。

牛顿的评语:

该生上课经常盯着校外的苹果树发呆,注意力十分不集中。有一次,一个苹果掉了下来,把他的头砸了,他不但不捡苹果,还在想一个十分"二"的问题:为什么苹果要向下掉,不向上掉呢?我怀疑他智商为零,建议家长带他去医院检查。

李白的评语:

该生十分爱喝酒,喝完酒后就胡言乱语,曾多次打断老师上课。该生还有严重近视,在诗中他把月光当成霜。他去过庐山后,近视更加严重,把瀑布看成了银河,还说有三千尺。建议家长给他配一副眼镜。

爱迪生的评语:

该生行为怪异,做什么事情经常让人摸不着头脑。有一次,他看见母鸡在孵蛋,他也要学着母鸡的样子孵蛋,想把小鸡孵出来,家长最好带他去做个心理检查。

……

钱学森老爷爷临终前遗憾地问道:

"为什么我们的学校培养不出杰出的人才？"

唉，中国的学生整天受这种死板的教育，能有杰出的人才出现才怪呢！

我从事语文教育30余年了，称得上为学生付出颇多，而实际上自学生那里受益也颇丰。学生有时一句牢骚、一个眼神、一个表情，只要试着去反思一下，也许可以挖出一些语文教育上的根本性问题。比如，《"钱学森世纪之问"的答案》这篇作文的小作者对语文教育的反思，当时就引发了我另外一个层面的反思。

我们的孩子所受的语文教育是如此死板，我们自己小时候所受的语文教育也是如此死板吗？

回答是肯定的。

我们自己小时候所受的语文教育是如此死板的，我们的祖先所受的语文教育也是如此死板的吗？

回答是否定的。

尽管鲁迅的"三味书屋"曾经给人不良的印象，但是纵观几千年的语文教育成果，自诸子散文以至明清小说，语文教育成绩之成功可谓举世公认。另一个有趣的现象是，四大文明古国中，古埃及、古印度、古巴比伦的语文载体——古文字已然消失，唯独汉语，经历了上下五千年的血与火，尤其是经历元清两朝统治，至今犹存，常青不凋。这就不能不让人着意去回溯与反思一下中国古代语文教育的历史了。

可以说，古代语文教育是很发达的，也是很有特色的。古代语文教育的师生关系在主流上是多么平等和谐！古代语文教育的内容上多么圆融互摄！古代语文教育的功能是多么丰富多样！古代语文教育的理念是多么高明通达！

沂水春风——古代语文课堂的理想范式

心理学研究表明,在民主型的师生关系中,由于师生之间注意协调、沟通,关系比较和谐,学生感到轻松愉快。实践证明:和谐的师生关系,总是使学生在他们所认同的目标和指引下,主动地、积极地参与各种学习活动,保持高涨的习热情和良好的学习状态。反之,专横粗暴、专制压抑的教育方式,只能令学生对学习产生反感、厌恶的情绪。在中国语文教育史上,有一位"诲人不倦""循循善诱"的老人,这位长者就是教育家孔子。孔子讲学,很重视创造师生之间平等民主和谐的气氛。他不愿学生唯唯诺诺,希望师生之间共同切磋学问,提出相反意见,并认为这样对教师才有帮助。"三人行必有我师",强调相互学习,教学相长的重要性。

在《论语·先进》里有一篇广为人知的文章《子路、曾皙、冉有、公西华侍坐》,里面师生问答时,看不出学生们有任何压抑和应付之感,一切是那么和谐自然,轮到曾皙分享时,是这样一段描述:

"点!尔何如?"

鼓瑟希,铿尔,舍瑟而作,对曰:"异乎三子者之撰。"

子曰:"何伤乎?亦各言其志也。"

曰:"莫春者,春服既成,冠者五六人,童子六七人,浴乎沂,风乎舞雩,咏而归。"

夫子喟然叹曰:"吾与点也!"

在儒家的教育思想里,"不愤不启、不悱不发","举一反三",师生之间的互动已有了雏形,强调学生主动的思考探索和积极的心理准备状态在现在看来都是有重要意义的。"因材施教",承认并尊重学生的个别差异,要求老师充分了解学生个性,扬长避短,有针对性地教育正是素质教育的基本原则。"当仁不让",体现作为老师对学生的激励以及应有的博大胸怀。

　　生态语文的教学，最好是从关怀生命出发，以语言文字的学习和运用为主要目标，以学生的主动、能动、互动为表征，营造一个多元化、多向度、多样式的听、读、研、思、说、写、演的语文场，进而达到学生自能读书、自能作文、自能成长的化育之境。这样的追求，必然建基在"学本式"的教学模式上。生态语文还原语文课程实践性和融通性的原貌，不赞成将教师的"教"作为中心，赞成将学生的"学"作为中心，让语文学习在丰富的学生活动中自主完成，学生在自主学习中积累学习经验。回归"语言文字的运用"的本质属性，回归每个学生生命成长的教育。

　　古代语文教育的主导思想毫无疑义是儒家思想，以儒家思想为指导的古代语文教育，在创造师生平等关系、构建和谐高效课堂上，奠定了良好的传统，给我们启示。

《红楼梦》——古代大语文教育的结晶

　　2015年，习近平主席向美国林肯中学捐赠了一批中国古典书籍，书单上排名第一位的是《红楼梦》。

　　《红楼梦》是一本奇书，内容上包罗了中国封建社会的物质文化、制度文化、精神文化这三个基本层面，是对整个中国古代文化的回顾、总结、浓缩和艺术的表现，是中国封建社会生活文化的集大成者。清代学者王希廉曾评价说："一部书中，翰墨则诗词歌赋，制世尺牍，爱书戏曲，以及对联匾额，酒令灯迹，说书笑话，无不精善；技世则琴棋书画，医卜星相，及匠作构造，栽种花果，营养禽鱼，针黹烹调，巨细无遗；人则方正阴邪，贞淫顽善，节烈豪侠，刚强懦弱，及前代女将，外洋诗女，仙佛鬼怪，尼僧女道，娼妓优伶，黠奴毫仆，盗贼邪魔，醉汉无赖，色色具有；事迹则繁华筵宴，奢纵宣淫，操守贪廉，宫闱仪制，庆吊盛衰，判狱靖寇，以及诵经设坛，贸易钻营，事事皆全；甚至寿终夭折，吞金服毒，暴病身亡，药误，以及自刎被杀，投河跳井，悬梁受逼，撞阶脱精，等等，亦件件皆有。"

研读《红楼梦》就是在研读中国的传统文化，它已经成为民族传统文化的化石和标本了，这是中国任何一部其他小说难以达到的成就。它也是我们古代语文教育的丰硕成果的见证。

《红楼梦》之花，需要什么样的语文教育土壤呢？

是古代语文教育内容的融通性这一特质为《红楼梦》提供了沃土良田。

古代语文教育的融通性，第一，体现在语文学科内部的融通，在学习目标上综合"字、词、句、篇、语、修、逻、文"八个维度，在能力训练上综合听、说、读、写、书(法)等多个方面；第二，体现在语文教育内容的跨学科融通上，古代语文教育是通识教育，包含着文学、文字学、经学、史学、哲学、伦理学、社会学，乃至自然科学等各个方面。

早在春秋战国时期，我国就有礼、乐、射、御、书、数的六艺教育。春秋战国之后，在长期的封建统治下，"五经""四书"成为封建社会学校的必读教科书，这期间的语文教育，融通性十分突出。魏晋南北朝以后出现的文选教材，也是把阅读、写作与文章、文学知识教育乃至思想政治教育、伦理道德教育结合在一起的。这也是古代语文教育内容统合性的体现。古代就连最简单、最基本的启蒙读物《急就篇》《千字文》等，都不是简单的识字读本，书中都包含了自然、历史、文学、修身、处世、起居、读书、劳动、祭祀、礼节等十分丰富的内容，蒙童识字是和认识自然、认识生活、认识社会紧密联系在一起的。启蒙之后的读物，就更是那些能够使学生修身养性，能培养齐家治国能力的，以传统儒家思想为主的融通性教材。

用生态学的理论来说，生态就是"生物之间以及生物与环境之间环环相扣的关系"，每一个生物以其特定的"生态位"与其他生物和环境发生着关联，形成一种"圆融互摄"的关系。所以，生态语文中，语文的内部，听、读、研、思、说、写、演等语文能力之间，以及师生、生生、师生与教材、师生与环境之间，固然是一种"圆融互摄"的关系；而语文的外部，语文与其他学科、政治、经济、道德、人生、自然等方面，也是一种不可分割的"圆融互摄"的关系。

站在大语文时代的今天，回望历史，发现古代语文教育是一种广义的语文教育，是集经史子集为一体、熔文史哲经于一炉的大语文教育，是一种成功的圆融互摄的生态语文。

《易经》的"大化"——古代语文教育的本质

《周易》贲卦的彖辞上讲："刚柔交错,天文也；文明以止,人文也。观乎天文以察时变,观乎人文以化成天下。"其意是说，天生有男有女，男刚女柔，刚柔交错，这是天文，即自然；人类据此而结成一对对夫妇，又从夫妇而化成家庭，而国家，而天下，这是人文，是文化。人文与天文相对，天文是指天道自然，人文是指社会人伦。治国家者必须观察天道自然的运行规律，以明耕作渔猎之时序；又必须把握现实社会中的人伦秩序，以明君臣、父子、夫妇、兄弟、朋友等等级关系，使人们的行为合乎文明礼仪，并由此而推及天下，以成"大化"。

语文教育从一开始就伴随着从自然人，到社会人的"大化"，人文教育是语文教育最本真的起源。

例如，作为儒家经典之一的《诗经》，是古代早期社会的第一部诗歌教育的读本，但是《诗经》的价值却不只是语文学科价值，孔子的"兴、观、群、怨"说，将《诗经》的价值推而广之，提高到生命发展的"以文化人"的高度。

再如，古时候人才选拔制度，无论访贤、选士，还是察举，都会考量一个人的人文。正是基于这样的特点，公元178年，汉灵帝在洛阳开办"鸿都门学"，语文教育开始成为发现和选拔人才的学科。公元 438 年，南朝宋文帝在南京开办"四学馆"，包含儒学、史学、玄学、文学四个系。语文依然是人才选拔的重要学科。

1904 年 7 月 4 日清晨，在礼部会试中选拔出来的 273 名贡士，从中左门进入保和殿，历经点名、散卷、赞律、行礼等种种仪式礼节，准备参加名义上由皇帝主考的殿试。

这是三年一度的全国科举考试的最后一关。贡士们按这次考试的成绩重新排定名次，一甲 3 名将获赐进士及第，二甲和三甲分别获赐进士出身和同进士出身。上午 10 时，试题发下，是以皇帝名义提出的时务策问，题长五六百字。贡士们立即开始撰写对策文，对皇帝提出的问题发表自己的见解和建议。对策文不限长短，常例为 2000 字，规定字必正体，文必到行，工整有格，不容疏忽。日暮为交卷时限。这次殿试的前三名为状元刘春霖、榜眼朱汝珍、探花商衍鎏。参加这次殿试的贡士还有谭延闿、汤化龙、蒲殿俊、沈钧儒等。清廷于次年宣布废科举，因此甲辰科考成为中国历史上最后一次科举考试。

从公元 606 年隋炀帝开科考，到 1904 年最后一次科举考试，1300 多年的时间，语文为中华民族选拔了 110 多万名优秀人才，语文甚至成为中华民族优秀文化下的人才象征。

我们中华民族的语文，从来就不是一门单独的学科，是一个内容具有融通性，教学具有和谐性，功能具有多样性，本质具有人文性的生态系统。

生态语文是中华民族的优秀传统。

第二节
语文终究以人为本
——生态语文是国际语文教育发展的重要趋向

全球化是人类发展所必须经历的一个过程，而全球化所带来的文化接触必定会对本国造成冲击，传统的语文教育也因此受到影响。在大量的外来文化的冲击下，传统语文教育在某些时候，多少会显得与时代有些格格不入。嘴中说着"高山仰止，景行行止"的迁客骚人，似乎离我们现在的孩子太遥远了。但我却不这样认为，任何一种文化的背后，都是人文精神的传承，即便是在提倡全球一体化的今天，生态语文也一样是国际语文发展的重要方向。而我多年研究求索，走访国内外的专家学者，发现在与他们的交流中，正是很好地印证了我的观点。

2016年5月，经合组织（OECD）发布《全球素养培养：为了一个更加包容的社会》（Global Competency for an inclusive world）报告，该报告中在PISA2018中引入一项新的内容——全球素养（global competence）的概念并对其进行测评。"全球素养是分析地方、全球和跨文化问题的能力，理解和欣赏他人的看法和世界观，与来自不同文化背景的人进行公开、适宜和有效的互动，并为集体福祉和可持续发展采取行动。"

图1 "全球素养"与"语文素养"

当今社会，经济方式、数字技术、人口结构和生存环境的加速转变正在影响我们的日常生活，我们将面临更多跨文化交流的机会和挑战。对于青少年来说，学习参与更多相互联系、复杂多样的社会逐渐成为一种迫切需要，全球素养在我们相互联系和多元化的社会中变得越来越重要。

从经合组织的报告中，我们不难解读出两个基础层面的含义：首先是全球教育发展对个人素养的重视。我们早已过了那个单纯依靠技术吃饭的年代，人与人的有机结合才是时代的主旋律。而在这种结合与碰撞中，素养是必不可少的连接桥梁，因此，重视素养必是任何以人为本教育的未来发展方向。其次，全球素养中更是提到关于"沟通""互动""理解"等关键词，而这些基本能力也正是我在"生态语文"七大核心能力中多次提到的。由此不难发现，任何基础素养也好，高等技能也罢，都是建立在一定的语文核心能力之上的，因为毕竟人与人的交流，都是建立在基本的理解沟通与交流之上的，所以生态语文素养的理论观点，符合了国际教育发展的潮流。

建构主义是国际科学教育中的重要支撑性理论。20世纪90年代开始，以认知主义学习理论为基础的建构主义学习理论在理科教学领域中逐渐流行起来，成为国际科学教育改革的主流理论。

建构主义理论认为：新知识总是建立在学习者已有的知识经验的基础上。知识不是客观的，而是具有个体性、主观性、情境性（源自德国 Schwank 教授）。

建构主义心理学家曾用一幅形象的"鱼牛图"来说明我们感知世界、理解世界、得出概念结论的过程：鱼和青蛙是一对同在池塘里长大的朋友，青蛙长大后离开小池塘，去见识外面的世界。一日，回到故地，向昔日的朋友描述它所见的世界："外面有很大的吃草的牛，有四条腿，身上还长着花斑点……"于是，在鱼的脑子里，依照青蛙的描述，形成了一幅生动的画面——一如我们在图中所见。

图 2 关于"鱼牛图"的一点感想

鱼的错误是利用了自己惯常所见的形象，特别是自己同类的形象概念进行综合、推理、判断。由此建构主义认为学习者在接受外界事物是利用自己已有的经验形成新的意义建构，学习者理解的知识和在大脑中已有的知识相关。

然而，我个人认为，故事中的鱼之所以将陆地上的牛想象成鱼的身子和鱼的尾巴，主要原因在于青蛙对牛的解释，对牛的描绘，也就是说知识的传播过程出现了问题，信息传播者将信息进行编码，转换成自己的语言，再通过媒介传播给受体，受体接受信息，译码后转换成自己的信息储存到大脑。建构主义认为，小鱼在译码环节出现了问题，从而导致对牛的认识出现错误。而我认为，小鱼犯的错误的根源在于信息传播者，在传播的过程中，青蛙是借助嘴这个媒体进行传播的，青蛙的语言对牛描绘得不够具体，应具体到细节，青蛙对牛描绘得越细，小鱼对牛形象的理解也就会越接近牛真实的形象。因此，我觉得只要做足够清晰的描述，便能够盖过小鱼原有经验在理解牛真实形象中起到的作用。

由此我们可以看出，沟通交流及合理的思维模式，是认知学习的核心素养，在生态语文中，我提出"听、读、研、思、说、写、演"七大能力，正是很好地符合了构建主义理论的发展观。正是有此七大能力为基础，才能让学生良好地理解和处理大脑中已有的相关信息知识，为学生未来的发展，提供良好的素养基础。

"全球十大教育发展新理念"中的语文

21世纪的全球化进程，使国际组织在促进全球发展方面的作用越来越突出。北京教育科学研究院"主要国际组织教育重要报告分析"项目组，通过对联合国教科文组织、经合组织、世界银行、欧盟等主要国际组织近年来发布的教育发展重要报告、教育决策咨询报告、教育公报等的深入分析和研究，归纳总结了全球教育发展的十大最新理念和趋势。其中有一项认为，阅读素养成为成功的核心技能。

2011年经合组织发布的PISA2009结果报告，得出一项具有重要政策内涵的结论：真正影响经济与社会发展的是学习结果的质量，而不是现在各国普遍采用的"教育年限"这一指标。

经合组织对义务教育末期的学生采用"素养"的测评来评估基础教育阶段的学习成果。因此，"素养"一词也是由经合组织首创的。"素养"不是知识也不是技能，而是获取知识和技能的能力、兴趣、东西、策略等。此外，经合组织还特别强调阅读素养的重要性，是所有学生教育及在今后的工作、生活中能够成功的一项核心技能。

从经合组织的研究中不难看出，国际教育组织对"素养"和"阅读"的重视程度。而这些也恰恰是我在生态语文中所一再强调的重点。阳光喔从2000年初期开始，就实行混班教学，其目的就是关注学生的综合素养，而不是关注学生的"教育年限"，这与经合组织的研究结论不谋而合。而关于"阅读"能力与素养的重要性，我也在20多年前就曾经强调过。过去的应试教育，更多的是培养了学生的"应试阅读能力"而忽略了"阅读素养"，导致了无数"高分低能"的惨案。而进入到新时期以来，越来越多的国际机构提出对阅读素养的关注，国内教育也很快地在调整步伐，真正地开始了"以人为本"的阅读。而在这一过程中，阳光喔一直都走在时代的前列，所以"生态语文"的观点，才会与经合组织不谋而合。

十大教育发展新理念中还有一项认为，协同创新是高等教育新增长点。

联合国教科文组织发布的《2009年世界高等教育大会公报》、世界银行发布的《发挥高等教育的作用：促进东亚技能与科研增长》报告、欧盟发布的《支持经济增长和就业——欧洲高等教育系统现代化议程》报告都不约而同地认为，"协同创新是高等教育发展的新增长点"。

"协同创新"是指创新资源和要素有效汇聚，通过突破创新主体间的壁垒，充分释放彼此间"人才、资本、信息、技术"等创新要素活力而实现深度合作。它有两层含义：一是本国的高等教育融入世界高等教育，走国际化、区域化和全球化发展道路，提升本国高等教育发展水平；二是高等教育机构同企业合作，协同研发，创新技术，既能提升高等教育机构的社会声誉，又能促进教学，有利于高等教育自身的发展。报告认为，在当今"地球村"时代，高等教育发展的必然趋势之一就是国际化、区域化和全球化。

这样的协同创新，也正是我多年所寻求的发展方向。语文的发展走到今天，早已经不再适合闭门造车。我们不仅要打开"喔门"，更是要走出国门，与社会去融合，与世界去接轨。这样才能充分体现新时代国际教育的特色与精神。我们曾举办过博鳌生态语文论坛，并于2018年在马来西亚举办分论坛，促进并融合多地语文发展的特色，为未来新的语文发展趋势做好准备。因此，无论是理论上，还是在政策上，以及精神上，我都坚信，生态语文是充分符合甚至代表了国家语文发展的大趋势。

"世界认知"与"写作认知"

从前面的研究中不难看出，生态语文的提出，跟国际教育发展的大趋势是吻合的。但我更坚信的是，从人类文明的发展与对世界的认知过程来看，我们对语文学习的认知过程，也是符合客观规律的。这种对语文"天人合一"的探索追求，也促使我一次次地拜访名师，寻求答案。终于，在与西南大学荣维东教授的对话中，我找到了灵感。

在一次交流中，荣教授谈到了人类对世界的认知过程和对写作认知过程的相似：纵观中外写作教学理论的发展经历了三种范式转换，即从20世纪60年代之前的"文章写作"，到六七十年代开始的"过程写作"，再到当今发展酝酿着的"交际语境写作"。正如物理学由牛顿力学，到爱因斯坦时空观，再到当今的量子力学一步步走向深入完善一样，写作教学的三种范式，体现了人类对写作认知的一步步深化。

　　虽然我不是资深物理爱好者，但对物理的发展史还是略知一二。从牛顿三定律的提出，世界就几乎认定牛顿终结了物理学。可随着人们认知的深入，发现了更为玄妙的"量子力学"。再发展到今天，无论是"哥本哈根解释"，抑或是"弦论"的提出，都把物理学这个看似客观的学科与人的意识挂钩到了一起。"物理"似乎不再那么"客观"，而是融合了更多人的意识。这样的发展过程，难道不跟人们对写作的认识一样吗？从单纯的文字游戏，到如今追寻文章背后人的素养。无疑也是透过现象看到了本质，何为本质？那就是对人类意识和综合素养的发现与结合。

　　拨开表象的云雾，发现内在的人文核心，这不正是现代社会与国际发展所提倡的论调吗？不论是物理学的发展，还是人文学科的发展，都从单一的"知识性"，开始转入到了"全面性""素养性""综合性"的方向。我相信，这也是未来国际语文教育的发展方向。在这样的大背景与大环境之下，"生态语文"的提出，无疑是符合了时代的潮流，顺应了发展的需要。不论是在国内的政策环境，还是在国际的交流舞台，始终看中"以人为本""以素养为核心"的生态语文发展策略，都一定能绽放最光辉的异彩。

第三节
创新，是为了更好地传承

——生态语文是新时期立德树人的时代要求

世界各国语文学科的教育功能

近年来，随着网络和人们生活的联系不断深入，一些发生在大学生身上的事件，经过网络的传播和放大，引起了社会的广泛关注。从马加爵到药家鑫的杀人案，再到今年发生的在读博士高铁霸座事件。人们在感慨道德缺失、传统文化沦丧的同时，也会思考这些现象背后的原因。然后，我们国家的语文教育在教育功能方面的缺失，也就成了大家口诛笔伐的话题。

毫无疑问，作为一个以语言文字为载体，一门以人为本的学科，语文学科本身就应该肩负着教育的功能。

不仅是我国，世界上的其他国家，在语文这门学科上都强调其教育功能，有着非常明确的教育目标。

以英国为例。在语文教育上重视价值观教育和学生精神道德的发展。2000 年，其国家课程进一步强调语文的教学目标要促进学生思想道德的发展，并提出了思想发展目标，即精神道德社会文化。道德教育的基本要求是传递国家政治形态的核心价值，而居于中心地位的是自我确定的价值。

美国作为当今世界的头号强国，其语文课程标准强调把学习者放在语文教育的核心位置。在语文教学过程中重视"真实阅读""真正的书""完整的书"，所选用的教材作品更接近学生生活，意图用这样的教材作品引发学生的思想共鸣，用小说中多色调粗粝的社会生活画面以及对人性的深度揭示，提供思考的张力和探索的空间，让学生联系自己，培养其批判思维，发展其独立人格。

我们的邻居日本，现行的小学国语课程目标明确规定，要重视培养学生综合语言能力和语言态度，学会交流，尊重各国语言。重视民族传统文化的同时，与时俱进，具有国际化倾向。

…………

不难看出，这些国家的语文课程都体现了鲜明的教育的功能。他们明确地知道要在语文教育中培养出什么样的人，而并不是简单地把语文作为一种工具性的学科。

我国不同时期语文教育的历史使命

我国当然也没有忽视语文的教育功能。我们可以看到现在的语文课标中对语文课程的性质与定位是这样描述的："语文是最重要的交际工具，是人类文化的重要组成部分，工具性和与人文性的统一，是语文课程的基本特点。"

但是这样的语文教育理念也并不是一开始就形成的。

在我们国家语文教育发展史上，在不同的时期，因为不同的社会需求，语文教育也就承载了不同的历史使命。

在中华人民共和国成立前，当时的语文也就是国文教育，就已经有了明确的课程目标。

辛亥革命胜利后，南京临时政府教育部颁布《小学校教则及课程表》，规定初小和高小均设国文科，内容包括读法、书法、做法和练习语言。要旨在"使儿童学习普通语言文字，养成发表思想之能力，兼以启发其智德"。

1934年，中央苏区教教育民委员会颁布了《小学课程教则大纲》，该大纲指出："国语课的本身，目的也决不仅在于使儿童认识多少新字，而在于使他们能够逐渐运用自己的言语以至文字，来表达自己的思想，表现自己的感情，以及养成儿童的共产主义道德。"

这表明在解放前的语文教育目标主要任务是开启民智，表达思想。更重视的是语文的运用，也就是它的工具性。

中华人民共和国成立后，在很长一段时间，语文依然延承着它的基本功能。直到1966年到1976年我国经历了"文革"。中小学教育遭到中华人民共和国成立以来最严重的破坏，小学语文教学大纲、教材被全盘否定，彻底颠覆了语文教育应有的体系。那种纯粹的指令型的"政治灌输"完全取代了语文教育本身，语文教育成了教化的工具，是灌输特定的政治目标的工具，语文课被上成了政治课、道德课。这是语文教育史上最刻骨铭心的一段"创伤记忆"。

改革开放后，整个社会逐渐恢复正常，但在百废待兴，亟须发展的当时，语文教育被时代赋予了新的使命，为了适应工业化时代的人才需求，语文的工具性被放大到极致，成了一切学科的工具。实用至上，应试至上的价值导向为改革开放初期的人才培养和社会发展起到了很大的作用，但在思想教育方面，又极力淡化过去的政治化，追求多元价值，但又缺乏明确的目标，这也埋下了极大的隐患。

改革开放发展到今天，中国作为一个崛起的大国，作为一个创造了世界经济发展奇迹的大国，我们已经实现了经济腾飞的梦想，走上了中华民族的伟大复兴之路。

这也就意味着，原有的语文教育功能，已经完成了它的历史使命。我们应该顺应新时期的社会需求，以实现中国梦为伟大目标，赋予语文教育新的教育功能。

立德树人是新时期语文教育的要求

进入 21 世纪，经过漫长而艰巨的课程改革探索，我国基础教育改革几经变迁，在新时代终于形成了明确的教育指导方针，就是以"立德、树人"的素质教育为主要核心。

而作为在全球化背景下的语文教师，也应明确新时期教师的价值：培养新时代文化自信人才，立德、树人，培养德智体美全面发展的社会主义建设者和接班人。

我们可以清楚地看到，新世纪以来党和国家的教育改革思想。

2001 年 6 月，《国务院关于基础教育改革与发展的决定》进一步明确了"加快构建符合素质教育要求的基础教育课程体系"的任务。

中华人民共和国教育部于 2001 年 6 月公布《基础教育课程改革纲要（试行）》，从而在世纪之交全面启动新一轮课程改革。

2011 版语文课标在课程基本理念中指出："语文课程还应通过优秀文化的熏陶感染，促进学生和谐发展，使他们提高思想道德修养和审美情趣，逐步形成良好的个性和健全的人格。"

党的十八大提出了新时期党的教育方针：坚持教育为社会主义现代化建设服务、为人民服务，把立德、树人作为教育的根本任务，全面实施素质教育，培养德智体美全面发展的社会主义建设者和接班人，努力办好人民满意的教育。

习近平主席于 2016 年 9 月 9 日，在北京市八一学校考察时发表重要讲话，明确指出了基础教育的教育目标：

基础教育是立德树人的事业，要旗帜鲜明加强思想政治教育、品德教育，加强社会主义核心价值观教育，引导学生自尊自信自立自强。基础教育是提高民族素质的奠基工程，要遵循青少年成长特点和规律，扎实做好基础的文章。基础教育要树立强烈的人才观，大力推进素质教育，鼓励学校办出特色，鼓励教师教出风格。

2018年5月2日，习近平主席在北京大学师生座谈会上再次强调：

我们的教育要培养德智体美全面发展的社会主义建设者和接班人。前不久，我在十三届全国人大第一次会议上向全体代表讲过："中国人民的特质、禀赋不仅铸就了绵延几千年发展至今的中华文明，而且深刻影响着当代中国发展进步，深刻影响着当代中国人的精神世界。"我讲到中国人民的伟大创造精神、伟大奋斗精神、伟大团结精神、伟大梦想精神。这种伟大精神是一代一代中华儿女创造和积淀出来的，也需要一代一代传承下去。

这一切表明，立德树人的目标将成为新时期教育的时代要求，而语文教育理所应当承担这一重要历史使命。

而要承担这一历史使命，完成立德树人的时代要求，传统的语文课程和语文教学模式明显已经让老师们感到力不从心。经过30年的语文教学的理论探索和实践研究，我认为，生态语文才是承担这一重大历史使命，符合新时期时代要求的语文教育模式。

生态语文在立德树人上的教育探索

要在生态语文的教学中中实现立德树人的教育目标，首先就应该明确"立德树人"的含义。立德，立的是传统美德，是中华民族优秀的道德品质、优良的民族精神、崇高的民族气节、高尚的民族情感以及良好的民族习惯的总和。它标志着中华民族的"形"与"魂"，也是我国人民两千多年来处理人际关系、人与社会关系和人与自然关系的实践的结晶。树人，就是坚持以人为本，通过合适的教育来塑造人、改变人、发展人。

我在生态语文的教学实践中发现，这些优良的品德和素养的形成，是不可能依赖单纯的说教来完成的。

我曾经听过一节三年级看图写话的作文课，老师出示了一幅图：一只小山羊和一只小刺猬在一座独木桥上相遇，它们都要急着过桥，老师要求学生发挥想象，写一个童话故事。

学生表现得倒是很活跃，他们纷纷踊跃发言，有的说小山羊把小刺猬踢到河里，有的说小刺猬用刺把小山羊赶跑了，还有的发挥奇思妙想，让小刺猬用刺钉在桥的一侧，两人都可以过河。

学生说得很开心，可老师却急得不得了，到最后只能强行规定，必须让其中的一方发扬谦虚礼让的精神，写出一篇符合要求的作文。

最后学生们是按照老师的要求去写了，可我分明看到一些孩子眼中的不甘和悻然。

这堂课引起了我的思考，这种道德标准的强行灌输，显然不是最好的教育方式。

那应该怎么在这样的写作教学中立德树人呢？

生态语文的教育核心必须是以人为本。如何以人为本呢？我们要了解现阶段学生的兴趣点，并能针对兴趣点做好人生观与价值观的引导。比如，这位老师应该在肯定学生的想象力的基础上，引导学生往下进行想象，即便小动物当时做出了错误的举动，往下想象的结果也一定可以引导到正确的思想教育方向上来。而且这样更符合生活中的实际生态状况，更容易把学生带入到我们需要的情境中，从而更好地实施品德和人格素养的教育。

我在30年的生态语文实践研究中，十分注重作文教学对学生的成长作用。我开发的作文课程"从前有座山"，其核心成长价值，除了让学生能得到思维的发散训练，还在故事创作中塑造了学生坚韧的品格和坚持的态度。

不仅如此，在我的作文课程研究中，每一节课都被赋予了引导学生成长的功能。学生在一个个富有生活气息，适合其年龄特点的故事情境中领悟和感受成长，在生动鲜活的教育教学中潜移默化，培养了优良的品德和优秀的人文素养。

时代在不断地变化和发展，我们的生活环境和生活方式与过去相比，已经发生了巨大的变化。我们对学生的品德和素养教育，再也不能只停留在枯燥的说教和已经过时的范例之中。正如高铁霸座，我们不可能用圣人云之类的话语来教导孩子们，圣人哪里见过什么高铁？所以生态语文的教育必须紧密结合生活实际，紧密关注新生事物。

生态语文是一种创新，这种创新更能够顺应新时期立德树人的时代要求，也是为了更好地传承，传承中华民族优秀的文化和优良的品德！

第二章 什么是生态语文

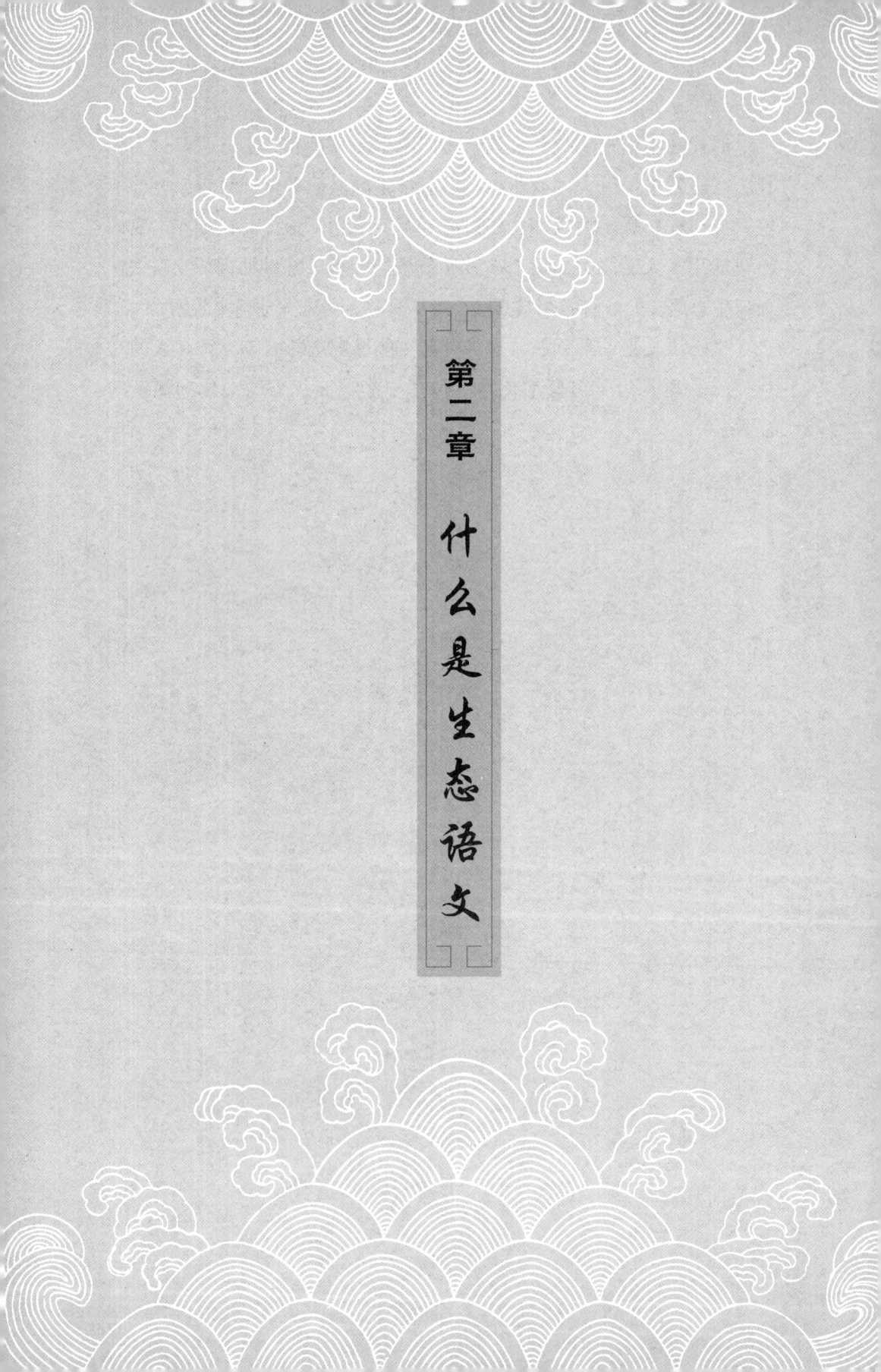

第一节
从"失位"走向"回归"
——生态语文的提出

在挪威,由于鲜活的沙丁鱼比速冻的要贵好几倍,渔民都尽力想让沙丁鱼到岸后依然鲜活。可是在当地长期以来只有一艘渔船能做到,而其中秘诀,只有船长一人知,且始终没透露半句。他离世后,渔民在他装沙丁鱼的水槽中发现一条鲇鱼东游西窜,沙丁鱼为闪避它而改变其一贯的惰性,不停游动,以求保命,最终得以在到岸时保持鲜活。

这就是所谓的"鲇鱼效应"。可以说,我提出的"生态语文"的概念一部分的灵感也是源于此。通俗地讲,生态语文就是让语文变得"鲜活"而有价值,让语文教学从"失位"走向"回归",这不仅是时代的考问,更是生命的意义所在。

"四大支柱"撑起现代语文素养新内核

2003年,联合国教科文组织首次提出教育的核心素养是培育孩子终身学习的能力,并提出现代教育的"四大支柱":

1.学会求知（learring to know），包括学会如何学习，提升专注力和思考力，学会掌握管理知识和处理信息的能力。同时，勇于探索与实践，富有批判与创新精神。

有一年，我有幸陪同原国家总督学柳斌一行到北京光明小学听四年级的语文课，听的是《小麻雀》一课。课文大意是：一只小麻雀不小心掉到地上，一只狗冲过来要吃它。这时，一只老麻雀冲下来，发出凄厉的叫声，把狗吓住了。课文最后问：老麻雀的行动表现了什么精神？标准答案是：表现了伟大的母爱精神。

可是，一个小男生站起来，说："我认为课文没有证明老麻雀是母的，还可能是公的呢。"年轻的女老师欣喜地表扬了这个男生，说他的分析有独到之处。

可以说，这是现代教学的突破。在应试教育猖獗的地方，常常是一切服从标准答案，导致集体失语严重。所以，近年来，联合国教科文组织不断呼吁，全世界都要同"分数至上"现象做斗争。

我认为，小学阶段最重要的莫过于四个字，即兴趣与习惯。没有浓厚的兴趣难以可持续学习，没有个性的思维无法具有创新精神，这就对语文教学提出了新的要求。

2.学会做事（learring to do），包括职业技能、社会行为、团队合作和创新进取、冒险精神，发展各种生活技能、个人素质、兴趣和态度的能力。

其实，古人的成功也离不开这种能力。

诸葛亮为何能大败曹操呢？主要原因在于联吴抗曹。当时，蜀国势单力薄，于是，诸葛亮来到吴国寻求合作。吴国文武群臣讥笑他打不过曹操，让吴国帮忙等等。诸葛亮镇定自若，讲明分则败、合则胜的双赢策略，终于让孙权动了心。吴蜀联手赤壁之战，让曹操几十万兵马溃不成军。这才形成三国鼎立的格局。这是交流能力与合作能力的成功范例。

在现实生活中，这样的例子不胜枚举。

我记得有一年高考，北京的一个女学生胸有成竹去报考中央美院，却因公共汽车坏在路上，她一直等到考试开始还在车上。此时，满街都是出租车，她兜里有100多元钱也想不起打车，因为她是好孩子，从未打过出租车。而这一误考至少要等一年。

这个现象值得警示！我经常跟我的学生讲，中国早已进入市场经济时代，这一切变化都在呼唤能力，"会办事"才是当今时代的通行证。

3. 学会共处（learning to live together），指让自己和他人和谐相处和实现共同目标的能力。"学会共处"被认为是四大教育支柱的基础。

我在马来西亚考察时发现，马来西亚的一些独生子女的父母，如果出门旅行，习惯于找个孩子一起去旅行，使孩子有个伴儿。他们明白，再好的父母也替代不了同龄伙伴的魅力。当然，孩子们在一起可能一会儿打起来，大人不必插手，孩子自有办法来化解矛盾，而这也是体验，也是教育。

在这方面，其实中国人也有不少创造。早前，《少年儿童研究》杂志社进行了"独生子女一日营"的教育实验，效果良好。他们让五六个独生子女家庭孩子到一个伙伴家生活一天。对孩子来说，别人家的饭好吃，别人家的玩具好玩，别人家的床睡着舒服，因而特别喜欢到伙伴家去。

有的父母说："来吧，我儿子正寂寞。我拿1000元钱招待孩子们！"而指导老师通常会建议："最好让孩子体验真实自然的生活，而不是来赴宴。"只是单纯地让孩子们一起学习、游戏、做饭、睡觉，回归最原生态的生活，保证个个心花怒放。

果然，第二天分离时，很多孩子掉下了眼泪，留下了深刻的记忆。

回归生态自然是国际教育的趋势，也是我30年来专注生态语文科研的理论中枢。在人与人、人与社会的和谐共处中找到"生态"之道，并总结出语文教育超越分数界限，承担生命之重的规律。

4. 学会生存（learning to be），是指学会生活、学会自身的发展。通过"知识—能力—情操"三维课堂教学目标，不仅用于传授知识，更加注重能力和高尚情操的培养。

一片荒无人烟，没有生活用品，没有住所，只有一片大海和一片树林的孤岛，你能单独在上面生活长达26年之久吗？你能只凭自己一人在上面建造自己的城堡、种植庄稼地吗？你能单靠一个人的智慧克服重重的困难吗？在我们现实生活中，似乎是根本不可能的。但是这不可能的一切，都发生在了《鲁滨孙漂流记》中的主人公鲁滨孙的身上。

《鲁滨孙漂流记》中记述了鲁滨孙在一次航海中不幸遭到了暴风雨的袭击，除他外，其他人全部遇害。他漂到了个没有人烟的孤岛上。他的心中充满了无助以及孤独，不知道应该如何在这个孤岛上生活下去，但是，他却又不断地安慰自己，凭着自己的智慧和勇气，克服了无数的困难，最终把自己的生命延续下去，并且找到了许多生活的乐趣，在他渐渐淡忘要回到文明社会中去的时候，他却得到了获救的机会……

所谓3岁看大，7岁看老，这说明一个人的精气神代表着一个人的生命状态。我认为，语文，并非教我们去如何改变已经存在的事实，而是改变对既定事实的看法和态度，从而让生命更加精彩。就像鲁滨孙一样，能够在困境面前毫不退缩。有了这种不畏困难的精神，在绝境中求生的信念，还有什么事情会难倒我们呢？

国内教育环境嗜求"生态"新出路

在探索生态语文之前，我想先来简单聊聊什么是语文素养。

全国小语会会长崔峦认为，语文素养是一种以语文能力为核心的综合素养，其要素包括全面的语文知识、丰富的语言积累、熟练的语言技能、良好的语文习惯、深厚的文化素养、高雅的言谈举止等多个层次，这不仅可以对语文素养的细胞分解，更是对新时代语文素养的新要求。

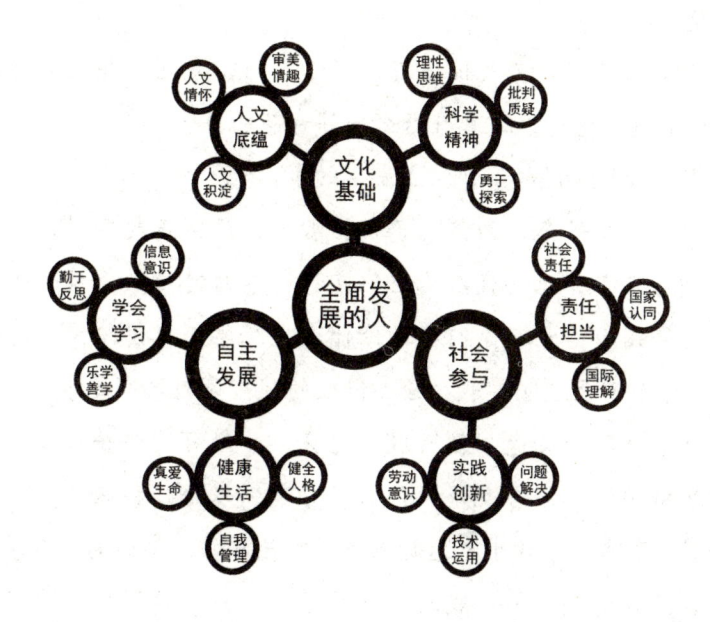

图1 中国学生发展核心素养结构图
（一个核心，三个方向，六个素养，十几个基本要点）

然而，20世纪七八十年代的课堂，多以知识教学为主要目标，侧重于学生听、说、读、写能力的训练。作为从公办体制走出来的一线教师，我认为在国内实施素质教育还有很长的路要走。

上周，有一位以前的老同事来看我，一进门就向我诉苦。我仔细询问，才知道是怎么回事。

这位老同事姓张，是个学者型教师，平时爱读书，上课也能引经据典，颇得老师们的欣赏。但是，张老师上课总是自己一个人滔滔不绝地讲，学生偶尔发言，也会被他批驳一番。

他向我大吐苦水，说自己被人投诉了，而且是被一个学生的家长匿名举报，投诉的原因也相当离谱：孩子心灵受到了伤害。

张老师义愤填膺地慷慨陈词："你说，我上了几十年的课，都成了小学语文高级教师，会伤害学生的心灵，真是无稽之谈……"

我打断他的话，问他："那你记不记得上课的时候发生过什么特别的事没有？"

张老师想了想，又气愤地说："你一问，我还真想起来一件事。上次在学李白的诗时，还真有这么一件奇葩的事……"

于是，张老师讲起了课堂上发生的事：

当时我正在讲李白的诗《子夜吴歌》，讲得正起劲时，有两个学生也在下面窃窃私语。我以为他们在讨论李白诗中的意境，于是就点一个学生起来问话："你们在讨论什么呢？要不也讲给大家一起听一下吧。"那个学生望了望我，脸上僵硬的笑容顿时活跃起来："老师，我们在说李白的'青莲剑歌'威力无穷，一般可以秒杀很多人……"我一听就怒了："胡言乱语，什么'青莲剑歌'，秒杀……"全班同学都笑了。另外一个学生也站起来说："是真的，李白的'青莲剑歌'很厉害的，我用过……"我忍无可忍了，大声训斥道："你们两个是不是脑子进水了？故意扰乱课堂是不是？给我滚出去——"

张老师边说边挥拳头，似乎还想再捶那两个学生一下。我笑着对他说："我说老兄啊，你这完全落伍了。学生们说的是游戏，你还不知道呢？"

张老师一脸茫然："什么游戏啊？"

可见，在我国最新《语文教学大纲》中，实施素质教育，立德树人的人文教育是重点，以人为本是核心。然而，这位张老师还是停留在以知识为中心的教育阶段，眼中并没有以人为本的素质教育理念。

这就要求新式课堂在教授知识点的同时，注重人文精神的熏陶，同时在这两者的矛盾张力中寻求一种平衡，这也是我当初探索生态语文的初心所在。

看生态语文如何突破国际壁垒

2016年，美国的一位学者 Wang 把"语文生态"定义成一个"动态的""复杂的""持续的""多元化的"生成文本的"交流过程"。这个定义参照了主张"多元识读理论"的新伦敦团体（The New London Group）在1996年提出的多元识读教学法，包含了"文化和语言的多样性""多元化的沟通渠道""多种形式的交流媒介"和"培养良好的公民意识"。

几十年来，美国本土超过30万语文老师以及83个国家的教育工作者参与的国际语文协会（ILA）一直主张将"语文生态"和"多元识读理论（MLT）"相结合。国际语文协会（ILA）也在官方立场中声明：将培养"多元化语文生态能力"作为"青少年语文素养"的核心内容之一。

2017年，美国堪萨斯大学教授 Arlene Barry 参加了在海南博鳌举办的"首届博鳌生态语文教育创新发展论坛"，并证实了"语文生态"这一全球化教育观点的互通性。

在会议前一晚，我与她就第二天的发言内容进行了深刻的交流与探讨。她说，在此之前，知识性阅读（content reading）在她的课程中并不受学生欢迎，这让她苦恼过、检讨过却一无所获。

后来一次偶然机会，她发现将学科内容与美国流行的嘻哈音乐（Hip-hop）相结合，通过说唱的方式讲述单词，使得教学过程变得非常有趣。这种教学方式不仅包含了前卫的音乐和具有挑战性的课堂氛围，同时也深深吸引了学生，学习效果高于以往任何课堂。

从那时开始，她开始有意识地在课堂上融入这种富有趣味性的教学方式，这让她声名大噪。她开设的大学科目——"课程中的阅读与写作"，不仅帮助全校612年级的各科老师们学会运用多种类型的教材文本，同时还支持并帮助她的学生们疏通了其他学科学习（如科学、社会科学、英语、数学、外语、艺术等学科）的难题，这让她激动不已。

由此可见，在同样的课堂时间，不同的教学方法所产生的课程效果也是差之千里。生态语文倡导的是一种自然、人文、符合未成年人年龄特点，让每位学生都能找到符合自己天赋的领域。改变学习"强迫倒灌"模式，不仅能解决学生的学习动机，还可以全方位调动学生的综合素养能力，最终形成一个良性循环的学术生态圈。

叶圣陶先生说过，以知识为本位的教育是当今应试教育的一大毛病。真正是教育，永远应该以生活为本位。德国诗人特奥多尔·冯塔内也说过，教育旨在努力为毫无依靠的幼树提供一根拐杖，从而使其无忧无虑地自由生长。

在30年之前，我一直忙碌在公办教育的一线，很清楚应试教育的本位与素质教育口号还存在一定的距离。以机械式知识传授的能力训练，抹杀了语文的韵味，剥夺了学生在语文学习中的咀嚼过程，占据了学生想象空间和审美能力，遮蔽了学生的情感体验与思想火花，导致语文教育变得充满了"功利性"，这样的课堂有教无育，又怎么会教出适合时代发展的创新型人才呢？

也就是从那时开始，我认为，终有一天，语文将回归原生态，以生为本。不曾想，30年后的今天，竟然一语成谶。

一位家长向我表达了她的焦虑：

"我孩子是小学四年级学生，语文每天背默的内容实在太多，占了所有作业量的80%，错3个字就要重默。和老师交流，老师说小学已经算好了，到了中学要背文言文，那才更可怕。可是不抄不默，我又担心孩子考不出好分数。"

一名学生曾给我写了一封信：

"罗老师，在语文这个学科上，您给我的启示就是：学语文不是为了争分数。读书改变了我的世界观与价值观。在以前只为考试而活的学习之路上，我每天的心情完全由分数与排名决定，考得好，世界就灿烂；考不好，世界就灰暗……"

显然，对于语文学习，中国绝大多数家长和老师最关心的就是分数和成绩，往往忽视了能力与素养。在教育工具化、教育关系物化的理念控制下，语文学习的功利化，从小学的无知刷题和虚假道德、中学的知识堆砌和空洞理想，到大学的精神矮化和无趣审美，形成了一条严格运行的废品生产流水线——学生们寒窗苦读十年，毕业之后，人人都成了合格的废品。

我认为，生态语文首先是关注能力与素养的语文，前提是必须以学生为中心。在学生选材时，目的是发展学生的发散思维；在选择主题时，目的是培养学生感知生命的意义；在遣词造句时，旨在通过文笔典雅度培养学生的文化气质等。这样富有生态韵味的语文教育，才是真正符合时代发展需求的教育。

总而言之，我认为语文生态的核心宗旨，就是不再只做知识的二传手，而是让生命更精彩！

第二节
让"小树"变"森林"

——生态语文的研究

🔥 点燃星星之火

1988年之前,我还是武汉市武昌实验小学的一名普通的语文老师。每天按部就班,好不快活。尽管这个学校是当地的省重点,然而在我心里,一直隐匿着些许焦虑。

很多人问,罗老师,你拿着国家铁饭碗,干吗还要瞎折腾呢?

可能在我心里,总觉得那样的语文教学"有问题"。虽然我带过的孩子,在每次语文考试中分数都不成问题,但是,面对几乎滚瓜烂熟的教案,仿着作文千篇一律的格式:总—分—总,这样写出来的文章四平八稳,我总觉得这样的教学缺了点什么——

卡腿事件与78字作文

直到1988年的夏天,班上一名叫胡兵的男生,将楼梯扶手当滑梯,腿卡在了拐弯处,动弹不得。孩子小脸憋着通红,最终把裤子剪成了碎片,才得以脱险。两周后的考试,作文题恰是《一件难忘的事》。

然而最终，胡兵笔下描述的"卡腿"事件却只有区区78字。"经历了如此教训深刻的一件事，一百字都写不到？"大部分老师都把"写不出"的问题归结于——"学生缺乏体验和积累"，事实摆在眼前，我无法说服自己。

放学后，我把孩子带回宿舍，一路"逼问"。"我，我就想凑够600字。""我最不喜欢写作了，一看到作文题目就头疼。"……胡兵的苦恼让我陷入沉思。

这件事情发生以后，我就想挑战一下：小学六年结束了，有没有可能让这个孩子在短时间内，写出几百字的作文来？我把这个孩子带到家里，我说："你自己卡腿那么严重的事情才写78个字，你换一个人卡腿行不行？你这个班上最恨谁？"他说："最恨班长。"我说："你今天下午在我们家写这篇文章，就写班长卡腿。"我没有做任何指导，结果他写了400字，大量丑化班长卡腿的情况。于是我就在思考：其实写作这个东西，我们自以为亲身经历的事情，他写了78个字，我只是换了一个人，他就带着一种仇恨写了400多个字。对于这样的孩子来说，考试有什么意义呢？与其让他背六篇范文，还不如让他享受驾驭文字的快乐。

我记得那年春节，这个孩子在我们家写了七八天，同样是卡腿，最后写到了14000多字。因此，通过这个孩子我就在思考：写作真的那么难吗？如果他不是为了应付小考，不是为应付了中考、高考，只是去编，带着情绪、带着情怀去编、去思考，也是一件很有意思的事情。

自那件事后，研究作文的时候我就思考这么一件事情：没有情感驱动的写作，还是孩子的写作吗？所以从1988年开始，我就想研究一套我认为的、能够让孩子发疯写作文的方法。非常幸运的是，当年武汉市的一家媒体，招收了50多个写作的特困生，我们用48小时的时间，让这些三年级的孩子写到几万字，当时有一家报纸登出了这件事，所谓江城补差专业户，一朝闻名。

后来我在整个教育教学中，依据卡腿这件事，研究一些比较好玩的做法，开始琢磨着：如果有一天不为中考、不为高考，语文又该怎么教呢？

自1988年到现在，已经过去30年了。我这辈子没有干别的事，只做语文，从200多万孩子的教学实践中，我研究出了一套自己的生态语文学习系统。这几年我慢慢总结，我把对语文教育的理解概括为13579，这组数字耗费了我半辈子的青春和热血。

而其中，我琢磨最多的首先是语文的宗旨是什么。我的理解是，无论在任何行业，只要语文素养底子好，都有机会成为那个行业的领袖人物。所以，我对生态语文教育的整个理解变成了"让孩子生命的每一天变得精彩"。小到开口喊爸爸妈妈，说第一句话，大到撰写每年的工作总结，思考中国几千年的历史和世界文明……

语文，真的是渗透到了我们生命中的每一天！

抽丝剥茧觅得芳华

这些年来，我的几百上千个学员参加过国际楚才杯比赛并获得了不错的成绩，但是我发现得奖并不是我的追求；后来，我带过的学员中先后有几十个分别在中高考中拿下了满分作文，我发现，分数也已经不是我的奋斗目标；直到最后，我开始思考，语文，除了学科成绩和生命成长，是不是更应该升华到国民素养和中华民族文化传承的功能呢？

语文教育的目标找到了，接下来就是如何去实现它。对此，我用了将近30年的时间去研究，最终开发出了一套课程系统。包含以下三个方面：第一，让孩子掌握阅读、写作、说话，称之为工具价值；第二，由人格、境界、思维、文化不同导致形成不同的就业、婚姻和爱情观，称之为成功语文；第三，优雅的生活方式，称之为幸福语文。

明确语文教育的宗旨和三种价值后，我又开始琢磨，可不可以做一个定性的标准来进行评价呢？为此，我调查了 107 个孩子，一个孩子同样面对同一篇作文题目，结果，没有经过训练和经过训练的孩子，头脑中的素材居然有 10 ~ 20 个的明显差别。这种差异的形成真的只是简单阅读积累的问题吗？我觉得应该归结于思维，也就是生态语文的"灵魂"。

"琼瑶"的外表，"鲁迅"的思考

生态语文学习的灵魂是什么？我认为，主要归纳为以下五大核心素养：

一是"广博度"：孩子大脑中的知识多少与孩子启迪知识的思维方式决定了广博度，目前测评显示，全国孩子的广博度平均在 2.28，阳光喔的标准为 7 ~ 9。

二是"典雅度"：孩子在不同的环境说话和写作时，所能驾驭的文字典雅度直接表现为孩子的文化特质，目前测评显示，全国孩子的典雅度在 1.7 ~ 2.5，阳光喔的标准为 4 ~ 5.5。

三是"深刻度"：孩子的思想价值是以什么为核心决定了孩子的思想的深刻度，目前测评显示，全国孩子的深刻度在 2 ~ 3，阳光喔的标准为 5 ~ 7。

四是"创新度"：孩子看问题的角度、表达的方式、写作的个性风格决定了孩子的创新度，目前测评显示，全国孩子的创新度为 3 ~ 4，阳光喔的标准为 7 ~ 9。

五是"和合度"：孩子内心深处是关注情还是关注理，或是情理均衡，决定了孩子的和合度，目前，全国孩子达到情理均衡的不到 30%。

泪 水

生活中总会遇到各种各样不愉快的事，例如生活太累了，我想流泪，说明你是一个以自我为中心的人；我妈妈生病了，我流泪了，说明你是一个关注身边的人；整个甲午战争爆发，中华民族被打败了，说明你是一个有族群的人……那么，怎么培养孩子的厚重感？

其实，厚重感不是装给别人看的，而是武装自己的。如果用中国哲学写泪水，可能这样的：

孔子说：男儿有泪不轻弹，只是未到伤心处，治国齐家平天下的泪水。

老子说：有泪就尽情地流吧！

韩非子说：莫斯科不相信眼泪。

孙子说：流泪的成因分析。

阴阳家说：我早就知道你会流泪——

如果换一种方式，用西方哲学写泪水，会是怎样一番景象呢？

马克思说：泪水的名字叫物质，不管你承认还是否认，它记录着一段情感的发生，这是唯物主义。

黑格尔说：我心中有泪，所以世界泪水纷飞。

尼采说：我已经流干了最后一滴泪水，可是我依然坚强地活着，哪怕上帝死了……

如果不懂哲学，那就从历史的角度吧："孟姜女哭长城"的泪水以及"孔明挥泪斩马谡"的泪水都可以从历史的角度增加孩子的渊博感。

因此，增加孩子的语文素养，让孩子能够根据不同的语境，从生活空间、知识空间和想象空间里去捕捉素材。通过思想境界与敏锐度的提升，凸显出孩子的灵气和锐气，让孩子的灵魂变得有趣！

不同孩子的人格，是中国未来文化创意的生产力，如果孩子们写十篇作文全是亲情、爱情、乡情，我认为他可能是琼瑶的特质；如果十篇作文都是哲理，可能是鲁迅的特质。对此，生态语文要求通过孩子写作，能够培养出"鲁迅"的思考外加"琼瑶"的外表，即理性的思考，感性的呈现，我把这称之为孩子语文学习的内核力。

一棵"有内涵"的树

俗话说,好看的皮囊千篇一律,有趣的灵魂万里挑一。那么如何将语文教育研究的内核构架到七大能力里面去呢?

其实,语文学习,就像自然界的一棵树,它是动态的,循环往复地通过各种能力的训练,从而达到文化素养的提升。如同一粒种子成长为参天大树,结出累累硕果。而这棵生态之树正是由"听、读、研、思、说、写、演"这七种能力构成的。

它是有规律的,与孩子的生理与心智发展匹配。

"听、读、研"好比是大树之根,用来吸取养料、水分,保证语文之树生长,这三种能力决定了孩子的吸收系统;"思"好比大树之干,负责加工与输送,思维决定了孩子的信息处理系统;"说、写、演"便是大树之枝,这是输出的保障,是长叶、开花、结果的支撑体,这三种能力决定了孩子的表达系统。

图 2 生态语文树

而我一贯主张用写促读，用演促读，用说促读，这个"促"其实就是思维所在。要想把整个学习系统打造成一棵富有灵魂的树，将枯燥乏味的课堂变得生动而感人，就需要调动老师和孩子的"情景式"互动能力，这便是作文教学的奥秘了。

下面，我以"从前有座山"这堂课为实际案例，为了给学生更真切的体验，我直接将课堂搬到了古色古香、佛光普照的归元寺。

"独角戏"与"协奏场"

这个归元寺其实是我们利用VR影像投影创设的。那一刻，孩子们都被归元寺的独特景物吸引了，眼里和嘴上满是惊奇。当我们耳边传来了悠扬而洪亮的钟声时，那令人陶醉的檀香味也在鼻尖悠悠地环绕。

开课时，我用略带凄婉的声音讲述故事发生的背景：

在一座荒凉的小山上，有一座古老的寺庙，庙里住着一位老和尚和一位小和尚。小和尚从小在寺庙长大，没有亲人，老和尚就是他唯一的亲人了。可是，孤独的小和尚没有小伙伴一起玩耍，只能每天念经，太无趣了。有一次，他看到一个老爷爷给一个小朋友讲故事，小朋友笑得开心极了。他真希望，老和尚能给自己讲个故事该多好啊。于是，小和尚来到了老和尚的房间外面……

当学生都听得津津有味时，我话锋一转："请问，小和尚会如何请求老和尚讲故事呢？"

为了呈现真实的场景，我还穿上了老和尚的服装，戴上了头套，手里拿着一个钵盂敲着。演小和尚的学生也穿上了一件破旧的僧衣，也戴上了头套。所有的学生一下子被吸引住了，紧紧盯着台上的我们，全部进入了小和尚请求老和尚讲故事的情景中。

刚开始，演小和尚的同学还比较羞涩，说话也不利索，引得台下的同学大笑。为了给他信心，我变换角色，客串小和尚，给他做示范，告诉他小和尚当时应该有的动作、神态和语言。慢慢地，学生进入角色了。

于是，一个生动的场景出现了：一个穿着破衣的小和尚轻轻地推开房门，胆怯地朝里面望了望，然后搓着手走进了房间。房间里有一个须眉皓然的老和尚正在念经，他敲着钵盂，用一只眼睛瞥了小和尚一眼。小和尚走到老和尚的身后，轻轻地为老和尚捶背，边捶边请求道："师父，你看我这么乖，每天还干那么多活，又没有人陪我玩。要不，您给我讲个故事吧？"老和尚咳嗽一声，说道："阿弥陀佛，徒儿不要有非分之想，为师要打坐念经了，你去山下挑一担水……"

前面的故事中我给小和尚设置了障碍，这样故事才能有波折地发展下去。于是，出现了困难，小和尚如何解决呢？我让学生分成四个小组，各组想一个小和尚求老和尚讲故事的方法，然后小组成员分配好角色来演一演。

经过一番讨论后，很多新奇的方法出来了：激将法、死缠滥打法、柯南探案法、机器人杂技法……

这些都成为后来我们出版发行的阳光喔经典体验课教材《从前有座山》的素材。在这次作文课中，我没有过多地去讲解写作技法，而是将课堂的形式由原先的"独角戏"变为师生的"协奏场"。因为有了情景与互动元素的加入，学生们就会进入角色；有了角色，学生们就会思考；有了思考，技法就会变成灵动的写作语言。

吹响突围的号角

孤木难成林，一棵树的力量是有限的，只有赋予开放分享的基因，生态之树才能扎根开花。这些年来，我一共开发了62门课程，其中，"从前有座山"是三到六年级的思维体验课程，2016年，我将它捐给了国家公益基金，就是为了让除了阳光喔学员之外的五六万个贫困地区的孩子也能免费体验，让他们知道，写作是那么好玩，思考是那么快乐，生命是那么精彩!

以上就是我对整个生态语文开发体系的初步探索,也是现如今对新时代语文教育做出的突围和尝试。

实践证明,它是成功的。尽管已经过去了近 30 年时间,但语文生态化的概念必会让中国的语文教育长河永远地鲜活奔腾,这,也成为了我的毕生追求!

第三节
始于初心、终于未来的生态语文
——生态语文的发展

用尊重和成就为孩子描绘成长的同心圆

从事语文教育多年，我见过形形色色望子成龙的家长和怀揣各种理想的少年。2012年，在一次公开授课后，我接待了一位家长和他12岁的孩子小龙。

小龙妈妈说，儿子英语很好，但语文很差，不知道应该怎么提高。一旁虎头虎脑的小男孩听到妈妈的话，撇撇嘴，神情很是不以为然。

我问他："你的理想是什么？"

"我想成为一名外交官！"

"为了实现这个理想，你认为你做了哪些准备？"

"我努力学好英语，将来我准备考外交学院！"

"外交官除了用英语沟通以外，还有一项重要职能是传递国家的声音，传播中国的文化。那么，为了实现你的理想，你是否还应该努力学好语文，传承中国文化呢？"

这是一名典型具有国际化视野和崇高理想的孩子，也是在新时代背景下，一个普通家庭社会价值观的具体呈现。

社会价值观指导教育价值观。随着国民经济的发展和国际地位的变化，我国教育价值观也在逐步产生迁移。中华人民共和国成立初期，是以知识本位为导向。学生是知识的"容器"，学校和教师是给学生尽可能塞知识的"工具"；20世纪末，教育价值向能力本位倾斜，学生是能力"机器"，学校和教师是让这些"机器"具备各种能力，解决尽可能多问题的"技师"。这是一种"见物不见人"的教育，把学生培养成考试机器，把同学作为竞争的敌人，人从教育当中逐渐消失了，这是教育的误区。只见技术，不见学生；考试为王，分数为王。

当今社会，改革渐入深水期，国际形势的风云变化，"全球一体化"新格局下，国家人才的战略要求培养兼具本土文化特质和国际视野、能够参与国际事务与竞争的创新型人才。党的十八大以来，国家陆续布局推进教育综合改革，习近平总书记高度重视培养什么人、怎样培养人这一根本问题。

国家要求在教育领域推进科学发展观，深化改革与发展。这就要求当前的语文教育不仅要面临适应国家经济社会转型、发展并为其服务的问题，同时也面临着自身的改革与创新的问题。依据这一宗旨，无论从国家战略培养创新人才的要求，还是从学科发展出发，语文教育都必须坚持"以人为本"的价值取向。

教育根本宗旨是"立德树人"。苏霍姆林斯基说："教育的终极目的应该是向人传送生命的气息。""以人为本"的教育其实就是尊重生命，尊重个体。以发现、发展的思路来成就学生，这是教育的核心目的，通过教育的创新探索，让每一位学生，都能够明确自身特点、发展需求，制定适宜的发展目标，学会科学规划学习与人生，并在学校与教师的发现、引导和培养之下，找到适合自己的成长路径。

所谓教育的创新探索，我认为，首先是重建以关注学生为主体的教育。著名儿童教育家陈鹤琴曾说过："我们的教育目标是一个同心圆：

第一个核心是人，以人为本；第二是中国人，你在中国办教育培养的肯定不是美国人、日本人；第三是现代中国人，不是培养古代的中国人，而是能够面向世界，面向未来的中国人。"作为一门重要的基础学科，语文，承载着沟通交流，学业求职与文化传承的多重功能。在中国梦的民族主题背景下，更应肩负起发现国家人才、培养创新人才与成就国际人才的历史使命。

所以，基于适应时代的教育价值观、社会发展观与人才培养观，我认为，发展"以人为本"的语文教育是建设"生态语文"学习的首要核心。

春种秋收，遵循规律让学习事半功倍

在信息爆炸、思想泛滥的当今社会，我提出"生态语文"的概念，并不是想用新的概念或新的思想来哗众取宠，而是基于语文行业深耕30年的实践和领悟出发，对既往经验的理论进行提炼与总结，将当今语文的时代标准和中华民族优秀的历史相结合，希望构建一个适宜国家人才培养，尊重学生个体成长需要的生态平台。

学校是个小社会，学生到学校学习，其实是完成一个从自然人到社会人的过程。在多年教学实践中，我发现孩子的语文学习具有一定的生理和心理的规律性：

1. 2.5~4岁（婴幼儿期）是注意力系统形成阶段

此时，思维刚刚萌芽，"概念"开始进驻大脑，点式思维形成。孩子未经训练的原始思维，只能靠简单重复才能在大脑中建立印象。一般来说，一个事物或者动作需要重复800遍，才能在孩子的头脑中形成固定的"概念"，做到自如辨识。比如同一个故事，每晚重复，孩子依然不厌其烦，但正是在这一遍遍的重复中，孩子认识了"大灰狼""白雪公主"等。

在这一阶段的正确训练方法是，在孩子自己尚未转移注意力前尽量不做打断。以静态画面取代动画片，帮助孩子形成概念。多为孩子讲故事，只要孩子愿意，故事可以重复多次。因为注意力系统在建立初期一旦被破坏，孩子未来的注意力可能仅能维持5分钟，对于中小学的学习是极为不利的。

2.4~5岁（幼儿期）是秩序系统建立时期

家长开始要让孩子在头脑中建立"规矩"：物品摆放的规矩、吃饭穿衣的规矩等。这一时期无疑是学习习惯最好的孵化期。此时，家长可以帮助孩子建立：

①记忆习惯。可背诵韵律感较强的诗词强化记忆力；或限时记忆，把记忆和时间联系起来，培养学习习惯。

②表达习惯。通过复述故事来培养孩子的演讲习惯，鼓励孩子真实表达自己的需求和感受。

③阅读习惯。制订定期定量阅读计划，与孩子一起读童话、神话和成语故事。也可实地游览，实物参观等形式，丰富孩子的见闻。

④订计划的习惯。从小帮助孩子有计划有目标的习惯，帮助孩子明白自己想要干什么，以及达到目标需要的步骤。这对后期学习至关重要。

3.6~7岁（童年期）是孩子思维发展重要转折期

孩子的思维发展开始由点式向线式发展。这一时期语言可以从单个的概念或词向句子发展，形成最基本的逻辑思维。这一阶段，更多依靠口语训练来实现思维的发展。如在与孩子聊"今天你开心吗"的话题时，在孩子回答"开心"或"不开心"后，让他用3分钟的时间来讲述理由，可感受孩子思维是偏向感性轴还是理性轴。

要注意的是，不要在六七岁过早让孩子局限于某一种思维特质，理性思维与感性思维可同时训练。

4.8~11岁（童年期）：从具体形象思维逐步向抽象逻辑思维过渡

这一时期孩子通过语言和思维的系统训练和学习,可形成语言的基础积累与稳定的抽象思维能力，为一生的能力打好坚实的基础。

在阅读方面，这一时期的孩子已经超越图画阅读，开始追求"故事情节"，也可通过体验采风、夏令营等多种方式，让孩子接触到更多优秀的同龄人。

5. 12~15岁（少年期）：是思维辩证性的形成期

这一时期，孩子开始形成自我。有自己的主见和思想。青春叛逆期通常发生在这个阶段。可以有意识引导学生学习部分哲学理论，进行辩证思维训练，引导孩子认识真实的世界。对于孩子表现出的反叛，也要给予足够的耐心和正确的疏导。

这一阶段的孩子更多面临考试的压力，因此中考材料积累与运用（至少20个经典事例，通常来自历史和重大新闻事件等）、中考的阅读与作文针对训练等技巧训练比重需要加大。

6. 16~18岁（青春期）：理论性抽象逻辑思维形成期

孩子能以理论作为指导，来分析综合各种事实材料，从而不断扩大自己的知识领域，同时形成个人独立思想，个性风格也初见轮廓。在这一阶段，应指导孩子精读并掌握至少两位哲学家的理论，这是孩子未来个性思维和思想的原点。同时，引导孩子形成符合自我个性的语言风格，逐步从模仿中脱离出来，创造属于自己的独特风格。

陶行知说："一切教育的目的是培养健康的人格。"孩子人格的形成是一个复杂的学习过程，以世界观、人生观、价值观为核心，包含性格、气质、心理结构、知识结构、能力结构。语文，作为孩子人格与知识形成的重要工具，可以为孩子建立在成年后任何不同环境下，都难以变化的人格稳定结构。

成长规律即是孩子成长过程中普遍性的客观必然需求，遵循规律，会让孩子的学习和成长将事半功倍。基于以上原因，所以在生态语文研究过程中，我和我的团队，提出了九级语文进阶学习规划。

表1 九级生态语文学习规划一

级别	倾听力	阅读力	研学力	思维力
九级	探讨双方的创新区域,能对比找到双方的不同	能通过阅读比较,反思知识内容与观点	穿越世界历史的长廊——学习总结分享	能运用3个以上的哲学观点
八级	建立双方的关联区域,能联想自己找到认同的收获	能结合今天的社会,迁移运用阅读的知识	体验文学与艺术的美——学习直播分享	掌握3个以上中国文化观点
七级	概括讲话人的思想与情感,能概括要点	了解中国的六大文化,掌握"工"字理解法	追寻中国文化的足迹——学做一次导游	能从3个以上的方面比较
六级	梳理讲话人的思维,用思维导图记录对方表达内容	能对某个历史时段进行简练的概括归纳	体验中国历史的变迁——学习沟通调研	能从正反两方面展开对比
五级	参与互动体验,能每次积极举手参与互动	能结合背景读李白、杜甫、王维100首诗	体验科学的奥妙——学看旅游资料	在4类以上知识中发散
四级	积极的情感鼓励,在倾听中学会点头、复述、赞同	能批注阅读,发表感慨	体验大自然的美——学习选景拍照	在3类以上想象中发散
三级	端正倾听的态度,能一直微笑关注讲者	能快速阅读提取信息	体验团队合作——学选旅游伙伴	在3个以上生活中发散
二级	调整倾听的心态,能让自己安静下来	能跟随名家读经典	体验游乐园的快乐——学做旅游计划	达到3个以上逻辑思维点
一级	能从3个以上方面关注倾听的环境	能熟练吟唱"三百千"	玩出玩具的精彩——学选玩具	达到3个以上形象思维画面

表2 九级生态语文学习规划二

级别	口语表达力	写作力 文笔	写作力 构篇	写作力 材料	写作力 主题	表演力
九级	能抓住对方的漏洞展开辩论	语言有风格	妙角度奇构篇	政治家哲学家	借哲学观点思辨	秀作品——学做制片导演摄像剧务
八级	能按照会议内容串词主持	语言有文化感	文体构篇	中国文化名人	表达对中国文化的情感和观点	秀文化范儿——能表演经典话剧片段
七级	能运用七大语言智慧做即兴演讲	语言有意境感	按双线构篇(明暗)	历史/艺术/体育/战争	表达对艺术、战争的情感和观点	秀文化范儿——能表演3个以上民俗文化
六级	能通过批判思维表达自己的观点	语言有韵律感	按模块构篇(散文)	历史/文学/科学	表达对历史、文学和科学的认识	秀历史范儿——能演绎3个以上民族英雄
五级	能通过发散思维表达自己的观点	语言有节奏感	按冲突构篇(冲突)	社会/新闻/历史	表达对故乡及社会的感情和观点	秀未来——能表演未来的自己(职业)
四级	能通过逻辑思维表达自己的观点	语言生动	按总分关系(点面)	学校/社区/神话	表达对朋友的情感和观点	秀生活——能模仿阳光暖形象人物系列3个
三级	能通过故事画面表达自己的情感	描写具体	按事情发展顺序	选择家庭/学校/科幻	表达对亲人的情感和观点	秀生活——能模仿亲人3个以上的细节片段
二级	找到自己最舒服的语气与语调	语句完整	按照几个方面(段)	选择童话/家庭	表达自己对大自然的情感和观点	秀自己——能演自己3个生活片段
一级	能运用发音部位正确的发音	语句正确	按时间先后(句)	选择童话材料	能表达自己的情绪	秀自己——能摆出3个以上POSE

动机一致，孩子的学习装上"马达"

语言学习的规律具有一定普遍性，它不分国籍，跨越文化。我曾带过几个中国孩子去澳大利亚交流访学。其中，一位澳大利亚女教师的授课予我以深刻的触动。

那是一堂小学三年级关于爱与关怀体验的实践展示。

澳大利亚女教师邀请一个小女孩Lisa，走上舞台中间坐下，然后为在场的孩子们讲述模拟场景并提出问题：

"Lisa生病了，作为同学，你们应该怎样表达对她的关心？"

首先她选择中国孩子来演示，我的学生走上台去，有的说："祝你早日康复。"有的说："需要我送你去医院吗？"

然后是澳大利亚小朋友上台，他们的表现出乎我的意料，有的上去摸摸Lisa的头，有的则是给她一个大大的拥抱。

其实在这个教学演示中，中澳孩子的表现并没有高下之分，摒弃文化差异，这样的情景模拟教学却让我获益匪浅。在国内的课堂上，我们常用语言向孩子传递知识和道理，用考试来检验知识的掌握情况，而孩子所接收的也是抽象的概念和道理，要把抽象转换成具象或可应用的知识和体验，孩子可能需要在现实世界经过不止一次的跌跌撞撞。

教学的目的在于成长和应用。由此，我联想到了当前国内教育的现状：孩子天性喜欢有趣的学习；家长关心的永恒主题是孩子的学习成绩；作为学校，则普遍追求升学率；而未来，孩子们走上社会，则注重的是能力与实践。

苏霍姆林斯基曾说："教育的效果取决于学校家庭的一致性，如果没有这种一致性，学校的教学、教育就会像纸做的房子一样倒塌下来。"

近年来，状元卖肉、高才生失业的社会新闻不胜枚举，割裂的教育目标将由惨痛的现实来予以回击。

那么，怎样才能避免教育目标的割裂呢？

所以我认为，生态语文的前提，是要实现孩子学习动机与家庭、学校、社会教育目标的统一。

达成统一教育目标的首要条件是要科学的认识语文学科的本质，它承载着学科学习、生命发展与文化传承的三个目标。只有让社会、大众、学校和普通家庭都能正确认知，才能科学学习。基于这个目标，我联合关心教育的社会资本成立了一支"爱语文专项基金"，带领课题组专家及成员在全国进行数千场巡回讲学。希望通过生态语文理念的传播，来实现学校、家庭、社会教育目标的"三位一体"。让更多人认识仅传授知识，考试成绩的语文教育，不是时代需要的语文教育。作为一个自然人，孩子在学校学习的不仅是知识，更需要人格的建立与对未来竞争力的奠基。只有摆正语文学习的认识和位置，使家庭教育、学校教育、社会教育形成教育合力，是孩子真正学好语文这门学科的前提。

高效运转，让孩子的学习"像树而生"

当我还是一名普通语文教师的时候，在工作中我经常发现一个很有意思的现象。

团队中有这样的同事，在讨论工作方案时，要么口若悬河却下笔无力，要么提笔千言却在公众前讲话时磕磕巴巴。

为什么成年人会出现说写能力分离的问题？这与他们从小接受的教育中间有无必然联系？出于一个语文教育研究者的本能，我带着思考与探究去发掘现象背后的深层原因。

加拿大著名媒介理论家马歇尔·麦克卢汉说："媒介即信息、媒介即人的延伸。"后来在我走上自主创业之后，通过大量教学案例的分析，我和团队发现了讯息转换与语文学习间的规律：

一个人从咿呀学语开始，到升学考试、求职就业，人生的每一阶段都与语文有着不解之缘。语文的自如应用，须历经吸收—转换—输出的系统过程。哪一个环节在建立过程中，出现了纰漏，孩子未来在应用中，就会出现问题。

语文学习，就像自然界的一棵树，它是动态的，循环往复通过各种能力的训练，从而达到文化素养的提升。如同一粒种子成长为参天大树，结出累累硕果。

它是系统的，包含：

吸收系统：由倾听力、阅读力和研学力（简称"听""读"）构成。

处理系统：由思维力（简称"思"）构成。

呈现系统：由口语表达力、写作力、表演力（简称"说""写""演"）构成。

它是有规律的。与孩子生理与心智发展匹配，0～5岁，语文表现为倾听力和口语表达力为主；6～18岁，是一个人语文生态系统的发展与完备阶段，需要系统学习作用于一生的综合语言能力；18～24岁为语文生态个性化发展期；24～60岁语文生态具有产业化应用属性；60岁之后语文生态关注心理健康属性。

它需要与周边环境统一目标。良性语文生态的建立需要和谐的"家庭学习环境、学校学习环境、社会学习环境"。

这正是生态语文的理论核心。这套理论可以解码语文学习的效率与应用问题与文化素养的提升问题。为孩子从小科学构建一个规律、统一、高效的生态语文学习系统，关乎孩子的一生，也是我一直以来为之努力的方向。

为此，除了在全国各地进行生态语文理论的讲学以外，我和团队还依据不同的目标，构建适宜孩子心理和学习规律的生态语文学习课程。

其中，为创新人才培养设计了训练倾听力、阅读力、研学力、思维力、口语表达力、写作力、表演力的专项训练课程。

为提升学科学习效率，培养孩子综合素养，设计了适应年级的配合新部编教材学习的必修课程。

为发掘孩子潜力，培养兴趣爱好，设计了3类精品创作与研学课程。

为保障课程效果与理念的一致性，我们设计了生态语文的教学环节。将每个课程单元分解为教学、作品、表演、展示四个模块，从知识教授、实践应用、理解演绎到效果呈现，来立体确保教学目标的达成。

为了量化跟踪评价生态语文的学习效果，我们还设计出一套生态语文的质量跟踪评价体系。通过信息技术手段，检测孩子从学前、学中到学后的听、读、研、思、说、写、演7项生态语文能力水平，以判断孩子的知识掌握情况，科学校正学习方案。

经过30多年的教学实践及国家教育部"十二五"课题的论证，生态语文已经在全国30多个城市推广，有近500多所公立学校的近4000名教师参与了生态语文的研究过程。目前，这项成果，正在申报国家教育部"十三五"课题。

我期待，在生态语文的传播过程中，能够利用这一整套适用于课堂的综合文化素养提升课程，通过系统教学，训练孩子7项生态语文能力，为他们综合提升文化素养，建立一个从吸收到—转换—输出的生态语文学习系统，解决成长和学业的烦恼，奠定更多孩子的幸福人生基础。

共生互促，展望生态语文的未来

生态学是研究生命系统和环境系统之间相互作用的规律和机理的；而教育生态学是依据生态学原理，特别是生态系统、自然平衡、协调进化等原理，研究教育与其周围生态环境之间相互作用的规律和机理的科学。

教育生态学（Educational Ecology）这一科学术语是美国哥伦比亚师范学院院长劳伦斯·克雷明（Lawrence Creming)）1976年在《公共教育》（*Public Education*）一书中最早提出来的。它是一门新兴的教育学分支学科，是将生态学原理与方法在教育学中渗透与应用的产物。

而"生态语文"并非凭空想象而成的，他萌芽于实践，融智于生态学、新闻学、教育学等多个跨领域学科，成长于国际、国内的大量的优秀教育理论和实践经验。借力于国内外相关领域专家、教育主管部门、高校学者的参与和点拨。在推行和应用中，它能得到广泛的认同，表明生态语文既是众人智慧的结晶，也是客观存在的学习规律，是国际语言教育发展的重要趋向。

实践促进理论的提高，理论推动实践的落实。随着生态语文更广泛的应用与理论研究的深入，相信不久的未来，生态语文这一学习系统将更为严谨和完善，形式将更为多样，应用领域将更加广泛。

第三章 生态语文的宗旨与价值

第一节
为孩子破解生命与成长的格局

——生态语文的宗旨1：回归语文本真

以灵魂唤醒灵魂，让语文返璞归真

《语文课程标准》中则明确指出："语文是最重要的交际工具，是人类文化的重要组成部分，工具性与人文性的统一，是语文课程的基本特点。"

在研究生态语文的过程中，有一次，我去台湾参加小语会年会，台湾小语会会长吴敏而博士的一堂观摩课给我以无穷的启迪。

这是一堂四年级的语文课程，内容是日本作家新美南吉的童话作品《去年的树》，教学要求是让孩子体会小鸟与树之间的真挚情感。

吴博士的课堂设计令我耳目一新。她没有采用传统意义上的教与学模式。而是选择让孩子们上台扮演大树，然后为孩子提供了多种不同风格的背景音乐、动作等卡片，供孩子们自主选择进行表演。

开课后，大幕拉开——

在轻快欢乐的背景音乐下，在明亮的灯光下，稚嫩的"大树"们面带微笑，活泼舞动，代表着见到好朋友小鸟时大树无穷的喜悦与快乐。

低沉缓慢的音乐下，一盏微亮的灯映照中，光秃秃的树桩默默伫立，无助而孤独。

"动人心者，莫先乎情。"短短45分钟，流淌在台上和孩子们心间的，正是我们教育者苦苦追寻的真情实感。没有生硬的知识讲授，没有讲台和问答，通过音乐、灯光、动作的配合，从孩子个体出发，自主选择，自我实践，在演绎中自行领悟和感受，让孩子们感受到了小鸟和大树朋友间的"相见欢"与"别离殇"。

德国存在主义哲学家雅斯贝尔斯说："教育就是一棵树摇动一棵树，一朵云推动一朵云，一个灵魂唤醒另一个灵魂。"吴敏而博士的授课，以深得其髓，试问，这样的教学怎不动人心弦？

俗语说："3岁看大，7岁看老。"于个人来说，一个人语文程度的高低，将表现为一个人生命的状态。"文以载道"，于国来说，语文教育程度的高低，将展现一个国家未来人才的早期状态。

语文的本真在于教人求真，向善，唯美。《语文课程标准》在教学建议部分要求老师"引导学生关注现实，热爱生活，表达真情实感"。近年，我在讲学中常举的一个例子，关于对命题作文《帮卖煤人推车》的调查。30年来，我们发现，全国93.6%的孩子在拿到这个命题时，会以"时间+地点+人物"的结构以好人好事的角度去写作这篇作文，60%的孩子会以"不用谢，这是我应该做的"类似语言套路去结尾。一篇雷同的作文背后，揭示的是一个现象：

孩子写作，写的是成人期待看到的真实。"假话作文""套路作文"成风，在这样的学习过程中，教者眼中无"人"，学者心中无"己"，脱离了语文教育的本质，又谈何书写真情实感，以人为本为国家培养早期人才呢？

所以家长经常发现孩子害怕学语文，其实骨子里害怕的是表达的方式不符合老师的要求。挪威著名剧作家易卜生说过，人的第一天职是不伪饰自己。泰戈尔说："教育就是培养学生面对一丛野菊花而怦然心动的情怀。"只有我们给予孩子清澈透明的教育，没有任何虚假文饰伪装，这样孩子才能拥有一个纯净的心灵家园。在心灵家园里，每一个孩子都有随意涂抹的天性，自由而真实表达的天性。

以知识为中心的语文教育，孩子是知识的奴隶，教师把知识从课本倒手贩运给孩子的笔记本作业本上，这些知识既不属于老师，也不属于孩子，而是属于书本和作业本。

忘掉成绩，用语文让生命去修行

多年前，我曾收到过一位学生写来的一封信：

"罗老师，曾经我非常讨厌语文这个学科，一上语文课就想睡觉，一写作文就头痛。但是在您的课堂上我改变了这个看法，在学习语文的道路上，您给我的启示就是：学语文不是为了争分数。

"语文是一种修行，一种成长过程，可以让人享受和快乐。阅读和写作改变了我的世界观与价值观，让我的内心更强大。回想以前只为考试而活的学习之路上，我每天的心情完全由分数与排名决定，考得好，世界就灿烂；考不好，世界就灰暗……"

由于长期的应试导向和功利学习，忽视了语文学习的本质。分数主导了我们孩子天空，或灿烂或灰暗。在大众和家长的认知里，语文就是一门学科，中高考的180分。

西南大学语文研究所荣维东教授对世界母语教育发展史的研究告诉我们：

传统的语文教育是一种简单低级育"结构语言学"，以掌握一定数量的通用的语言知识，形成简单的语言技能为主要任务。它的训练结果，只会导致人的语言能力僵化、固化、机械化。这样基于"语言学"的语文教育，虽然重视语言的"具体意义"和言语主体的"心理意义"，但毕竟还是属于"小我"心智言语技能的语文教育。

未来的语文教育的发展，要基于"交往语言观""语境学""语用学"

原理，以培养人的交流能力以及复杂情境中的语言运用能力为目标，关注"语境""语篇""交际"以及关注语言与人、与世界、与生活、与文化与语境的联系"语用型"语文教育。这种"语用型"的语文教育，才是一种关注人的"真"语言能力的语文教育，关注人与环境之间的互动建构的"活"语文教育，关注语用主体的人格、道德、情感、意志、知识、技能、行为和谐发展的"善"的语文教育，真正适应全球化时代，走向中华民族伟大复兴与世界各民族和谐发展的"大同世界"的终极大美的语文教育。

真的"生态语文"

那么，什么是关注人的"真"语言能力的语文教育呢？如何才能实现语文教育的求真呢？

首先强调的是人，其次关注的是学生能力与素养，只有以孩子为中心的语文教育，知识会为孩子服务，在教孩子选材时，目的是发展孩子的发散思维；在选择主题时，目的是培养孩子的生命意义；在遣词造句时，是在通过文笔典雅度培养孩子的文化气质；等等。这样的教育我们才称之为生态语文教育。

时代和教育的发展要求语文学科学习有三大目标：

一是生命发展。即孩子的成长目标，培养孩子具备未来社会需要的创新人才所必备的能力与素养。关注生命成长是指语文教学要遵循语文学习规律，营造语文学习的生态系统，激发语文学习的生机和活力，使学生主体与外部世界的资源环境之间进行互动建构，通过校内外各种真实或拟真的语言环境，如故事教材、真实任务、社会实践等训练方式提升孩子的语文能力与素养。所以，语文是一种生活的方式，它存在于人际交往的每个过程，生活的每个角落，从倾听、阅读、研学、思考、口头沟通、书面表达到演绎，人生于世，无论干什么都用语文。

二是学科学习。语文不仅是一门基础学科，语言工具与文化传承的学科。它还是一切学科学习的基石，学好语文，将有效地提升孩子包括归纳、概括、分析、理解等能力在内的综合素养，语文好的孩子，将在学习各学科的过程中事半功倍。

三是文化目标。中文是民族文化的瑰宝，五千年华夏民族智慧的结晶。唐诗宋词，曲艺杂谈，不仅蕴含文化的传承，还能陶冶孩子的情操，熏陶孩子发现生活的美，提升内蕴修为。在这个意义上来说，语文更是一种生命的形态，它关乎一个人的文化、境界、人格思维、幸福等素养，人活着的精气神都是语文。

只有认识了语文的本质才能实现语文这门学科的求真。

求真是学习语文的基础，如何在语文学科领域实现求真？

在国内，我们的实际教育教学中，经常错误地以为生活中那个逼真的自己就是真，实际上，我们每个人内心深处还有另外一个自己，从生活中的逼真的自己开始追求内心另外一个精神自己的过程就是求真。

美国金牌编剧教练罗伯特麦基认为，好剧本没有统一标准，但是，差剧本一定符合以下两个标准：

一是错误以为生活的逼真就是文学的真情实感。事实上文学的真实往往与生活的逼真相反，健壮的人渴望娇柔，柔弱的人渴望强壮，已婚的人渴望走出围城，而未婚的人渴望进入围城，等等。

二是错误地把故事的复杂当作人生的深奥，把人性的复杂性简单地用曲折的故事去表现。

其实，剧本如此，我们的语文教育也是如此，语文的本真不是去记录真实的自然生活，而是要从现实生活中开始追求内心另外一个自己。

云在青山水在瓶，直到有一天，我们甘愿做一片云，就心安理得去享受云的飘逸，不要羡慕水的安宁。如果我们坚持做一滴水，就安逸于水的静谧，没有必要去嫉妒云的潇洒。

生态语文所提倡的回归语文教育的本质，正是要引导孩子学习前人的知识和文化，通过观察、体悟现实世界，丰富自己的内在底蕴，从而去发现真实的自己，认识内心的成长渴望，合理规划适合自己的成长路径，科学学习语文学科，为未来奠基，最终长成那个期待的自己。

第二节
不只是说说而已

——生态语文的宗旨2：守护人文本性

🍃 语文究竟是一门什么样的学科

记得在多年前的一次教师聚会上，有人发起了一个有趣的提议，要求各科老师概括自己所带学科的特性，每个人只能说一句话，还要让大家都认可。别的学科都还好说，有的还能概括得既准确又有趣。轮到我时我是这样描述的："语文是一门教我们如何和这个世界进行对话的学科。"大家对这个说法报以了热烈的掌声。

但其实我自己对这个描述并不十分满意。

语文就其内容来看，是一门博大精深的课程，试图用一两句话把它说清楚，是不可能的事情。况且语文这个概念从提出到现在，也不过短短几十年的时间，人们对它的性质和定位并不是一开始就明确下来的。

我们可以回溯一下这段历史。

在20世纪30年代后期，叶圣陶、夏丏尊二人提出了"语文"的概念，并尝试编写新的语文教材，可惜因日本侵略中国而被迫终止。全国解放后，叶圣陶先生再次提出将"国语"和"国文"合二为一，改称"语文"。

叶圣陶先生1964年在《答滕万林》中强调："'语文'一名，始用于一九四九年华北人民政府教科书编审委员会选用中小学课本之时。前此中学称'国文'，小学称'国语'，至是乃统而一之，彼时同人之意，以为口头为'语'，书面为'文'，文本于语，不可偏指，故合而言之。"

"语""文"内涵的确定，决定着语文学科的根本性质，决定着语文的发展方向，但就是这样重要的问题，半个多世纪以来，却一直没有明确的定义。

20世纪50年代末，全国范围的极左思潮影响到语文教育，从60年代初开始在语文界展开了一场关于语文课是上成政治课、文学课，还是上成语文课的讨论，最后，把工具性定为语文学科的基本性质。

到了"文革"时期，语文教育又在极左思潮的影响下，否定了语文学科的工具性，语文课本不成语文教材，语文课大量学习当时的报刊文章，学生写作也是写极左的"大字报"，语文课基本上成了政治课，整个语文教育乱了套。

"文革"结束后，1978年教育部拨乱反正，重新颁布了"语文教学大纲"，重又确定了语文学科工具性的性质，使语文学科恢复了"语文"的本来面目。

改革开放以后，围绕"语""文"定性问题，语文教育界又出现了各种不同的观点，有人认为语文是语言与文章，有人认为语文是语言和文字，有人认为语文是语言与文化，有人认为语文是语言与文学。还有人认为语文除了不是语言和文学外，怎么解释都可以。

近些年，又有人提出"人文性才是语文学科的本质属性"，认为语文课的任务应该是通过语言的学习和感悟，培养情感，陶冶审美情操，弘扬中华民族的人文精神，给学生打下一个精神的底子。

在多年来语文教育界众说纷纭、各执一词的局面下，苦的是语文老师和孩子们。面对这样的语文，老师不知道该怎么教，孩子们不知道该怎么学。

所以才会出现新的"语文课标",既肯定了以前的工具性,又吸纳了人文性的新观点,把二者统一起来,在语文教学的发展史上首次提出了"工具性与人文性的统一,是语文课程的基本特点"。

但即便是我们要兼顾语文的工具性和人文性,也得要弄清楚它的本质属性到底是什么,在工具性和人文性上该以什么属性为核心。

吕叔湘先生曾经说过:"说到底,语言学本质上是一门人文科学。它跟别的人文科学一样,可以利用技术科学的帮助进行它的工作,但是它自身不会变一门成技术科学。"

语文也是如此,所以如果非要给语文下一个定义的话,我认为语文就是一门以语言和文字为载体,对学生实施人文教育的学科。

你知道什么是人文吗

"人文"一词最早出现在《易经》中,书中说:"观乎天文以察时变,观乎人文以化成天下。"其意是说,治国家者必须观察天道自然的运行规律,以明耕作渔猎之时序;又必须把握现实社会中的人伦秩序,以明君臣、父子、夫妇、兄弟、朋友等等级关系,使人们的行为合乎文明礼仪,并由此而推及天下,以成"大化"。人文区别于自然,有人伦之意,区别于神理,有精神教化之义;区别于质朴、野蛮,有文明、文雅之义,区别于成功、武略,有文治教化之义。可见,所谓人文,标志着人类文明时代与野蛮时代的区别,标志着人之所以为人的人性。

国外的人文概念出现得也很早,古希腊智者派的代表人物普罗泰格拉就主张"人是万物的尺度"。放眼当今世界主流文化,人文是被公认的人类文化中先进的价值观及其规范。

人文重视人的文化,即"人本位"。人文的核心是"人",以人为本,关心人,爱护人,尊重人。这就是我们常常说的人类关怀、生命关怀。

人是衡量一切的尺度，在人世间的各种权利，只有人权是天赋的，生来具有的，不可剥夺，也不可代替的。承认人的价值，尊重人的个人利益，包括物质的利益和精神的利益，这是广义的人文。

在语文教育方面，于漪老师说过，人文精神的内涵应该包括知、情、意等方面，主要指人格、情感、意志、性格、心里品质等。语文课程的人文性着眼于语文课程对于学生思想感情熏陶感染的文化功能和课程所具有的人文学科的特点。语文课程的人文性，强调语文学习的过程，既要学生实现自我成长，也要激发学生创造力。要把对学生人文精神的培养作为课程目标的价值取向，并以此来制定语文课程目标和选择整合和利用语文课程资源；语文课程应凸显教师的人文关怀，使学生受到真善美的熏陶，自身的独特体验受到保护和尊重。教师将在关注学生语文知识、能力发展的同时，更加关心学生的情感态度价值观的发展，注重人文关怀和语文教育的感染熏陶作用。

所以在我看来，语文教育的"人文"，其实就是一种生态，一种以学生的认知过程和生命发展历程构建出的生态。语文教育者要做的就是在这个生态系统中，帮助学生体验丰富的情感，塑造完善的人格，培育高尚的灵魂，传承优秀的文化，浇筑学生精神成长的"人文之花"！

如何守护生态语文的人文本性

语文教育是科学，也是艺术，它既具体又极空灵，既实际又极高雅。一个好的语文老师，能够带给孩子一生的生命滋养。

但遗憾的是，在现实的语文教学中，更多的语文老师只能依凭语文的工具性质去对学生实施语言文字和文本的教学，把本该活色生香的语文课，上得死板单调，枯燥乏味。或是形式主义，弄出许多花样，却流于表面，华而不实。究其原因，一方面是这些教师对人文的概念和重要性缺乏理解，另一方面是缺少具体的教法和实践。

我曾询问过不少的青年语文教师，如何在语文教学的课堂上体现人文性。得到的答案五花八门，说什么的都有。总结起来无外乎两种回答：一是照搬一些概念，再往下问就什么也说不清楚了；二是信口开河，描述一些连自己都可能不太相信的故事和情境。

在具体进行教学的时候，一定要做到以人为本。但"以人为本"的说法很容易被喊成一句美丽的口号，却难以落到实处。所以我觉得，要想把语文的人文性体现在教学中，是要有一些方法和标准的。

这首先需要语文教师明确自己到底要做什么样的语文教育。我把语文老师分为三个层次：第一层次的老师能够对课程内容了解清楚，课堂流程和环节熟练，时间把握精确，这叫掌握了教学的"形"；第二个层次的老师知识储备丰富，内容讲解游刃有余，有自己的授课风格，这叫掌握了"神"；第三个层次的老师是能够根据不同的学生和具体情况随时进行调整，眼中时时关注的是学生，这叫拥有了"魂"。只掌握了"形"的叫教书匠，达到了"神"的阶段可称为教师，拥有了"魂"则可称其为教育者。在我看来，一个好的语文教师不光心中有课程，更重要的是眼中有学生，这就是人文。

教师作为人文教育的实施者，还要对自己和学生的关系做一个合适的定位，不管是定位为"主导者""陪伴者"，还是"观察者"，有一个最基本的东西是必须具备的，那就是教师需要培养与学生"共情"的能力。这是人文关怀的前提，好的语文老师一定要了解学生的年龄特点、思维方式、爱读的书、爱玩的游戏，一定要学会和学生换位体验和感受。

我的语文课堂重视使用七大语言智慧，在授课中的"评"我尤为注重。通过对学生的点评，实现人文引导，渗透对学生情感、态度和价值观的教育。而且这种点评，我要求老师体现在备课中，要有特定对象的选择，要有预设的语句，当然更要有在能力提升之后的随堂点评。甚至对于学生的作文批改，我要求不但要有技法上的指导，还要有思想和情感上的赏析。这也是人文。

我的作文教学的基础理论之一，重视对学生进行三大空间的思维发散训练，让学生不断地把目光投向家庭、学校、社会、音乐、体育、历史、文化、民俗乃至于童话、神话等广泛的领域，这让人文教育的实施变得具体不空泛。

我在生态语文的教学研究中，创立以"语境中心"为教法的语文课型，重视在教学过程中让学生接受典范人格的熏陶。我研发的经典作文课程"从前有座山"最核心的教育价值，就是让学生在不同的情境中，体验和感受情感，熏陶和汲取文化，孕育和促进成长。

以人为本，不能只是说说而已，人文成长也不是生搬硬套，强行灌输所能得到的，它需要教师通过对学生真正的人性关注，在文化和情感的语境中潜移默化，如春风化雨般在学生心灵上留下印痕。

30年来，我在生态语文的道路上摸索践行，深深感受到，如果语文教育不能照亮学生的心灵，不能成就学生生命的精彩，那么等到有一天科技发展到可以替代语文的工具作用时，语文教育终将会失去它存在的价值。而唯有以人为本的生态语文思想才能具有长久的生命力，唯有将人文性视为语文教育的本质属性去守护，才可以真正实现教育对于人的生命意义。

第三节
让每个人都成为独一无二的"自己"

——生态语文的宗旨3：促进自主成长

人的发展是终身的，离不开社会交往，生态语文教育始终遵循学生不同时期生命发展的规律，在生态的人文空间里，科学地引导孩子的自主发展。

自我是人格中最核心的部分，所谓自主成长，就是自我的健康发展。戴蒙和哈特认为，在每一个成长节点，孩子都需要均衡发展自己的身体我、活动我、社会我、心理我。

客观存在的那个"我"

身体我是指对客观身体的认知，孩子们会这样描述身体我，"我是男生""我的头发很短"。早期的身体我只是对自己的描述，随着孩子逐渐长大，他们也会形成一些比较。比如，一些青少年会非常在意自己的容貌，也会刻意修饰自己的外在形象，这时，他们是在管理身体我。

我曾经教过一个孩子，她学习很刻苦，但是成绩却提不高，长得很文静，很秀气，不爱说话。我一直以为她过得很自在，直到有一天看到她的作文，她说她忍受着金属牙套的疼痛，忍受口腔被刮得满是伤痕，就是不想再被班上的男生嘲笑自己不整齐的牙齿。看到这一句，我忽然觉得这孩子承受得太多了，她对于身体我过于注重，而忽视了其他方面的成长。

"我"是一个学习的人

活动我指孩子会在一个群体活动中描述自我，比如"我是围棋少年""我的英语水平在班上算优秀的"。孩子渴望通过活动我达成自己的愿望，形成更高级的自我认同。比如，年龄大一些的孩子会说，"我渴望学好打篮球，成为校队的主力"。这时他通过某些具体的活动，达成了对自己的要求。

有一个瘦小的孩子，不爱参加集体活动，每次和同学去打篮球，总是站在外围，不敢挤到里面去抢球，他曾经对我说："我什么也不会做，真是一个笨蛋。"他的眼神显得那么黯淡，让人心里发疼，他的活动总是滞后于其他自我发展的。

"我"是社会一分子

社会我指一个孩子如何定义自己的社会关系，比如"我是家里唯一的孩子""我是一年级学生"。他们通过社会地位来定义自己的存在。年龄大的孩子会涉及自己的内心，通常情况下，通过与其他孩子进行比较，是孩子自我概念形成的一个重要阶段。比如，我让同学们描述自己，有个活泼开朗的男生就说，"我是一个合群的人，总是愿意参加一些集体活动"。他这句话让我很惊讶，这句话有理有据，不偏不倚，说明他对自己的认识非常清晰。

内心住着一个"小小我"

心理我是以情绪、性格来定义自我，比如"我很快乐""我是一个善良的人"。早期的心理自我是单一的。随着年龄的逐渐增加，他们会认识到心理自我的冲突和变化，这时，他们的心理我可能是这样说，"我还需要更加努力才可以提高自己的作文水平"。

我曾经见过一个孩子，平时老是笑呵呵的，爱开玩笑，学习也不认真。他每次写的作文都有一大堆错别字，而且字迹非常混乱，钢笔水好像也和他作对，每次都洇作一团，让卷面看上去极为糟糕。他的成绩也一直上不去。每当我跟同学们总结作业："现在，我说一下这次作业表现比较好的同学。"他就会接茬儿，嬉皮笑脸地接着说："老师，你不用这么表扬我，我会害羞的。"其他同学就哄堂大笑。他会夸张地作个四方揖，面有得色。这位同学其实就是典型的心理我和现实自我不匹配。他知道自己学习不好，就以这样一种玩世不恭的态度，来抚慰内心那个脆弱不堪的心理我。

在我国的教育体系中，学前儿童有大量的时间和精力投入到游戏和社会交往当中，也因此逐渐完善对自我的认识以及对他人心理的理解。学前阶段，孩子慢慢地发展出独立性和自控力，学习并遵守部分社会规范，并用以指导自己的行为，为进一步的成长做准备。幼儿园有大量的游戏和互动场景，他们的各种自我大致是可以均衡发展的。但是进入小学后，在传统的语文教学中，我们过于关注知识的灌输，默写和背诵成了语文课的主业。孩子们没有自我的表达的空间，没有语言的实践的场所，没有了关于自我的反思时间。他们的识字率和阅读量上去了，自我发展的道路却只能自己摸索。我时常会听说这样的论调：中国的孩子只知道学习，并不会为人处世。

前几年，有这样一则新闻：在北京动物园的熊山，两只黑熊突然口吐白沫，倒在地上，来回翻滚，口中发出"嗷嗷"的惨叫。同时，水泥地上冒起一股股白烟。围观的人群一阵骚动，一名手拎食品袋、戴着眼镜的男青年急匆匆地挤出人群向熊山外溜去。在附近巡逻的动物园派出所民警、工作人员和在场群众的围追堵截下，这名男青年被抓住，带回了派出所。

肇事者的身份很快就被弄清，他就是清华大学电机系大四学生刘海洋。据交代，为了证实"熊的嗅觉敏感，分辨东西能力强"这句话是否正确，他先后两次把掺有火碱、硫酸的饮料，倒在5只北京动物园饲养的狗熊的身上或嘴里。

这件事引起了轩然大波，网络上也一片痛斥之声。中国最高等学府的高才生，不可谓不会学习，但是，在这件事当中却呈现出异常冷漠和残忍。后来记者走访刘海洋的家庭，发现他打小就是一个优秀学生的典型，家里摆满的了各种各样的奖杯。但是，他却生长在一个单亲家庭，跟着母亲和外婆长大，外婆对他极其宠爱，包办了一切学习以外的生活内容。最后，他就成长为一个学习优秀，但其他自我均没有发展起来的单向度的人。

这个案例虽然极端，但不得不说是值得我们反思当前教育的诸多问题。

生态语文就是希望通过一系列的体系，改变这种教育单一的现状。

儿童在成长过程中，对自我的认识上经历了一些变化。生态语文的"听、说、游、思、说、写、演"便尝试着走这样一个全面发展之路。

身体的"小小我"走向自然界的"大我"

使儿童对自我的认识不再仅仅局限于外在的和身体方面的特征，而是让他们开始更多地关注心理方面的特征。低年级的孩子会这样说：

"我在我们班上是个子最高的学生，我比所有人都跑得快。"低龄段孩子更多关注身体我。当孩子逐渐长大，他们会更多关注到自己的品质和情绪，对自己的认识会更全面。生态语文通过引发孩子们反思生活，让他们认识到内心深处那个更为真实的自我。比如倾听力的培养，让孩子学会去听母亲的呼唤、大自然细微的声音，在各种各样的声音当中，培养孩子敏锐的感官。

苏联教育家苏霍姆林斯基就非常注意让孩子们亲近自然。他曾经教过一群孩子，大部分孩子都有亲人在对抗法西斯的过程中丧生，有个孩子因为父亲有通敌嫌疑而被同学排挤。这群孩子都有各种各样的心理问题。苏霍姆林斯基的方式很简单，他把课堂设置在农庄和野地上，在校园给孩子们建立植物园，带他们去田野上劳作，观看小动物嬉戏，让孩子们感受到大自然的美妙。在他的引导下，那些孩子写出了美妙的句子，那些自然景物也软化了在战争遭遇巨大创伤的孩子们的心。

生态语文的目的也是如此，我们希望通过"听"和"游"，让孩子们与大自然连接，当感官在他身上苏醒的时候，他也具备了与外界同一的心态，他认识到自己身体的小我，和自然界的大我一起搏动。

从"扁平我"到"立体我"

让儿童关于自我的认识开始多元化，能够关注到自我的多个方面。早期的孩子会有很高的自尊，高估自己的能力，但此时的认知是比较单一的。随着年龄增加，他们会慢慢地客观地理解自己，他会认识到自己的优点，也会看到自己的缺陷。并且，他们开始和同龄人相比较，并形成自我判断。生态语文教育，就是以体系化的思路，让孩子体验到每个人的不一样，让他理解更为多样的人生。"演"的环节，我们会设置各种各样的角色，让孩子沉浸到具体的场景当中。这时，他们就会体验到自己之外的人生，他会看到对手的不易、底层的艰辛。若是他具有高尚的道德感，他会培养出对人世间的大爱，懂得去爱身边的每一个人；至少，他也会理解他人的处境，会尊重他们，不去影响他们的生活。

我曾经让孩子们构思一个冲突场景，几个孩子自编自导自演了一个保安和快递员发生冲突的故事。故事中，快递员试着把快递拿给顾客，保安却以安全为由拒绝了他。在演绎过程中，孩子们明白了，每个人都有自己的立场、自己的无奈，他们看到了谋生的心酸。最后，一个大一点的孩子说，我们给他安排一个好一点的结局吧。那一刻，我深深被震撼，他们懂得了去体谅不同职业的处境，而不是单方面地指责他人。

除了成绩单上的名字，还有新的"我"

因为学校是儿童生活的具体场景，他们也会区分学业自我和非学业领域的自我。孩子们会非常关注成绩，班上也会以成绩好坏来区分等级。但孩子的成长是复杂的、多方面的，生态语文教育希望孩子们以多角度的方式去领会成长，他们会看到人的品质、思想性、阅历等多方面的内容。在传统的语文教育当中，分数就是一把简单的尺子，把每个学生都量出了具体的长短，但每一个孩子都有自己独特的一面，他们不可能在一张试卷上衡量人生的全部。生态语文理论，让孩子不在意单一的试卷分数作为评价标准，而是从思维能力、写作表达、口语能力、表演表达等多方面展示。他可以看到，某某同学是一个善良的人，与他相处如沐春风；他可以看到，某某同学可能学习并不优秀，却非常执着，愿意去尝试新事物。这是，他认识到的是一个个具体的人，而不是一系列抽象的分数。全面发展不应该成为一句空话，而是要孩子们切切实实地看看那么多不同的评价标准，看见每一种尺度下各人的不同。

给"小小我"一个麦克风

根据心理学研究，孩子对自身情绪的体验是不平衡的，他们处理消极情绪时会偏慢。低年龄段的孩子不能够理解冲突情绪，无法想象脑海里面存在两种不同的情绪。随着年龄增大，他们要能准确觉察到内心的各种情绪，并尝试去调节。觉知情绪，控制情绪，是一个孩子在社会化中必须经历的过程。传统的语文教学中，这一课是缺失的。生态语文，通过倾听力的学习和培养，让孩子学会体察对方的情绪，反思自我，从而达成情绪的调节。我们内心的感受是很复杂的，很难以表达的。著名心理学家武志红曾经有一个观点，中国文化是倾向于压制自我的需要，服从于集体意志，于是个人的内心需求被否定，内心感受被忽视，国人的自我也慢慢萎缩，成了长不大的婴儿。生态语文中，有一个"思"的环节，通过多种引导，多种渠道，让孩子们沉静下来，体悟内在自我的呼唤，看清自己的心理需求。慢慢地，他会察觉到那些不如意的小情绪，并学会和它相处，让"它们"发出自己的声音，这时，他的心灵才可能和谐，自我的自主成长才会顺利进行。

马克思说，社会主义就是让每个人都成为一个全面发展的人。可是当今中国的传统语文教育，无疑是有所欠缺的。我们不能片面地指责孩子在这方面不懂事，也不能直截了当地把一切都归结到不可抗的因素上。只有全面认识，积极进取，才会有所进步。生态语文，就是立足于人性，看清了自我成长的规律，试图在全面发展的道路上迈出探索的一步。

生态语文的学习，让孩子们逐渐明白在人与人的交往中，我们追求的是大爱，做不到大爱，我们至少要守住底线，就是尊重对方，哪怕他是对手，是敌人。在人与组织的交往中，我们追求道德的崇高，做不到崇高，我们至少要守住底线，就是遵纪守法。在人与自然的交往中，我们追求和谐发展，做不到和谐，我们只是要保持可持续发展。

第四节
语文,一切学科的"根"

——生态语文的价值1:学科学习价值

语文是我们的母语,是我们交流的工具,是学习其他学科的基础。

曾经听到作家雾满拦江讲的故事:

他有一位朋友的女儿上初二,学习成绩很不好,于是请他去辅导。他跟女孩聊了一阵子,发现这孩子学习能力并不弱,各门学科知识都会,但考试时就是不懂出题人的意思,老拿不准题目的要求是什么。于是,他跑去对朋友说,这孩子的学习没有任何问题,就是语文能力不够,读不懂题,要解决也很简单,就是去读小说。朋友觉得匪夷所思。但是看在对方是大作家的面子上,又是自己死乞白赖求过来的,勉为其难地答应了。雾满拦江兴冲冲地给孩子列了一份书单,中外名著都包含了进来,他保证,"读完这些书,孩子的成绩绝对能提高"。没多久,孩子中考,考上了一个父母羞于提及的高中。雾满拦江觉得非常不好意思,很久都不敢上这位朋友家,也不敢再谈什么教育话题了。

事件转机发生在一年后。有一天那朋友提了份厚礼到他家登门道谢。原来,小女孩在那个末流中学忽然开了窍,成绩一下子突飞猛进,把整个学校的同学都甩开老远。本来整个学校都浑浑噩噩,学生随随便便学,老师随随便便教,结果突然冒出这么一个从未见过的学霸,让校长着实吃了一惊。他以为自己捡到了宝贝：这样的尖子生，我们学校十几年也遇不到一位啊！校长把学校最优秀的老师召集起来，特意给他女儿打造了一个学习辅导小组，几个老师围绕这女孩，希望把她打造成学校的一张名片，成为这个高中的一点"微光"。

这虽然是个个例，但背后折射的现象却值得我们深思。语文，是一切学习的根基。语文学习的重要性，我认为主要体现在三个方面。

语文在认识世界方面的意义

德国存在主义哲学家海德格尔说：人活在自己的语言中，语言是人"存在的家"，人在说话，话在说人。当孩子第一次降生到世界上的时候，他第一声听到的呼唤，就是语言。此后的每一天，尽管他没有说出语言，却无时无刻不浸润在语言当中。每一个事物，每一种状态，都需要他打上语言的标签。他们通过语言，将世界加以概念化，这时，他才可能在脑海当中把世界呈现出意义来。如果没有语言，那人的认识又会变成什么样子呢？我想起一则流传很久的故事。

1848年8月的某个早上，一名英国骑兵正在北印度孟加拉的河边巡逻。就在这时，他发现了一头毛发为淡茶色的大狼，它大步从巢穴里走出，身后跟着三头狼崽。

这一场景再平常不过了，但接下来的一幕却让他惊呆了——跟在三头狼崽后的是一个四肢爬行的小男孩。

"母狼似乎对它们同等爱护。"另一名英国士兵——陆军上校威廉·斯利曼几年后在一小册子里写道，"他们去到河边喝水，丝毫没注意到那名骑兵，他一直坐在马背上看着他们。"

这孩子跟其他狼一样在水边舔水喝。看到这一怪异的景象，骑兵诧异了好一会儿。这奇怪的一群出现得快，走得也快，紧接着，它就开始往巢穴回了。

这名骑兵在马背上看得一头雾水，决意救出那名男孩。地面多石又高低不平，即使骑马也难走，他没能跟上狼群和那个孩子。几秒内，他们就消失无踪了。

但骑兵没有放弃，几小时后，他带着一群人回到此处，每人手上拿着鹰嘴锄，想要挖出巢穴。在他们挖了八英尺深后，狼群和男孩突然跳出，但这次，骑兵抓住了男孩。

"人们把男孩带到村庄，但不得不把他绑起来，因为他非常焦躁，一有人靠近，他就会拼命挣扎，想要钻进每个洞口或小房子里。"斯利曼写道。

"人们尝试让他说话，但得到的只有怒吼和咆哮。当一个成年人靠近他时，他会惊慌，想要溜走。但当一个小孩靠近时，他则会怒吼着扑过去，跟狗一样，想要咬那个小孩。"

在接下来的两年，男孩依然表现得像一头狼，吃生肉，不管天气多冷都不穿衣服。他排斥人类，更愿意与流浪狗交朋友，吃流浪狗的食物。

后来，在男孩被骑兵发现的两年后，他病得很重。没人知道他得了什么病。据村民称，他唯一一次说话就是他指着自己的头，说"痛"。那天他就死了。

19世纪，印度涌现了许多狼孩的故事，这个故事只是其中之一。许多狼养小孩的故事都说，小孩被"救出来"后，无法跟人交流。

由于年代久远，这则故事的一些细节被人质疑。姑且把故事的内容放到一边，有一点却是得到科学家公认的：如果一个孩子从小没有接触到语言，那么他认识世界的能力会受到诸多限制。教育学家发现，婴儿在长大过程当中，父母的学历越高，交流越多，那么孩子掌握的词汇量越丰富，在后期学习遇到的阻力就会越小。

语文，就是我们理解中文语言的第一座桥梁，又怎么能够忽视呢？

语言在生活沟通方面的意义

随着年龄的增长，语言成为孩子与世界交流的工具。他通过语言学习他人的经验，与他人达成共识。可以这么说，没有语言，我们无法结成社会，也无法产生文化。语言沟通的重要性对我们毋庸置疑。下面是我个人非常感兴趣的两个例子，也许可以帮大家直观地感受到语言的重要性。

著名科幻作家特德·蒋写过一篇小说《你一生的故事》，2016年被拍成电影，在国内被译为《降临》。主要讲述地球人和外星人接触的故事。小说里描述的外星人形象古怪，被称为"七肢桶"。

当"七肢桶"来到地球后，沉默不语，没有进一步动作。人类陷入恐慌，想要和外星人沟通，却发现两者根本无法理解。主人公是一个语言学家，受命去跟外星人交流。她运用自己丰富的语言学知识，跟外星人学习它们的圈形文字。它们的文字在电影中呈现得极具魅力，是圈形的水墨文字。通过学习，主人公发现，"七肢桶"是一种超越时间存在的生物，就像人类看地图上的远方和此处一样，它们可以同时审视历史的未来和过去。随着学习的进步，她渐渐发现自己也具有了超能力，可以同时看到未来和现在的自己——她和"七肢桶"一样，具有了超越时间的能力。

这部小说以一个科幻的视角，解释了一个语言学的命题，撒皮尔-沃尔夫假说：当你学习某种语言的时候，就是在学习语言当中的逻辑形式、世界观。

也就是说，我们学习语文，不仅是为了理解别人说话，我们触碰到的是一整个世界。学习语文感受的绝不仅是我们认为的书本上的知识，它还包含背后的文化传统、价值观、逻辑结构……

如果生活没有语言沟通，那又会是什么样子呢？我记得自己很小的时候读过的一部名著——《鲁滨孙漂流记》。后来，我才知道笛福的这部小说是有故事原型的，主角叫塞尔柯克。

塞尔柯克在1676年出生于苏格兰格拉斯哥市的一个鞋匠家庭，青年时就做了海员，有着丰富的导航经验，鉴于这一点，他被任命为"五港同盟"号的领航员。

1704年12月，当船驶到胡安费尔南德斯群岛中的一个小岛去取淡水的时候，塞尔柯克同船长发生了争吵，被扔到岸上去。这是一个荒无人烟的小岛（后来改名为鲁滨孙岛）。塞尔柯克收拾了自己的全部东西，其中包括航海仪器和书籍。船长也给了他一些东西：火石枪、为数不多的火药、铅砂和子弹、刀子、斧子、小锅、《圣经》、烟草，以及两件衬衣，被子和枕头。

过了一天，塞尔柯克冷静下来便请求返回船上，但遭到拒绝。从此，他在这个荒岛上孤独地生活了四年多。

荒岛距太平洋的南美洲海岸675公里。那里四季常青，平均气温10多摄氏度。岛上虽然没有毒蛇和猛兽，却也没有什么物资，只有一些树木和野果，以及一种名为"狍"的野兽，但塞尔柯克并未绝望。

塞尔柯克用树木搭了两间茅屋，屋顶盖着茅草，屋里铺着狍皮。像《鲁滨孙漂流记》中所描写的那样，他每天在门框上砍一道作为日期的记号。他从扔在岸上的破船板中找来钉子做鱼钩，用棕榈纤维做成钓丝来钓鱼。在岛上，他找到了野李子、野萝卜和野辣椒，又驯服驯养了几只"狍"，从它们身上取得了奶、奶酪和奶渣。空余时，他以读书为乐，又研究了岛上的每一寸土地。他在两个最高的山冈搭起了两个用干原木做的灯塔，以便远方突然出现的船只能够发现这里有人。他日夜盼望，日复一日，年复一年，望眼欲穿……

直至1709年2月中，英国著名航海家威廉·丹彼尔率领的杜克船队路经此地，才把他救到船上。塞尔柯克加入了船队，并当了水手长和海军中尉。

其后因思念家乡，于1711年回到苏格兰，以后再未出门。

塞尔柯克返回苏格兰后，经常出入酒店向人们讲述他的历险故事。1718年他结识了英国作家丹尼尔·笛福。笛福根据他提供的素材，用了一年时间，写成不朽的著名小说《鲁滨孙漂流记》。

其实故事没有结束，我在另一则资料看到过它的后续故事，塞尔柯克因为长久的孤独，无人沟通，语言能力退化。回家之后，他的脾气变得非常古怪，让人难以亲近。他宁愿独自一人待在空屋子，也不愿意和家人在一起。几年的荒岛生活，让塞尔柯克的身体和心理健康受到了极大损害，45岁这一年撒手人寰。

看来，学习语文，不仅是学习沟通经验这么简单，还是我们心理健康的守护神呢！

我们常以为，语言想是一镜子，完整地映射出内心精神活动的样子，其实这是一种错误的观点。思想先于语言产生，既没有规则，也没有传达的可能，也就是说，思想和语言是两回事。那么语言如何传递思想呢？

这就有赖于语文学习了。语言形成文字，有固定的意义和读音，人们通过辨认对方表达的文字和读音，达成思想上的沟通。而这学习的过程，就是我们生态语文的学习价值所在了。

语文在传递文化价值方面的意义

中华文化灿烂悠久，是世界历史长河当中唯一没有断绝的古代文明。中国文明这种独特的魅力，都被锁在文字当中，只有领会了语文，才能破解这种世界上最古老的文明。当代世界日新月异，但是，中华文化的根不变，我们处在时代大潮中，更应该抓住那些亘古不变的东西，让它们成为我们立足世界的根本。

习主席曾经多次强调过弘扬传统文化的重要性。

中国传统文化博大精深，学习和掌握其中的各种思想精华，对树立正确的世界观、人生观、价值观很有益处。古人所说的"先天下之忧而忧,后天下之乐而乐"的政治抱负,"位卑未敢忘忧国""苟利国家生死以,岂因祸福避趋之"的报国情怀,"富贵不能淫,贫贱不能移,威武不能屈"的浩然正气,"人生自古谁无死,留取丹心照汗青""鞠躬尽瘁,死而后已"的献身精神等,都体现了中华民族的优秀传统文化和民族精神,我们都应该继承和发扬。

——2013年3月1日,习近平在中央党校建校80周年庆祝大会暨2013年春季学期开学典礼上的讲话

国家之魂,文以化之,文以铸之。我们要立足中国,面向现代化、面向世界、面向未来,巩固马克思主义在意识形态领域的指导地位,发展社会主义先进文化,加强社会主义精神文明建设,把社会主义核心价值观融入社会发展各方面,推动中华优秀传统文化创造性转化、创新性发展,不断提高人民思想觉悟、道德水平、文明素养,不断铸就中华文化新辉煌。

——2018年5月4日,习近平在纪念马克思诞辰200周年大会上的讲话

一切学习的起点,都在语文当中。我们不能说,学会了语文,其他什么都可以学得很好;但是可以肯定地告诉大家,语文学不会,其他任何科目都不能做到很好。其他科目,都是在概念的基础上建立起来的,无论是历史还是物理,都离不开一下基本概念。这些基本概念的练习,都需要语言来澄清。

传统的语文课堂,注重文学的讲述,其实这只是狭义的语文教育。这也是传统教育当中被忽视的一个内容。

生态语文,专注的是全面的语文学习。我们希望通过语文,全面提升孩子的能力,让孩子更准确地认识,感知世界,让更好的自己和世界相遇。

生态语文,建立了三个高效的语文学习系统。每个系统都有九级标准,不光远远领先于国家标准,也比同行业要更加细致完善。

生态语文为一切学科学习建立"高效吸收系统"：如何倾听？听懂亲人的呢喃、猫狗的叫唤，听懂郊原黄钺、高山流水，听懂青山有意，万物含情。高效的倾听是学习一切其他学科的基础。如何阅读？读懂三百千、四书五经，触摸中华文化的脉搏；读懂文学的世界、历史的沧桑，积累自我精神的食粮。高效阅读更是学习其他学科的重要基础。如何研学、计划、团队、组织、报告？这也正是从事其他学科学习研究的基础。

生态语文为其他学科建立"高效信息处理系统"：形象思维、逻辑思维、发散思维、批判性思维等，这是学习其他学科的发动机。通过思维训练，更全面地解读自己吸收到的信息，并将之进行处理，输出。

生态语文更重要的是为其他学科建立了"高效的表达系统"：口语表达、写作表达、表演（演示）表达。更准确地将自己的想法传达给其他人，让其他人理解自己的观点和建议。

第五节
阳光雨露让生命成长

——生态语文的价值2：生命发展价值

🌱 让花儿尽情绽放

有一次晚上十点多钟，我接到一个电话，是一个学生家长打过来的。这是一位妈妈，她在诉苦："我们家孩子写的作文太差了！今天学校布置了一篇作文《特殊的礼物》，他写了两个小时，才勉强写了200多个字，而且写得不痛不痒，枯燥乏味，完全就是流水账……"我安慰这位妈妈，让她别着急，让孩子下次上课把作文带过来我亲自指导一下，今天就暂时让孩子赶紧休息，别影响了明天上学。

终于到了孩子上作文课的时候，一上完作文课，这位妈妈就让孩子拿着作文到办公室找我。

我看了那篇作文，字迹写得非常工整，说明孩子是在认真写作；但是篇幅很短，而且还有修改痕迹。此时，他站在我身边，他妈妈站在后面，还在一个劲地批评他写得不好。孩子眼神里满是惶恐，但是，却很虔诚地站在那里。

我没有急于去评判他的作文，但是我赞扬他的字写得太好了，这是值得很多同学崇拜的,还不忘对他妈妈说一下,看他写的字就知道他是一个非常认真、有上进心的一个孩子,他的妈妈笑了,孩子也腼腆地笑了。

孩子写的这篇作文,解读"特殊的礼物"比较简单,就是朋友送给自己的一本漫画书,漫画书很好看,自己看了一遍又一遍。我相信他写的这些内容,应该是生活中真实发生过的。

我问他:"你作文中写的那位朋友是生活中的好朋友吗?"孩子点了点头。然后我接着启发他:"你的朋友还送过你其他的礼物没有?"孩子摇了摇头。我又问他:"你还能想到其他的什么礼物吗?"孩子还是摇摇头。

很显然,面对《特殊的礼物》这个题目,孩子首先想到了自己的朋友,想到了朋友送的漫画书,孩子大脑中的其他人物与礼物,都没有激活。

为了让孩子脱离作文题目的束缚,我和他开始聊天。

从他喜欢的玩具聊到喜欢的游戏,然后再聊他喜欢的亲人与朋友,甚至聊到了他喜欢的明星。最后,我告诉他,刚才我们聊到的这些内容,都可以写成作文,如果写《特殊的礼物》这个作文题目,他可以写出很多篇内容不同的优秀作文。

因为他谈到过妈妈曾经给他买过一个闹钟,这个闹钟就替代了妈妈早晨的催促,他很喜欢闹钟的外形,但是却讨厌闹钟的声音,因为闹钟一响,他就得起床了。所以,我对他说,那个闹钟就是妈妈送给自己的一个特殊的礼物。

他还谈到语文老师总是提醒他写字要工整,宁可慢一些,也不要把字写乱。所以,我又对他说,老师的提醒也是一个特殊的礼物。

他听得非常认真,脸上满是欣喜,问我:"有一次,同桌拍了我一巴掌,算不算礼物呢?"我一听,心里很惊喜,因为他的生活信息慢慢被激活了,而且思维也被激活了。

我引导他思考:"他为什么拍你呢?"

"因为我随手扔了一张废纸在地上。"

"这是同桌送给你的一个爱护环境的礼物,送给你的一个正视不良行为的礼物……"

孩子又试探性地问道:"我很喜欢看曹文轩的书,我觉得他的书让我感到生活中的一切都是美好的,那这算不算礼物呢?"

"这是曹文轩送给你的一双发现美的'眼睛'啊!"我不禁被孩子的独特思维震惊了。

"我知道怎么写这篇作文了!"孩子兴奋地说。

在写作上,很多家长和老师往往只注重孩子会不会写作文,作文是否写得生动,却很少关注孩子为什么写不出来,写不生动。

孩子的作文为什么写不出来,写不生动?因为孩子的思维与大脑中的信息没有激活。为什么孩子的思维与大脑中的信息没有激活?因为我们没有把孩子作为一个独立的生命个体来尊重,也没有为孩子营造良好的思考环境,更没有较好地引导孩子运用有效的思维方式进行思考。

生态语文注重训练孩子思维的广博度,让孩子大脑中的信息激活,并用生活、知识与想象等三大空间思维方式教会孩子拓展思维的方法。我们把每一个孩子都作为一个独立而珍贵的生命个体来尊重,引导孩子关注生活、知识与想象的世界,从而拓展其生命的宽度。

让花儿的根扎得更深

2016年10月,我受邀进行一次作文大赛的赛前讲座,这一次讲座让我对思想的深度与生命的厚度,有了更深层次的理解。

在讲座中,我重点强调了文章主题的重要性。写作中的主题要深刻,特别是竞赛作文,主题不仅要深刻,还要比较新颖。我给他们讲亲情,说友情,话环保,析现象,述哲理……为了强化孩子们对主题的理解,我顺手拿起一瓶矿泉水进行举例。

"谁来说一说，如果要写一瓶矿泉水，你会写什么故事，从而表达什么主题？"我扫视全场孩子提问，没有一个孩子举手，看来他们被这瓶水给难倒了。我引导孩子们思考："你们可以先从自己的生活出发，结合矿泉水来讲讲自己经历过的故事。"

有一个孩子举起了手，他说："上学路上，我的口很渴，买了一瓶矿泉水。"我继续引导："你们家一般在你负责买矿泉水吗？"孩子回答："不是，一般是妈妈管钱，她给我买水。"我大声说："这瓶水就是你独立生活的见证者。"从自己的生活出发来思考写作内容，是孩子们最常用的思考轨迹，往往展现"关注自我"类的主题。

我又引导孩子们思考："我们能不能扩展一下，关注一下身边的其他人，说说他人与矿泉水的故事。"此时，台下有很多孩子举起了手。有孩子说："我给清扫街道的清洁工人递上了一瓶水。"还有孩子说："慰问团的志愿者，给烈日下的警察叔叔送上了一瓶矿泉水。"……我非常欣慰，因为孩子们已经在"关注他人"了，思维不再停留在自我生命之中，懂得去关注其他生命个体了。

关注自我、关注身边的其他人，都是孩子写作中经常出现的"小我"类主题。为了更好地让孩子们的境界提升，我决定让孩子们从"小我"向"大我"跨越，我启发他们关注群体、关注社会、关注民族、关注历史。于是，孩子们的回答更加有深度了。有孩子说："地震后，志愿者们给抗震救灾的战士们和受灾群众送来了几卡车的矿泉水。"还有孩子说："电视中报道，有一家企业生产的矿泉水，就是直接灌装的自来水。"还有孩子说："我国出产的农夫山泉，已经超越了可口可乐等一些国外大企业生产的矿泉水，物美价廉，这是中国制造的胜利！"还有孩子说："在大禹的墓前，有人送上了一瓶矿泉水，这是对古人功绩的一种赞颂。"……

"大我"类主题，往往在写作中能以小见大，总能让人震撼不已。但是，我想看看这些幼小的生命能否有更深入的思考，是否能在我的引导下，迈进"真我"的思想境界。于是我启发他们进一步关注哲学、关注信仰，让他们思考人生的哲理，思考生命的价值。

于是，我听到了这样的回答：

"装入方瓶中，矿泉水显得方正；装入圆瓶中，矿泉水顿显洒脱；倒入杯中，矿泉水活出优雅；洒落盆中，矿泉水大显气度。这不正是'上善若水任方圆'吗？"

"矿泉水性喜纯净，绝不与污秽之徒为伍，它希望留给人类一个纯洁的世界。"

生态语文课程在实践中，力求尊重每一个孩子的思想价值，我们绝不用标尺或模具去简单粗暴地约束其思想，我们希望让孩子们懂得三重境界：小我、大我和真我。然后，经过我们不断引导和呵护，让孩子们的生命更有厚度，让孩子们的思想更有价值。

让花儿散发独特芳香

我还记得很多年前的一次作文课，当时，班上的孩子很多，性格差异很大，写作能力也千差万别，但是由于当时条件有限，所以，这些孩子都在同一个班上学习。我出了一个作文题目《苹果》，本来是准备让他们写一篇状物类作文的，但是，我知道班上还有一些很有想法和创意的孩子，于是，我让他们自己确定写作形式和内容。想不到，就是我的这一次放手，竟然让我发现了这些小小的脑袋里，也有无限的创意，并且让我重新思考了构篇方法与写作的角度。

孩子们写完作文之后，我课后进行了批改，有四篇较有创意的作文给我留下了深刻的印象。

有一个特别调皮的男孩子写的是一个被咬过一口的苹果，因为这咬过一口的苹果，两个好朋友发生了争执，最后还将这个苹果摔在地上。这个孩子的构篇方式与情节推进模式，让我想到了武侠小说中经常使用的冲突手法。这也慢慢衍生成了后来比较受男生喜欢的一种构篇手法——冲突构篇。

有一个特别文静而干净的女生写的是三个不同时期妈妈为她削苹果的情景，展现的是浓浓的母爱。她的写作语言非常唯美，很有"清新美文"的韵味。这篇文章和后来我接触到的《三只蝴蝶》的儿歌，让我有了"散文构篇"的构想。

有一位平时富于思考却表现得很冷静的男生，写的是两件事：一件是自己吃着红红的大苹果，后来只吃了一半就扔到了垃圾桶旁边；另一件是一个衣着破烂的老人，竟然捡起"我"扔的那个苹果拿回了家，后来，我那是一个被儿女抛弃的老人。这是比较典型的"一文双线"形式，后来我也将这种方法发展成为"明暗构篇"。

还有一位很活泼的男生写得很有趣，写的是一群人围着桌上的苹果在指指点点，都不知道这是谁放的，也不知道苹果能不能吃，于是，不同的人都发表了自己不同的看法。最后，老师来了，原来这是老师故意放在讲桌上的，主要是想看看同学们的反应如何。这种"一石激起千层浪"的写法，也慢慢成为孩子经常使用的"点面构篇"方法。

经过以上案例的启发，我和身边的老师们不断探索，我们发现了比较有趣的现象：一些贪玩的孩子比较喜欢用"冲突构篇"来进行惊险类故事创作；一些情感细腻的孩子爱用"散文构篇"进行优美类的散文写作；很多有组织能力、性格外向的孩子善于运用"点面构篇"来进行写作；一些冷静的、爱思考的孩子常用"明暗构篇"来展现一些有深刻内涵的故事。这几种构篇方式，比一般常用的"总—分—总"三段式构篇更有创意，我们读起来就更有感染力。而且孩子们可以根据自己的性格特点与喜好选择合适的构篇方式来进行有创意的写作，其成功的喜悦感也会放大。一个普通的作文题目《苹果》，孩子们运用不同的构篇方式就可以写出各具特色的作文，从而彰显其生命个体的独特魅力。

说到"苹果"，我还想起了另一次关于"苹果"的作文指导课。

那一次作文课上，我拿来一个干瘪的苹果放在讲台上，让孩子们上来摸，上来闻，还有的学生用手开始掰……我告诉他们，这个苹果是我们今天写作的素材。接着，我又给他们读了一则报纸上的新闻，让他们用苹果联系这则新闻进行写作，新闻内容是这样的：

在武汉江夏区纸坊镇，有一位78岁的老奶奶，虽然有4个儿子、两个女儿，可是子女们都不赡养她，将她赶到了一间猪圈旁边的小破屋里生活了，屋里还住着一条狗和老奶奶相依为命。

说完写作材料，我引导学生提炼主题，最后我启发学生拓展写作的角度。说到写作角度，常用的第一人称与第三人称角度是写作首选，但是如何写出新意，写出创意呢？

我问孩子们："在刚才的这些材料，奶奶、狗和苹果等事物中，你最关注什么？"有的说："我关注狗。"有的说："猪圈。"还有的说："苹果和奶奶。"……我接着引导孩子们："其实，我们可以转换角度，以自己关注的对象作为第一视角来写作，比如：'我'是猪圈里的一头猪……"孩子们笑了。

"'我'还可以是一个干瘪的苹果，或者是老奶奶本人……"

经过我的引导与启发，孩子们脑洞大开，有的孩子想到了"我"是老奶奶的一个女儿，还有的想到了"我"是孝心……

孩子看事物的角度一变，写作的内容也变得更加新颖别致。平时，我们经常说"换个角度看问题"，就是如此。换个角度去写作，也就是换了一种生命视角来观察生活，观察人生，我们才能发现生命中更有意义、更有价值的地方。

除了关注孩子生命的宽度、厚度与创意，生态语文还关注孩子生命的和谐，让孩子的情商与智商均衡发展；还关注孩子生命的气质，让孩子在不同的场合使用相应的语言来展现自己的独特气质。

《语文课程标准》中指出："工具性与人文性的统一，是语文课程的基本特点。语文课程应致力于学生语文素养的形成与发展。语文素养是学生学好其他课程的基础，也是学生全面发展和终身发展的基础。"每次读到这里，我的脑中总在思考，语文课程如何提升学生的语文素养，如何让工具性与人文性做到有机的统一，语文的价值如何体现出人文性呢？

在进行生态语文的理论与实践探索中，对于这些疑惑，我的思路变得逐渐清晰。我觉得，语文关乎学生的素养、思维、境界的提升与发展，在提升学生语文素养的过程中，工具性与人文性是互相渗透的。

但是，在现实生活中，很多家长和教师只是看重孩子写作的结果，只关注孩子学习的结果，却往往忽略了孩子生命发展过程中需要的陪伴与必要的环境，不懂得去尊重这些幼小的生命，只是用成人的标准与眼光来看待和评价。所以，新课改下的素质教育要求减负的政策，正是将学生作为生命个体来尊重，作为幼小的生命来爱护。

生态语文正是素质教育的真实体现，我们始终关注孩子的核心素养，让其生命的宽度、厚度以及创意、和谐与气质，得到了积极的发展与提升。我们不仅对孩子的学习成绩和语文素养负责，我们更对孩子一生的生命质量负责，要为孩子的幸福人生奠基。我们要像阳光雨露一样，让花儿的根扎得更深，让花儿在风中尽情开放，让花儿的芳香飘得更远。

第六节
善用这股流淌千年的泉水

——生态语文的价值3：文化传承价值

妙用跳动的浪花

前不久，听语文特级教师王崧舟老师上了《秋天》一课。这是小学一年级上册的一篇课文，内容很简短，原文如下：

天气凉了，树叶黄了。一片片叶子从树上落下来。

天空那么蓝，那么高。一群大雁往南飞，一会儿排成"人"字，一会儿排成"一"字。

啊！秋天来了。

这么简短的一篇文章，而且面对的是一年级的小孩子，如果按照我们一般的教学流程，那就是全文通读，生字词认读，文章主要内容解读，再加一些大雁生活习性的了解或全文背诵。但是，王老师在教学中充分融入了中国传统文化的精华，让孩子和听课的教师品尝了一次中华文化盛宴。

王老师引导孩子们通读全文后，重点给孩子们解读了三个生字：子、人、大，但王老师在课堂上没有简单地带领孩子们做认读与默写训练，却出示了三个甲骨文字体让孩子们认读,然后引导孩子们理解三个汉字的成字原理与意象:"子"站不稳,是需要保护的人;"人"是劳动的样子,这正是人类进化与发展的主要特性;"大"像一个顶天立地的人,真正长大的人,是有责任感、身负民族或人类使命感的人。

图1

经过孩子们的想象与老师的讲解,三个汉字的内在含义已经非常透彻了,相信孩子们对这三个汉字的来历与字形、字义已经牢记于心了。

紧接着根据"大"字,王老师还给孩子们讲了盘古开天辟地的神话故事,既增强了孩子们对"大"字的记忆,也领略了中国古代神话的魅力。

为了强化孩子们对本课汉字的记忆,王老师还让几个孩子上台用自己的身体展现一个生字,然后让台下的孩子们来认读。

生动有趣的互动表演中,在中国博大精深的汉字文化熏陶中,每一个孩子脸上都洋溢快乐的笑容。

与孩子们共同沐浴在中华文化的洗礼中,我能体会王老师当时教学的心情,那种欣慰与满足感,是每一位为人师者都向往的境界。我在研究与实践生态语文的过程中,也无数次地憧憬并体会了那种师者心情。在语文教学中,铭记中国文化的传承使命,我们与王老师的教学实践不谋而合。

在给学生们讲授主题与境界时,我曾经用九个汉字给孩子们做了一次中华文化的梳理。

"仁":仁爱、仁义。做事为人为己的"仁爱"思想,作为几千年来中华民族的价值取向,渗透在中华民族的血液中,铸就了中华民族的特殊品质。

"义"：正义、公正。中华传统文化把"义"作为人生的终极目标。"义"，是中华民族的崇高道德表现。

"礼"：礼让、礼节。"礼"是社会交往之道，好礼、有礼、重礼是中国这个"礼仪之邦"的突出精神。

"信"：诚信、信任。诚信，是沟通心灵的桥梁。诚信带来的是忠实，欺骗带来的是背叛。"诚实守信"等传统美德几千年来被中国人推崇并发扬光大。

"温"：温和、文雅。在中国，形容人言谈举止温文尔雅是对人修养的一种极高评价，也是男子绅士、女子秀外慧中的代名词。

"良"：善良、美好。"良"是存在于内心用来衡量是非善恶的标准。中国人相信人心本善，从良向善也是几千年来流传在中国人血液当中的一种信仰。

"恭"：恭敬、谦逊。恭意味着对人谦和不傲慢，对事认真不马虎。"敬人者，人恒敬之"，已成为人们相互关系的生活准则和信条。

"俭"：节俭、不浪费。勤俭持家是中国家庭观念中最典型的价值取向，是中华民族最重要的优良传统之一。

"让"：礼让、不争。在不违背原则基础上的"让"是退一步海阔天空，是一种胸怀大度的美德，更是一种修身养性的智慧。

汉字是中华民族向世界文明贡献的瑰宝，它凝聚了华夏民族的智慧，是中华文化传承发展的基础，是中华文化之泉的美丽浪花。传统文化传承的核心是让学生了解中华文化的博大精深，让他们接受传统美德的陶冶，这是我们小学语文教师必须予以重视的。

生态语文用无数次的教学实践证明，每一个汉字的故事当中无不蕴含着中华文化的基因，语言文字里有哲学智慧，有伦理道德，有风俗习惯，有审美意识，稍加触摸即会感受到它的无穷魅力。

我们不会简单粗暴地让孩子记忆汉字的字形、字义与字音，我们会设置情境故事，用形象思维讲解汉字演化过程，并用孩子生活中极易接触的事物来强化汉字的内蕴、构造，甚至是读音，然后让孩子们快乐地在中华文化的甘甜泉水中，获得学习与生活的养分。

捕捉文化之泉

有一次在中华小作家班的课堂上，我想让孩子们用情景剧的形式来展现中国六大经典文化：儒家文化、道家文化、法家文化、兵家文化、墨家文化、阴阳家文化、纵横家文化。为什么会有种设计呢？因为中华小作家班的孩子都是非常优秀的学生，知识量、思维度、执行力都很不错，我希望孩子们能用自己的理解来演绎中国文化。

想不到，孩子们的构思与演绎竟让人耳目一新：

只见，一位身着古装的"老者"出现："最近学堂经常有人迟到，今天我让人记下这些人的名字，以示警告……"于是，"老者"在讲台前贴了一张纸条：迟到者请签名。

画外音：第一个迟到的人叫孔子，住在儒家，此人平时在班上人缘极好，积极上进、乐善好施、宽容豁达。那么，学堂先生会如何处理呢？

"老者"走过去，轻轻拍拍孔子的肩膀："怎么回事，是不是路上堵车？还是家里有事？需不需要我帮忙？"

孔子顿时眼睛里噙满泪花，感激涕零地走到讲台前写下名字：孔子。

画外音：第二个迟到的人是老子，他住在道家，此人平时在班上独来独往。口头禅是：我又不想当班长，也不想当三好学生，你管我干吗？面对老子这种玩世不恭、无所谓的态度，老先生又会如何处理呢？

"老者"站在前面，若无其事地看着老子："看看讲台，你知道干什么吧？"

老子潇洒地走到黑板前，轻松地写下：老子。

画外音：第三个迟到的是韩非子，他住在法家，此人平时眼里容不下沙子。经常举报张三、李四，众人都躲着他，想不到他也会迟到。

他迟到了，又该怎么办呢？

"老者"怒气冲冲地跑过去，指着他的鼻子，发出惊天怒吼："说！为什么迟到？是不是有意破坏班级纪律？在讲台上写下自己的名字，再回到座位上写2000字的检讨，听见没有？"

韩非子严肃地走到讲台前，重重地写下：韩非子。

画外音：接下来的是孙子，他住在兵家，他平时思维敏捷，做事有板有眼，在同学们心中小有威望，他怎么也迟到呢？

"老者"冷静地盯着孙子："学堂是一个纪律严明的地方，不可轻易违反纪律，否则，人人迟到，成何学堂，学何知识？"

孙子默然点头，毅然走到讲台前写下：孙子。

画外音：又有一位同学迟到，他叫邹子，住在阴阳家，平时爱推算预卜吉凶。想不到他今天竟然没有算到自己会迟到啊！

"老者"微闭双眼，掐指卜算，自言自语："昨天，我就算到邹子此人会迟到，想不到竟然成真。嗯——想必他肯定还会有不少迟到的说辞吧……"

邹子连声佩服，走到讲台前写下：邹子。

画外音：最后一个迟到的是张仪，此人善辩，口才极佳，众人都很信服于他。老先生又会如何处理呢？

"老者"热心上前，面带神秘，低语："有多少人盼着你迟到啊！都等着看你笑话呢。我知道你是一个有严明纪律观的人，今天迟到绝对事出有因，你的名字就免记了……"

张仪二话没说，大步走到讲台前写下：张仪。

孩子们的这段演绎让我非常佩服，但是，我没有急于去表扬，而是引导他们真切地感受这些诸子百家文化的精髓。我将全班分成六个小组，让扮演不同人物的学生作为小组长，讨论一下每个学派的思想主张，然后再选代表展现本小组的讨论结果。

经过情景表演和探究讨论，同时加上教师的引导，孩子们对这六大经典文化有了较深刻的理解。孩子们感受到了儒家文化的博大、道家文化的洒脱、法家文化的苛刻、兵家文化的冷峻、墨家文化的侠义、阴阳家文化的玄妙、纵横家文化的野心以及其他人类文明的博大精深。

生态语文会通过生动而丰富的故事内容和 IP 人物，在学习和生活中，让孩子们感知中国经典文化的精妙，并用这些经典文化的甘甜泉水，滋润孩子们一颗颗稚嫩又美好的心灵。

浇灌生命之花

王崧舟老师在讲《秋天》一课时，为了加深孩子们对课文的理解，引导孩子们说了一些关于雁的诗句与传说、成语，并重点联系成语"鸿雁传书"进行了一次思维拓展与练笔训练。

王老师启发孩子们："鸿雁可以传递书信，传递爱，那么，我们可以把自己对妈妈的思念与爱，写成一封信，让大雁传给妈妈哦。"于是，王老师给每个孩子发了一张心形信纸，让孩子们用汉字或拼音给妈妈写信。

在舒缓的音乐声中，孩子们用自己的小手，认真地在信纸上写着。

看到这一幕时，我备感亲切。因为在生态语文的课堂上，这种由一个点进行发散性思维训练和知识性拓展的教学情景非常多，我们绝不将孩子的思维限定在一个点或一条线段上，我会以教学中的一个点为圆心进行发散性思维训练，拓展孩子写作时的构思与选材空间，然后用逻辑与创新思维，让孩子的作文呈现出特色与美感。

在这一教学环节中，王老师不仅让孩子们的思维得到了很好的拓展，而且将中国传统文化很好地渗透在教学进程中，孩子们在说一些关于雁的诗句与传说、成语时，是充满了愉悦与自豪感的。而最后以"鸿雁传书"为切入口，又让孩子们把对妈妈的思念和爱形成了鲜活的文字，更进一步体会和践行着中国传统文化中的"孝心"。

说到"孝"，我想起一次在"个性选材"课堂上的教学情境——

当时，我和孩子们一起在分析一篇以"孝"为话题作文如何选材。生活中的孝心故事和画面，孩子们说了很多，但是我觉得还缺少一些深度与文化底蕴。

我启发孩子们："如果让你变成一位有孝心的人，你会变成谁？"

有的孩子想到了汉文帝刘恒亲尝汤药的故事，于是想变成汉文帝；有的孩子想到百里负米的孔子的学生子路，于是想变为子路；还有的孩子想到了扇枕温席的黄香，于是想变成黄香；还有的孩子想到扼虎救父的杨香，恣蚊饱血的吴猛……很多中国历史和传说中的孝心故事都在孩子们的构思中出现了，甚至有一些人物和故事，连我都没有听说过。

文化与思维如果有了充分的融合，那么文化就会如泉水一般慢慢地渗透到我们的生活中，让生活增加一定的厚度和深度。

在语文教学中，教师如果能引导孩子们用文化的泉水来思考生活，用文化的营养来浇灌思维的花朵，孩子们的思维与写作内容会更有文化底蕴，更有生命的价值。

叶圣陶先生曾经说过："什么叫语文？语文就是语言，就是平常说的话。嘴里说的话叫口头语言，写在纸面上的叫书面语言。语就是口头语言，文就是书面语言。把口头语言和书面语言连在一起说，就叫语文。"

语言的背后是文化的深层编码，是一个民族的集体意识。民族精神是民族文化中最优良内容的结晶。实施语文教学，我们实际上是在传递民族精神，是在学生心中栽种中华民族文化的根。作为一位有民族使命感和文化传承使命感的语文教师，我们都有责任在语文教学中把优秀传统文化讲好讲活。

生态语文非常重视语文的文化传承价值，我们通过特定的故事和人物，融和有趣的教学方法，在生活、学习和思维上，为孩子的文化奠基。我们希望这流淌几千年的文化之泉，在中华大地上继续流淌，流进每一个孩子的心里；希望这股文化之泉，不仅浇灌孩子的思维之花与生命之花，更能孕育整个中华民族的文明之花。

第四章 生态语文的基本特征

第一节
人文精神与人文素养

——生态语文的人文性

从探讨语文学科工具性与人文性两者并重，到现在思索生态语文的人文性，我对语文学科人文性的思考从未间断。语文是人文学科，担负着培养学生语文素养、引导学生精神成长、传承民族文化的重要使命。面对学生——那一个个有着自己思想的活生生的人，作为一名教师，我不敢停下思索的脚步，唯恐一个理念的偏差，误了那些有趣的灵魂。

对于很多人来说，语文老师比数学老师抑或英语老师更容易被追怀，不仅因为课程内容、教师才华，更因为他可能是学生成长记忆的一部分。这里所说的"成长"不单指年龄的增长，还包含了人格、情感、意志、性格、心理品质等诸多方面。语文就是这么奇妙，它能借由优秀的教师，将人的成长与课程融为一体，这是我作为一个语文老师最自豪的一点。语文给了我一个舞台，也给了我一个支点。现在，生态语文，就是我的一个支点。这个支点，也许能让我撬起整个地球。

生态语文人文性的几个特质

人文性的实质是人文精神。一般，我们将人文精神定义为是一种普遍的人类自我关怀，表现为对人的尊严、价值、命运的维护、追求和关切，对人类遗留下来的各种精神文化现象的高度珍视，对一种全面发展的理想人格的肯定和塑造。于漪老师则结合自己的教育实践，认为人文精神的内涵应包括知、情、意等方面，主要指人格、情感、意志、性格、心理品质等。我们提出的生态语文让成长更精彩，也是对人文精神的关照。

1. 在课程的价值取向上重视人文精神

以知识为中心的语文教育，知识只是知识。以孩子为中心的语文教育，知识会为孩子服务，在教孩子选材时，目的是发展孩子的发散思维；在选择主题时，目的是培养孩子的生命意义；在遣词造句时，是在通过文笔典雅度培养孩子的文化气质等。这样的教育我们称之为生态语文教育。

生态语文强调构建科学的学科体系，兼顾成长、教育、文化属性，真正关注孩子作为"人"的成长。

生态语文学习的宗旨不是做知识的搬运工，而是让语文影响我们的精神成长，让生命更加精彩！

现在的生活节奏、社会环境让孩子们失去了表达的空间和欲望，孩子们默默压下了多少鲜活滚烫的念头？他们有多少想说的话没有说出口？

母语是孩子最亲近而熟悉的语言，语文这一门交际与表达的母语学科，应该更加贴近孩子的心，让孩子学会表达，爱上表达，进而获得成长，感受幸福。这才是语文学习的核心价值。

我曾经无数次说起过我小时候用生锈的铁丝或麦秸秆，在自家晒谷场上肆意书写的故事，晒谷场就是我的"私人笔记本"，最大限度地满足了我的表达欲望，这种欲望至今没有消失。

所以我也提议过所有的小学和课外培训学校都应当有一块大大的"晒谷场"，这块"晒谷场"不是用于张贴三好学生的先进事迹和植入琳琅满目的小广告，而是在语文课的"规定动作"之外，让我们的孩子们有一个地方"晒"他们的"自选动作"。

它的意义不在于培养作家，而在于让孩子感受到在这个文化土壤和人文环境中，进行自由而真实的表达是一件多么幸福的事。

2. 在课程内容选择上给予学生人文关怀

在语文课程内容的选择上，除了充分遵循孩子的身心发展规律，生态语文还重视课程内容所承载的情感态度与价值观。因为在获取知识的过程中，学生获得良好的个人体验与感悟，也是语文学习所培养的人文素养的呈现方式之一。比如在学习古诗词的过程中，学生受到的影响是潜移默化和深远的。腹有诗书气自华，学习的过程本身就是升华气质的过程。

3. 在课堂教学中尊重学生的文化个性

不同的学生，因为生活环境、知识储备、社会经历、思维方式不同，对同一件事物或同一件事情的看法也会不同，这是非常正常的现象。正是因为有了这些个体差异，我们的课堂才呈现出更加活跃的状态，孩子们的思维才会被相互激发，既吸收了文本知识，也吸收了个性成长的养分。所以，生态语文在课堂教学中是尊重学生的文化个性的。教师在课堂教学的过程中尊重学生的体验和个性心理特征，引导孩子进行个性化的文化思考，促进个性成长。

4. 重构教师在课堂师生关系中的角色

传统教学中，教师是一个知识传授者的形象，有的甚至是知识灌输者的形象，在生态语文课堂上，教师是课堂的建构者、组织者和引导者，学生才是学习的主体。知识的传授只是教学目标之一，学生人文素养的培养才是重中之重。生态语文是师生交互学习的语文，它重构了教师在课堂师生关系中的角色,强调教师可以帮助学生但不能替代学生。

人文性在课程内容方面的体现

通过课程建设探索如何立足语文教育的规律传承中国文化。

结合学生不同年龄的认知规律,通过有趣的人物和故事内容,让学生了解中国文化自信背景下,每个中国人必须了解的中国家庭、学校、社会的文化生活,了解中国文学、艺术、科技、哲学思想、军事体育等必备知识,了解中国人的神话、科幻与童话世界的想象,从而建立生态语文的文化价值。

表1 K12学段学习规律

能力	小学低段	小学中段	小学高段	中学段
倾听力	方式/时长/习惯	信息提取	无兴趣倾听	——
阅读力	绘本	桥梁(过渡)书籍	寓言/成语故事	文学/历史/哲学
研学力	动手	计划能力	团队组织协调	专题调查
思维力	形象/逻辑	发散性	批判性	中国哲学/西方哲学
口语力	说完整	说话得体/3分钟演讲	8和15分钟演讲	辩论
写作力	书写规范/速度	文笔/构篇	选材/立意	应用
表演力	动物模仿	身边人物模仿	角色模仿	角色创新

人文性在课程教学方面的体现

说到人文性在课程教学方面的体现,我要说一说阳光喔的一节作文课，上课老师是一位有两年教学经验的女教师，她上的是一节关于帮助学生确立作文主题的课，这节作文课可以作为了解生态语文课堂人文性的一个鲜活例子。

开课环节，老师导入：手，或完美，或残缺，或纤细灵巧，或粗壮有力。手能传递真情，为你撑起一片天空，手能托起生命，给你生活的勇气和重生的力量。有人用这双手改变家乡的面貌，有人用这双手慰藉心灵的伤痛；有人用这双手创造美好的未来，有人用这双手营造幸福的生活……看到"手"，你想到了什么？

学生们开始各抒己见：想到了爸爸的手、妈妈的手、邻居爷爷的手，还有老师的手；有的也想到了李白举杯邀明月的手、项羽乌江自刎的手；还有的想到了外星人的手，甚至还有如来的手；等等。

学生想到了这么多的材料，说明学生思考的空间有一定广博度，但是该怎么帮助他们将停留在事物的表面的思维再加深一点，提炼出作文可以表达的深刻主题呢？

老师点石成金的指导来了。上课的老师开始启发学生依据作文教学中归纳的"十大主题"对材料进行思维的深度挖掘。"十大主题"包括：社会现象、生活哲理、环境保护、理想愿望、战争和平、家庭亲情、伙伴友情、师生情、故乡情、民族情。

老师列举学生生活中熟悉的"爸爸的手"进行文学思维的深度挖掘。首先设问：爸爸的手是怎样的手？有学生说是爱打人的手，也有的说是爱抽烟的手；然后老师继续提问：那老爸的手为何要打你呢？打你的手又体现出老爸的什么情感呢？学生都想到了"严厉的父爱"，但是"父爱"是一般人都会想到的层面，所以老师继续启发学生动用求异性思维思考："难道父亲惩罚的手，只能想到父爱吗？你们思考下我们曾经学到的一篇阅读文章《父子之间》，里面写道'从那天起，突然有了种长大的感觉。巴掌没有做到的，眼泪却做到了……'这不也说明了家庭教育的悲哀与无力吗？那么我们再想深一点：美国的父亲是用巴掌在教育下一代吗？你又想到什么？"此时有学生说到了中西文化的差异。

紧接着，老师将"爸爸的手"分成了几个情景：我浪费粮食，爸爸扬手吓唬；我逃学，爸爸打我；我雨天滑倒，爸爸扶起我……

老师又分别请几组同学合作表演，并重点引导学生观察人物的动作、神态和语言。

最后，老师才让学生以"手"为话题进行写作。

显而易见，这位教师在课堂充满尊重了学生的观点，扮演了引导的角色，积极为学生创设良好的学习情境，而学生在课堂上积极思考，主动地参与并推进了课堂进程，他们在教学过程中感受到了教师的充分关注。所以，这堂课上，出现了许多奇思妙想，教学效果很好。

我们将这样的课堂称为人文课堂，学生真正成为课堂的主体，推进课堂发展，师生合作学习，师生之间、生生之间都有较有效的合作探究；情感交流充沛，教师注重师生之间及师生与教学内容之间的情感交流。

生态语文课堂的评价标准

1. 教师是用知识教人还是用人教知识

一堂好的作文课不仅能向学生传授写作基础知识，更重要的是做到"以学生为本"，提升学生的人格素养。

2. 教师是否相信学生有巨大的潜能

让思维发芽，让语言开花，为孩子的思维升起想象的翅膀，而非关闭孩子创新思维的大门。学生的思维宽度至少有 3～10 倍的发展空间，作文课中体现了吗？

学生的思想境界至少有 3～5 个维度可发展，作文课中是否体现？五年级的学生可学会填词，作文课中是否体现？97% 的三年级学生写作篇幅可达到 1000 字以上，作文课中是否体现？

3.教师是否处理好了继承与发展的关系

教师对于文化的传承有着不可推卸的责任，如何用学生能够接受的方式将古今中外文化精髓传承下去是好作文课的一大标准。

4.课堂上是否师生平等，氛围和谐

学习的过程也是一种成长的体验，也是提升人文素养的内容之一。

生态语文指数测评——为学生的人文素养把脉

在生态语文的学习流程中，对学生进行生态语文能力测评是必备的第一步，这个环节如同中医给一个人把脉，借此了解他的基本情况，然后对症下药。

生态语文能力测评 → 科学规划学习方案 → 合理安排学习内容与时长 → 2:1导师服务，跟踪学习效果 → 依据学情，调整学习方案

图1 生态语文学习流程

对于孩子和家长而言，了解孩子语文生态中的知识、能力、素养状况，有针对性地提升孩子的专项能力或某方面的天赋。测评数据对于了解和改变学生个人语文素养的现状具有非常实用的意义，在获得测评指数的基础上，学生可以获得更有针对性的个性化学习方案，提高学习效率，提升语文素养。

然而这曾经只是我的一个构想，生态语文能力，有点抽象吧？如何去量化这种抽象的东西？用什么标准去测评呢？这是个精细的活儿，也是一个工作量特别大的活儿。现在，生态语文素养测评体系能落地，并且取得一些前期的阶段性成果，我要特别感谢我的研发团队和合作伙伴，他们对生态语文能力测评的具体内容、测评标准、数据收集、数据分析做了大量细致的工作。

目前，这套我们联合武汉大学罗积勇教授团队、西南大学荣维东教授团队，在中国教科院吴霓博导团队等专家的指导下，研发出的生态语文素养测评体系，已成为国家教育部"十二五"规划课题的重要成果之一。

生态语文能力测评通过七种能力数据、五大素养数据建立语文生态调查平台，记录分析语文教育影响创新人才基础的倾听力、阅读力、研学力、思维力、口语力、写作力、表演力这七大能力，还有思维广博度、文化典雅度、思想深刻度、表达创新度、情理和合度这五大素养。

表2　七大能力测评标准

七大能力测评标准	
测评模块	测评维度
倾听力	倾听时间、倾听方式、倾听内容
阅读力	阅读量、阅读方式、阅读速度、阅读内容、阅读能力
研学力	研学内容、研学方式（能力）
思维力	形象思维、逻辑思维、发散思维、批判性思维
口语力	语调语速、表情动作
写作力	文笔、结构、审题构思、文学创作
表演力	演的角色、演的技巧

表3　五大素养测评标准

五大素养测评标准		
测评模块	测评维度	理想值
广博度	生活空间：家庭、学校、社会 知识空间：历史、文学、科学、哲学、音乐、美术、体育、舞蹈、风俗、法律、战争、新闻、时尚等 想象空间：童话、神话、科幻、虚拟	13
典雅度	俗：恶俗、低俗、通俗 雅：文雅、典雅、高雅 酸：酸气、酸涩、酸腐	9

续表

测评模块	测评维度	理想值
深刻度	小我：关注自我、关注他人 大我：关注群体、关注社会、关注民族 真我：关注历史、关注哲学、关注信仰	8
创新度	个性角度：一般角度、个性 个性形式：基本、艺术、个性 个性风格：悲剧、喜剧、优美、幽默、个性等	10
和合度	情感（亲情、友情、师生情、故乡情、民族情）与理性（人性、环保、和平、成长、社会问题）表达的占比	5∶5

目前，我们对北京、上海、武汉、深圳、广州等地的20余万学生进行了生态语文素养测评，获取了初期的测评结果，大致描画出了生态语文素养的一些现状。

广博度：孩子大脑中知识的多少与孩子具有的启迪知识的思维方式，共同决定了孩子的广博度，目前100多万测评案例显示，全国孩子的广博度平均值在2.28；而实践证明，在8～12岁进行有效的训练，学生的广博度可以达到7～9之间。

深刻度：孩子的思想价值倾向是以什么为核心，决定了孩子思想的深刻度，目前测评显示，全国孩子的深刻度在2～3，关注自我的学生占比为97.1%，关注他人的有37%，关注群体的有1.7%，而其他关注仅为0.8%。

典雅度：孩子在不同的环境说话和写作时，驾驭文字时表现出来的文化特质，直接决定了孩子的典雅度。目前测评显示，全国孩子的典雅度在1.7～2.5，文字基本功在2～3级之间（最高5级）；文笔的节奏感、意境感、韵律感欠缺；文化感处于低俗与通俗之间，均须提升。

创新度：孩子看问题的角度、表达的方式、写作的个性风格，决定了孩子的创新度，目前测评显示，全国孩子的创新度为3～4，会使用个性角度表达的仅有4.6%，使用个性表达方式的有17%，而使用个性风格表达的只有 3.4%，调研样本呈现的创新度令人堪忧。

和合度：孩子内心深处是更关注情还是更关注理，还是情理均衡，决定了孩子的和合度。目前测评显示，情理均衡的学生人数占 23%，偏感性的学生人数占比 38%，偏理性的学生人数占比 34%。情理均衡度还有进一步提升的空间。

这些生态语文素养的现状并不很乐观，它在某种程度上为我们的语文学习敲响了警钟，也提醒我们对提升语文素养的教育探索不能止步。

后面，生态语文项目组会联合西南大学、北京师范大学、华东师范大学、华南师范大学等高校，以及广东、贵州、重庆、海南以及深圳等省市教科院，开始围绕七种能力进行生态语文指数体系建设及生态语文大数据的调研工作，以期获得更加全面系统的生态语文指数测评数据。

生态语文指数测评数据对于学校与城市区域、国家语文教育、国际语文教育都有非常重要的数据参考意义，让更多的人聚焦生态语文，引导语文学习真正回归人文本身。

第二节
呵护思维之花

——生态语文的多样性

孔夫子说过，有教无类，因材施教。前者表明了教师对于学生应有的公平态度，后者说明了在教育中应该充分尊重学生的个体差异性。

每个学生都有独特的本性，对于外部世界，他们有着自己的认知。同一件事物，甲看到了这一面，乙看到了那一面，丙看得全但想得不一定深，丁想得深但未必看得全。观察的角度、认识的深度因为学生性格、经历、思维方式的不同而呈现出诸多不同，这是正常的现象。我们应该庆幸，正是因为有了这些个体差异，人类的思维之花才更加璀璨迷人。

世界上没有两片相同的树叶，人也是如此。生态语文尊重并重视学生的个体差异，倡导多样化的学习方式。每个学生对语文的认知方式与体验方式是不一样的，生态语文主张以不同的方式促进学生的个性化成长，坚决避免语文教学的"一刀切"，努力形成多样化的语文教学生态。

❧ 文化素养的差异化现状

1. 个体差异

通过生态语文素养测评，我们可以对学生的语文素养现状进行摸底。目前，每个阳光喔学员在进行学习之前都会进行语文素养测试，得出详细的测评结果。我们会根据结果分析孩子的语文素养现状，为他制订个性化的学习方案，或者巩固基础知识，查缺补漏；或者激发个人潜力，更进一步；或者成就个性，独树一帜。借助生态语文素养测评获知学生语文素养的个体差异，这是整个学习流程中的第一步，生态语文从一开始就尊重孩子的个体差异，正视孩子的个体差异。

2. 区域差异

从我们前期语文素养测评获取的大数据来看，区域之间的语文素养也有差异，测评涉及北京、上海、武汉、深圳、广州、西安、重庆、洛阳、吕梁等地的20余万学生。

表4 部分参测城市思维广度均值图

城市	测评均值（理想值13）
北京	1.9
武汉	2
上海	2.9
广州	2.1
深圳	1.8
西安	1.9
重庆	1.9
洛阳	1.7
吕梁	2.1
寿光	2.1

以思维的广博度为例，理想值为13，测试数据显示，学生思维广博度最高的城市是上海，达到2.9。通俗地说，就是上海的学生知识面相对而言比较广。同时可以看出，各主要城市的指数并不完全相同，

呈现出区域差异。而深刻度、典雅度、创新度、和合度的测评数据同样显示出区域差异。

不同城市的人文环境、教育氛围、地理位置、经济发展水平等等，都可能影响该地学生的语文素养，深究这个成因的话，可能涉及很多因素。

总的来说，学生的个体差异和各区域之间的差异都在暗示我们，要提升学生的语文素养，必须充分重视这些差异。这些客观存在的差异也决定了生态语文具有多样性的特征。

课程设置的层次性

生态语文的多样性首先体现在课程设置的层次性上面。针对不同的人群，整个课程体系由四个类型的课程构成：

体验课程。这是针对常见语文学习难题而研发的课程，学生经过短期思维训练，可以提升语文素养。这套课程也是让家长和学生感受生态语文教育理念与教育效果的课程。

必修课程。这是针对学生的语文素养现状，落实新课标，接轨新部编，结合生态语文教育计划而研发的课程。这套课程以知识为核，贯穿素质提升，用以全面改善学生的语文学习生态，提升语文学习效率。必修课程已经被评为"国家'十二五'科研成果"，同时获得2015年全国培训行业优质课程评比的金奖，是阳光喔30年来最经典的课程。

专项课程。针对有语文学习天分的孩子而研发，进阶训练，提升有序，开发孩子的语文潜能。这套课程系统强化生态语文七大能力，为成长奠基。

精英课程。对孩子而言，这是更加个性化的一套课程，在教学手段上更加多样化，运用研学、表演、小作家班等多种形式的教学手段，从兴趣切入，挖掘孩子的潜能，培养孩子的语文特长，成就孩子个性的成长。

这四类课程是阳光喔历时 30 年，与武汉大学、西南大学、天津师范大学、华东师范大学等高等学府一起，结合全国教育部"十二五"课题 300 余所课题学校、150 多万家庭教育实践研发出来的，我们称之为"生态语文课程"。

而结合语文素养测评数据，我们使量身定做语文学习方案成为现实。测评数据让我们可以根据学生的语文素养现状确定学生的语文素养层级，然后让学生去学习对应层级的课程，他的对手是原来的自己，他的学习伙伴是同一个语文素养层级的学生。

目前的语文素养测试层级分为九级，每一级对应不同内容的课程，比如二级的学生体验课上的是"学会倾听"，必修课上的是"三百千"；五级的学生体验课上的是"从前有座山"，必修课上的是"李杜王"；八级的学生体验课上的是"往事"，必修课上的是"读史有智慧"。

课程内容的多样性

课程的层次性是通过课程内容的差异去具体实现的。在每一个类型的课程中，我们都通过不同的课程内容去承载对应层次的知识点，即便有学生把四个类型的课程都上完，也绝不会重复。相反，不同类型的课程会给孩子不同的收获。而同一类型不同层次的课又会给孩子带来语文学习上的成就感，孩子可以感觉到自己在一步步升级，通过学习内容的难易度感受到自己对于知识的掌握程度。

细化到每一层次的每一节课，孩子们也能感受到课程内容本身的多样性。比如，在七级标准课程的课堂，这次上的是"细读历史"，训练阅读时候的分析能力；下次上的是"刘邦与项羽"，学习的是批判思维中的明暗；再接着上的是"语言的智慧"，训练的是演讲的能力；然后上的是"巧用文言词"，学习的是写作时借用文言词的技巧。

到了八级的课堂，学习的内容又完全不同。

课程内容的多样性不仅保证了对学生五大素养培养以及七大能力的训练、提升，还保证了课堂教学内容的生动与活力。正是因为有了多样化的课程内容做支撑，教师们才能在课堂教学中施展多样化的教学方法，引导学生在生态语文的海洋中畅游。

课堂教学中的七种能力培养

课堂教学是生态语文教学落地的环节。生态语文的多样性也体现在课堂教学中的七种能力培养，那就是训练好学生的"听、读、研、思、说、写、演"七种能力，并让这些能力训练落到实处，获得效果。

我们先用一个比喻来说明一下七种能力构成的生态语文之树。"听、读、研"好比是大树之根，吸引养料、水分，保证语文之树生长；"思"好比大树之干，负责加工与输送；"说、写、演"便是大树之枝，这是输出的保障，是长叶、开花、结果的支撑体。

图 2　生态语文学习树

学生这七种能力的训练，我想以"从前有座山"的上课示例做个说明。

上课时，我利用VR影像投影创设了古色古香、佛光普照的归元寺。那一刻，孩子们都被归元寺的独特景物吸引了，眼里和嘴上满是惊奇。当我们耳边传来了悠扬而洪亮的钟声时，那令人陶醉的檀香味似乎也在鼻尖悠悠地环绕。

开课时，我用略带凄婉的声音讲述故事发生的背景：

在一座荒凉的小山上，有一座古老的寺庙，庙里住着一位老和尚和一位小和尚。小和尚从小在寺庙长大，没有亲人，老和尚就是他唯一的亲人了。可是，孤独的小和尚没有小伙伴一起玩耍，只能每天念经，太无趣了。有一次，他看到一个老爷爷给一个小朋友讲故事，小朋友笑得开心极了。他真希望，老和尚能给自己讲个故事该多好啊。于是，小和尚来到了老和尚的房间外面……

当学生都听得津津有味时，我话锋一转："请问，小和尚会如何请求老和尚讲故事呢？"

有学生举手说："小和尚直接进房间，对老和尚说：'给我讲个故事吧。'……"

我继续引导："你们有没有求过爸爸妈妈做什么事？在求别人时，是不是要用非常礼貌的语言啊？现在这样，我们来演一演小和尚是如何求老和尚讲故事的，我来演老和尚，刚才这位同学来演小和尚……"

为了呈现真实的场景，我还穿上了老和尚的服装，戴上了头套，手里拿着一个钵盂敲着。演小和尚的学生也穿上了一件破旧的僧衣，也戴上了头套。

所有的学生一下子被吸引住了，紧紧盯着台上的我们，全部进入了小和尚请求老和尚讲故事的情景中。刚开始，演小和尚的同学还比较羞涩，说话也不利索，引得台下的同学大笑。为了给他信心，我变换角色，客串小和尚，给他做示范，告诉他小和尚当时应该有的动作、神态和语言。慢慢地，学生进入角色了。

于是，一个小和尚推开房门请求老和尚讲故事的生动的场景出现了。学生对这个表演的场景印象深刻。

他们下笔写我和学生表演的《从前有座山》的故事片段。有个学生是这样写的：

一个穿着破衣的小和尚轻轻地推开房门，胆怯地朝里面望了望，然后搓着手走进了房间。房间里有一个须眉皓然的老和尚正在念经，他敲着钵盂，用一只眼睛瞥了小和尚一眼。小和尚走到老和尚的身后，轻轻地为老和尚捶背，边捶边请求道："师父，你看我这么乖，每天还干那么多活，又没有人陪我玩。要不，您给我讲个故事吧？"老和尚咳嗽一声，说道："阿弥陀佛，徒儿不要有非分之想，为师要打坐念经了，你去山下挑一担水……"

我让学生朗诵了他的练笔，大家一起欣赏和思考他写得是否生动形象。

前面的故事中我给小和尚设置了障碍，这样故事才能有波折地发展下去。于是，出现了困难，小和尚如何解决呢？我让学生分成四个小组，各组想一个小和尚求老和尚讲故事的方法，然后小组成员分配好角色来演一演。

经过一番讨论后，很多新奇的方法出来了：激将法、死缠烂打法、柯南探案法、机器人杂技法……

一堂课上下来，最后学生们写出了很多有趣的关于《从前有座山》的故事。

这些都成为后来我们出版发行的阳光喔经典体验课教材《从前有座山》的素材。

当教师讲述小和尚的故事时，背景与声音的烘托，就是让学生听得更专注，同时听的过程中能充分调动学生的情感体验。之所以用归元寺的场景来做背景，是因为90%以上的学生都去过归元寺，在游览归元寺的过程中，他们听到过钟声，闻到过檀香味，看到过归元寺的僧人，也听到过寺中僧人的诵经声，这种种的研学体验，在归元寺的场景呈现中得到了激活。在部分学生写完练笔之后，教师呈现优秀练笔并让学生朗读时，学生们都在内心里体会到优秀练笔的美妙之处，也在对比自己写的练笔与之有何差别。当教师启发学生思考还有哪些办法来求老和尚讲故事时，学生会将自己平时"听、读、研"的素材进行激活与整理，然后用"说"输出。教师示范并指导表演"小和尚求老和尚讲故事"时，学生再用"演"输出。最后，再让学生写成一篇又一篇故事时，又落实到"写"的训练上。

回想整个教学过程，我们不难发现，学生这七种能力的训练在整个教学中是相辅相成的，并不是单一出现的。所以，训练学生的七种能力，要根据教育的情景与平台灵活地处理，这也就有了生态语文教育的多样性。

总的来说，通过测评数据了解文化素养的差异化现状，科学合理地进行多层次的课程设置，保证课程内容的多样性，在课堂教学中重视学生七种能力的培养，都是生态语文多样性特征的具体体现。正是因为生态语文的多样性特征，才使得语文学习的思维之花开放得更加璀璨。

第三节
做自己的老师

——生态语文的自主性

生态语文是师生交互学习的语文,生态语文的课堂是学生发现自我、点亮生命的课堂。在那里,学生自我是语文素养形成和发展的主体,教师可以帮助学生但不能代替学生,教师单方面对学生进行灌输的教学效率越来越低。生态语文倡导将教学从以"教"为中心转向以"学"为中心,从以教师为中心转向以学生为中心,从以知识学习为中心转向以人文素养培养为中心。

积极的学习心态

《语文课程标准》在各学段目标中,都反复用到了"喜欢""主动""乐于"这些字眼,它强调的实际上都是学习兴趣的问题。的确,兴趣是不会说谎的,良好的学习兴趣,是学生积极的学习心态养成的基础,而积极的学习心态,又是高效学习的重要保障。

说到兴趣，以往我每次问学生，他们最喜欢干什么，他们都会说是"玩"，并且是纯"玩"，没有作业包袱地"玩"。什么意思呢？比如，春游这天，学生刚下车，你若跟他们说："同学们，先集合一下，我来教你们写作文。我们一起观察一下这里的风景，注意，观察的时候我们一定要有顺序，这里远处有什么？可以用什么成语来形容？近处呢？……"这样的玩就不是纯玩了。

当今社会，信息技术不断发展，满足学生"玩"的天性并不难。看动画、讲故事、听音乐、玩游戏等等，都可以让学习的课堂嗨起来。但是，学生所要的纯玩，教师能不能给呢？是的，给不起。因为在传统的课堂教学中，课堂就是一个加工厂，学生是一块原石，老师在"合格率""优秀率"的压力下，把教学当作是生产流程，照着心中对原石的期待，不断地去打磨它，为它施加压力。所以，即便是成功，那也是别人眼里的成功。而那些原石，早已失去了自我，形容枯槁。

生态语文的课堂中，教师是如何做到既不脱离教学目标，又能让学生以积极的心态在玩中学到知识，获得成长呢？

我曾在重庆某小学上了一节观摩课，课题是《一张纸的命运》，知识点是引导学生运用形象思维、逻辑思维、发散思维和批判思维编故事去编故事。我走进教室，什么都没说，就问学生们有没有纸。一个女生反应快，刺啦一声就从她的作业本上撕了一张纸给我。我接过纸，依然不作声，左一折，右一折，我的余光告诉我，同学们的目光都聚拢过来了，也包括那些一直东张西望的、偷吃东西的同学。在我的折纸工作进行到一半的时候，有同学喊了起来，说我在折飞机，我只是笑笑。呵，其实他说对了，我快速折好飞机，用同学们习惯的姿势，夹着它，哈了口气，让它飞了出去，孩子们哇地叫了一声，目光紧盯着纸飞机，生怕它溜掉似的。而这时，我的课堂才正式开始。我让学生尽情发散，想象自己从纸变成飞机的时候会想些什么，它飞起来的时候会看到什么。有同学说，小飞机惊喜于自己的飞翔，看到前方斑斓的世界，以为进入到万花丛，却不承想，那只是个被塞满了各色垃圾的垃圾桶；

有同学说，小飞机满足于自己的"小确幸"，只想和兄弟姐妹们在一起玩耍嬉戏……短短40分钟，同学们分工协作，让一张纸经历了从木头变成纸浆、笔记本、飞机、垃圾、书签等或惊险、或刺激、或忧伤的命运。课堂结束后，我的邮箱里陆续收到了上百封一张纸的命运的习作。他们没有作业的压力，对创作充满热情，有的在半年内连续给我发了20篇，甚至更多。

所以说，学习的最好状态，是遵从自己的内心，学感兴趣的知识，做有意义的功课，"情动而辞发"，那些戴着"兴趣"的面具，处处以问题、作业练习禁锢学生自由的课堂，只会让学生消极应对，敷衍了事。

快乐的学习动机

孔子说，知之者不如好之者，好之者不如乐之者。和教师不同，学生的学习动机，无非"快乐"二字，然而家长们望子成龙、望女成凤的期盼，加上学校、社会一考定乾坤的人才选拔政策，让学生谈"学"色变，始终快乐不起来。

实现孩子的学习动机与家庭学校社会教育目标的统一，是生态语文自主性特征的又一体现。举个例子——《母爱》。

母爱，一直是语文习作课中的重要选题。从小学到高中，学生一直在说母爱，写母爱。但是，大部分同学都是怎么写的呢？

第一自然段，用排比的句式表达母爱的伟大。

第二自然段，列举事例，体现母爱的伟大。

第三自然段，再次使用排比、比喻等句式表达母爱的伟大。

这里习作质量的优劣，主要取决于第二自然段，会写的学生，会将事情的起因、经过写得很完整，也会在细节上运用语言、动作等描写，让画面感更强。而不会写的孩子，往往三言两语，不是写妈妈照顾生病的"我",就是写妈妈半夜给"我"盖被子、为"我"洗衣做饭等每个母亲都会做的小事。

这样的习作,学生写得随意,教师看得乏味。完全是为了完成学习目标而设,毫无快乐可言。生态语文的课堂上,学生可以发散的点有很多,比如:

可以引导学生打开生活、知识、想象三大空间,让他们根据自身兴趣和特长选择家庭、社会、童话等不同的创作材料。

可以细化人称,从童话、虚拟等不同的角度来换位思考,增强创意。

可以提炼主题,升华境界,将母亲对孩子的小我之境上升到历史、民族等大我之境、真我之境。

可以结合自己的个性,创作出或优美,或惊险的作品风格,提升自己的个性魅力。

我有个学生,用第一人称的童话角度,讲述了蚊子妈妈"我"为了挽救自己孩子的性命,冒险去吸食人类小孩的血。当"我"吃饱吸足,以为自己成功时,被人类妈妈发现,一掌打死……这个故事里,蚊子妈妈冒险吸血反映的是动物的母爱,人类妈妈打死蚊子,反映的是人类的母爱、人与动物的冲突,升华了母爱的主题。同时,又以"我是一只蚊子"的叙述角度行文,另辟蹊径,独到新颖,更是体现了"快乐"的写作动机。

交互的学习方式

生态语文的课堂中,学生是学习的主体,教师的教是为了不教。这与传统的以知识为核心的教学有很大的不同。

1. 人文教学模式与知识教学模式

表5 人文教学模式与知识教学模式对比

知识教学		人文教学	
环节	内容	环节	内容
成长故事会	教师声情并茂地演绎教材上的故事，提炼本课成长点，引出本课知识点	寻宝特工队	1.将学生分为四个组，让学生自己以战队命名，进行PK 2.让学生初步感知知识点，方式有：读教材，找知识点；举例子，说知识点等
知识一点通	1.起点练习，教师不做指导，请学生完成练习册中的起点练习，建立知识的起点 2.分步练习，细分知识点，按科学的知识构建完成练习，从而使学生达到从无模到入模、建模、出模的学习目的 3.综合练习，围绕本讲所有知识点进行的巩固练习 4.拓展练习，跳出教师的保护圈，测评学生对本讲知识的综合掌握情况	学练点评台	1.将学生分为四个组，让学生自己以战队命名，进行PK 2.知识点1，给每个小组分发锦囊与教具，师生按如下流程开展学习：分组探究—尝试练笔—汇报成果—师生点评—修改练笔 3.知识点2，给每个小组分发锦囊与教具，师生按如下流程开展学习：分组探究—尝试练笔—汇报成果—师生点评—修改练笔
实战指南针	对学生的课堂作业进行点播，完成习作练习	实战训练场	各小组根据锦囊的指导完成本组的作文内容（课堂上一部分）

寻宝特工队和成长故事会环节作为课堂知识点的初识阶段，人文教学课堂是让学生分组PK，通过阅读、举例的方式说知识点；知识教学课堂是由老师自己讲述故事，引出知识点。

学练点评台和知识一点通环节都是课堂知识学习的黄金时段，前者主要以小组的形式进行讨论、探究和练笔，教师则以锦囊从旁协助；

后者则由教师引导学生根据知识点进行反复练习。

实战训练场和实战指南针环节，前者由小组根据锦囊的指导完成本组的作文内容，后者是由教师指导，完成全班统一规定的习作练习。

通过对比我们不难看出，在以人文为核心的教学中，课堂的主体是学生，教师只从旁起协助作用，而以知识为核心的教学，起主导作用的是教师，学生在课堂上完全处于被动接受的状态。

另外，在学习的支撑上，生态语文的学习支架是学案，而传统的语文课堂，教师都是拿着教案上课的。

2. 人文教学中的学案与知识教学中的教案

表6 人文教学中的学案与知识教学中的教案对比

教案		学案	
环节	内容	环节	内容
课前	1. 出示本课教学目标、教学重难点 2. 介绍本课教法、教具	预习菜单	1. 出示学习目标、学习建议 2. 依据课堂知识点，分类准备课前预习练习，学生围绕练习进行自主预习
课中	逐字介绍教学全过程，包括： 1. 课堂导入语 2. 每个教学环节中教师要问的问题，问题的答案，对学生回答问题的评价、要做的练习，练习的答案、知识点等等 3. 习作题目、指导方法、习作提纲、习作例文，对例文的分析、对习作的要求、布置的家庭作业等	共学菜单	按课堂知识点简要出示自主学习内容，包括： 1. 起点自测 2. 发散思维训练，主要根据教材故事完成自测题目、参与教师组织的演练、完成知识点的掌握 3. 小组讨论，理解知识运用 4. 个人优化，巩固知识运用
课后	学生完成家庭作业，教师教案留白用作写教学反思	课后	为学生准备《学生作品册》，学生依作品册上的星级评价标准，挑战作品星级，开启创作之旅，备战学期末作品拍卖

很多教案，对教师课前、课中、课后要做的每一件事、说的每一句话都会做详细的介绍，美其名曰"教学剧本"。这类"剧本"一直深受追捧，因为不会上课的教师，可以采用拿来主义，将教案内容照搬至课堂；不思进取的老师，不用备课，照着教案读一读，就可以轻松把课上完。他们就好像舞台上的演员，自说自话，自导自演，以为自己的课堂很精彩，殊不知那些求知若渴的学生，早已被呆板、枯燥、被动的课堂磨平了棱角，如木偶般配合他们的演出，为他们鼓掌喝彩。说到这儿，有教师就笑了。呵，当教师这么多年，早不屑于用详案，我列教学大纲即可。试问，教学大纲你写的什么？教学知识点还是学生的学习策略？

人文教学中的学案，用通俗的语言，简洁又不失趣味性的练习，提示学生不同阶段的学习方法、学习步骤，但教师又不是放任学生自由，不闻不问，而是充当活动的组织者、参与者，与学生平等地沟通和交流，促进活动的顺利开展。这样的学习，才是真正的自主学习；这样的语文，才是切切实实的生态语文。

第四节
一生的教育

——生态语文的持续性

语文是以促进学生人文一体、和谐发展为目的，尊重语文特有的学习规律，尊重学生的学习需要，尊重社会发展对语文学科提出的要求，在课内外广阔的时空，追求人本、文本与生活之本的统一，并最终使学生终生受益的育人事业。

离开学校这些年，你可能早已忘了数学微积分，忘了化学方程式，但你一定记得司马光如何救人、范进如何中举、鲁提辖如何拳打镇关西……你一定觉得，比起数学、物理、化学、英语等其他学科，语文似乎更容易被记起。不仅是课程内容，还包括教师才华、课堂细节等。在这个意义上，说语文对人的影响是持续一生的，一点都不夸张。

然而，我们经常会遇到这样一些成年人，他们平时能有声有色地讲述生活中各种奇闻异事，或者家长里短，但是如果要他们写下来，却总是不尽如人意。更有一些企业领导、骨干，平时办事有条有理，一旦要做汇报、写演讲稿就似乎变成了另一个人，吞吞吐吐，啰啰唆唆，不知所云。是他们语文没学好吗？当然不是，他们从小接受语文教育，更是以高分考入985重点大学，有的甚至读到研究生、博士。但为什么他们的发言如此乏味，他们的写作如此生硬？我想，是因为他们从小接受的是一种有别于生态语文的传统教育。

传统意义上的语文是一种学习的必修课，是与人交流的重要工具，而在语文学习中有着重要地位的作文则是小中高考得分的拦路虎。但其实，人生处处皆语文，语文的学习关乎人的一生。

生态语文教育教学是回归语文的本真和基础，着眼于学生的持续发展，为学生的终身发展服务的教学，是对学生的语文学习做了一个科学合理的规划的教学。

遵循学习适应的关键期

所谓关键期，实际上是指学习最敏感、最容易的时期。在长达30年对学生的接触和琢磨中，我对不同年龄段的学生，总结出一套系统完整的学习规律。抓住学生语文学习的关键期，将会让语文的学习和吸收起到事半功倍的效果。

1.6～8岁，注重思维的培养和训练

一次上课的时候，我叫一个一年级的小孩子配合我上课。我问他："小朋友，你叫什么名字？"学生答，他叫某某某。我又接着问："今天星期天，能和我讲讲你今天一天过得开不开心吗？"学生答："开心。"我再问："为什么开心？"他想了半天，说："因为……因为……我今天去了姥姥家。""还有吗？""没了！"整个过程不超过10秒，这是什么问题？思维不流畅。

6岁以前，学生脑海里面的信息是一个一个的"概念"和"单词"，比如说"我""开心"，学生会试着把它们联系起来，说"我很开心"，形成最基本的逻辑思维。但是从6岁开始一直到8岁，学生会由这种基本的点式思维向线式思维发展，这个时候如果再说"开心"这个话题，我会给他一条时间轴，让他想一想早上、中午、晚上分别经历了哪些开心的事情。比如他说："今天我很开心。早上我一起床，妈妈就准备了我最爱吃的三明治和牛奶。然后妈妈带我去了小姨家，见到了可爱的小表妹，我们一起玩捉迷藏，可开心了。下午我们还一起去了附近的公园，那里有一个大湖，可以划船，还看到了美丽的白天鹅。晚上回到家，妈妈还夸我今天没有吵闹。所以我今天很开心。"这时，孩子展现给我们的是 3 ~ 4 个画面：早餐、捉迷藏、游公园等。这种形象思维能给人一种画面感，从画面感中能体会到孩子满满的幸福。

所以，6 ~ 8 岁语文学习的关键能力是思维的培养和训练。这一时期抓稳了，学生以后无论是写作文还是说话做事，都会比同龄的学生更加有条不紊。

2. 9 ~ 11 岁，注重语言的锤炼和加工

9 岁，三年级开始，学生语文的学习难度陡然增加。这一阶段学生的思维将从具体形象思维逐步向抽象逻辑思维过渡，形成比较稳定的抽象思维能力，包括概念明确化、丰富化、系统化以及一定的分类、比较、推理能力。从思维训练层面来说，学生需要进行思维广度、深度以及个性表达力方面的训练。

这一阶段写作是语文学习中最难的部分，因为要求的是综合能力，所以孩子一旦接触就会觉得比较难。如果我们在学生 6 ~ 8 岁时进行了系统的思维训练，那么在这个阶段，学生的语言表达和写作构思相对来讲就会快得多，而文字基本功则是学生的重点训练目标。

还是关于"开心"的例子。有一次上课，我笑容满面地走进了教室，然后让他们将我当时的心情形容出来。同学们的回答多是"今天罗老师很开心""今天罗老师很开心，眉飞色舞，摇头晃脑"之类，令人大失所望。怎么办，难道教学到这里就要戛然而止了吗？肯定不能。于是我决定开启思维训练。把"罗老师很开心"的状态通过思维导引，指向能承载开心的相关部位：嘴角、肩膀、目光、手指、脚尖、额头……这类指向性引导为后面写具体、写生动预置了巨大的写作空间。在我

引导之下，学生的思维又一次活跃了起来：

"罗老师站在讲台上很开心，目光里流露出春天般的温暖，嘴角不时地……"

接着，我又引导学生准确运用动词和形容词：

"老师的目光是那般温暖，如同冬日的阳光（比喻），抚摸着我们的心灵（拟人）。这目光化作一股暖流……"

从只能说出开心的状态，到具体部位，到准确运用动词和形容词，到最后用修辞手法，孩子们的描写终于写具体、写生动了。

善于锤炼和加工语言的学生，即使在描绘抽象的事物时，也会给人身临其境之感。所以，那些在工作中做汇报总结的职员，如果说出的内容生硬干瘪令人生厌，多半是这一时期的文字功底没打牢。

3. 12~15岁，注重材料的创新和个性

12~15岁的学生正处于青春叛逆期，他们看问题再也不是非黑即白，而是有自己的主意和思想。因为考试的压力，学生须加强材料的积累与运用（至少20个经典事例，通常来自历史和重大新闻事件等）、中考的阅读与作文等技巧训练。

这一时期，我们可以根据他们的身心发展特点，在语文学习中进行主题、角度和个性表达的培养。

例如《家的声音》这个题目。

面对这个题目，大多数学生会选择写自己的爸爸、妈妈、爷爷、奶奶的声音。这种从家庭生活中选择的材料，多用来表现亲情的主题。

然而有一位学生却另辟蹊径，选择了另外一种其他人很少涉猎的主题：

四面有楚歌传来。楚歌？那是家的声音！此刻项羽想起了……接下来文章从楚歌代表和平的呼唤，与战争的厮杀声形成对比，彰显战争与和平的主题。

再如，要写"罗老师拍桌子"这件事，多数学生都会站在第一人称的角度来写，"我"就是我，文章可以写"我"观察到的罗老师拍桌子的动作、神态等。但我会鼓励学生站在第三人称的角度来写，"我"

是"罗老师"："今天上课教室又闹哄哄的，从不发脾气的我，终于忍不住拍桌子了，得给这些孩子一点'颜色'看看了。"我还会让他们想一想，除了"我"是罗老师，"我"还可以是谁？可不可以是那张桌子，或者是角落里的那根粉笔头，而这样的角度，是不是就很有创意呢？

现在的年轻人创业，比起吃苦耐劳的精神，大胆创新，寻找商业空白似乎更能在巨大的市场竞争中占据一席之地。所以，学生的创新与个性发展，在这一时期不容忽视。

4. 16～18岁，注重人格的独立和发展

16～18岁是学生的理论性抽象逻辑思维形成期，这一阶段的学生能以理论作为指导，来综合分析各种事实材料，从而不断扩大自己的知识领域，同时形成个人的独立思想，个性风格也初见轮廓。

基于这一思维特点，在语文重点能力的训练方面，我会重点抓主题的境界和鲜明独到的见解。

例如《说说心里话》这篇习作。我会问学生，说心里话的是谁？大部分学生都会说是"我"，"我"有什么心里话要说呢？学生会说课业负担重，父母要求过于严苛等，而这类作文无论你的言辞多么恳切，表达多么精彩，在考场上就是很难得高分。有一位考生，站在历史的高度，以"我"是曹操的角度，诉说当年"宁可我负天下人，休叫天下人负我""挟天子以令诸侯"等历史事件的始末，成功刻画出历史名将曹操在经历数千年岁月洗礼之后重新审视自我的痛苦和悔恨，是当之无愧的满分作文。

满分作文的另一面是零分，那么，纵观多年的零分作文，是不是都是语言贫乏，思维平庸，内容干瘪呢？不是。每年的零分作文中我们都会发现，有一些人，他们文思泉涌，见解独特，辞藻华丽，但剑走偏锋，心中只有小我，言语间充满了对社会的不满和鄙视。这样的作文就是人格和境界出了问题。

放在我们的生活中，不注重人格的独立和发展的人，要么是巨婴，要么是毒瘤，非常可怕。

表7 阳光曜生态语文学习标准课表

年级	基础课程 上册秋季学期	基础课程 下册春季学期	专业课程 双年度 秋	双年度 寒	双年度 春	双年度 暑	单年度 秋	单年度 寒	单年度 春	单年度 暑	精品课程 全年	精品课程 寒暑
9~12年级	中高考解读										中华小作家 / 大师演讲与表演 / 直播课	成长体验营
8年级	苏轼的"似水柔肠"	名的星 谈笑起风生	写 个性主题	写 个性选材	写 思辨之美	写 个性风格	读 阅读理解	写 校园题材	写 家庭题材	写 社会题材		
7年级	邂逅孔子	跨越"断桥"										
6年级	十二岁的扉页	横空出世的"阿尔法"	写 意境仿写	写 个性冲突设计	写 个性角度	听 倾听花开	写 个性形式	读 群文阅读	写 散文不散	思 批判性思维		
5年级	妹妹不是讨厌鬼	我和小强争挣了优	思 发散思维	听 学做笔记	说 学会分享	写 人物刻画	写 个性形式	写 人物安排	读 快速阅读	写 形式仿写		
4年级	曾美美去乡下	刘降作文待了优										
3年级	假聪明与"戏精"妈妈	胡二姐的秘密基地										
2年级	神奇火车杂货店	糖果城堡历险记	听 学会关注	思 形象思维	读 韵文识字	说 学打招呼	说 表达情感	思 逻辑思维	读 学会赞美	学会吟诵		
1年级	猫大头变形记	谁是外星人										

关注个体发展的差异性

教学不能"一刀切"。历史知识储备丰富的学生，你就不能逼着他只在生活中寻找素材，以诙谐幽默著称的学生，你就不能要求他写出黛玉葬花的美感。生态语文的持续性，除了表现在它对学生共性学习的规律上，还体现在对学生个体发展的关注上。

表7是阳光喔生态语文学习标准课程表。课表中，我们针对不同年龄的学生学习将课程分为基础课程、专业课程和精品课程三大类。

生态语文基础课程，以提升学生的综合素养为原则，以适应学生的语文生活和生命成长为宗旨，将精要的语文知识概念、原理、方法、策略、态度、价值观等广义语文知识，整合成组块型知识、任务型知识，形成了一个"主题任务情境＋所需语文知识＋过程实施策略"的严密的序列性应用性能级循环递升的体系。

生态语文专业课程，以提升学生"语文能力"为中心，重视语文运用能力和语感的培养，教学生联系生活，重观察、重思维、重真情实感，鼓励想象和幻想，鼓励有创意的表达。丰富学生的语言积累，熟练掌握语言技能，养成良好的思维习惯，提高学生的文化素养。

生态语文精品课程，由著名作文教育专家、作家倾情授课。或讲座，或采风，或作家签售，或面批面改，或主题聊天，没有固定的课堂模式，有的只是个性的表达和快乐的成长。

与传统语文学习不同的是，学生在进行生态语文学习之前，须接受专业教师组织的学习基础测评，教师会根据学生的测评结果制订个性化的学习方案，所以，不是所有的学生都要学《意境仿写》，也不是所有的学生都能学《中华小作家》，具体的测评及课程内容后文会具体阐述，此处不赘述。

第五章 生态语文素养分析

第一节
核心素养，架设未来桥梁
——生态语文素养的五维框架

《全日制义务教育课程标准》指出："语文课程应致力于学生语文素养的形成与发展。语文素养是学生学好其他课程的基础，也是学生全面发展和终身发展的基础。""九年义务教育阶段的语文课程，必须面向全体学生，使学生获得基本的语文素养。"那什么是"语文素养"呢？按北京大学教授温儒敏的说法，"语文素养"是指"中小学生具有比较稳定的、最基本的、适应时代发展要求的听说读写能力，以及在语文方面表现出来的文学、文章等学识修养和文风、情趣等人格修养"（《学生的语文素养从哪里来》）。

全国小语会会长崔峦也认为，"语文素养"是一种以语文能力为核心的综合素养，其要素包括语文知识、语言积累、语文能力、语文学习方法和习惯，以及思维能力、人文素养等。语文学科素养加上"核心"后，除了听说读写思五个方面的知识、能力之外，还要把文学审美、文化价值、思想价值等纳入（赵福楼《谈谈语文核心素养》）。由此，语文课程不仅要培养学生的语文基本能力，更要注重优秀文化对学生的熏染，让学生的情感、态度、价值观，以及道德修养、审美情趣得到提升，良好的个性和健全的人格得到培养。

在语文教学当中有一种特别核心的东西，我们称之为语文素养。这一类素养它会影响我们的中考、高考；影响我们的就业、社会地位、经济地位、政治地位；还会影响我们的幸福。

我在 23 个城市做了 17 年动态的、区域的对比性研究。有一个数据 23 年来没变过——《帮送水人推车》的研究。从小学三年级到初中二年级包括当时在听讲在座的家长们，97.28% 的学生都会这样写，时间：某年某月的某一天、那是一个春天；地点：上学或者放学路上；人物：我看到一个送水的人，外貌、衣着、神态写一写。他推着车上坡很吃力，我很同情他；起因：于是，我决定帮他推车；经过：推啊……推啊……推啊……推啊……

一般三、四年级的孩子可以写 80 个字左右。像初一、初二的孩子可以写 300～400 字之间，用上一些类似"汗流浃背""气喘吁吁"的词语。情节中往往还会有：中间准备选择放弃，经过激烈的思想斗争终于战胜自我。推完以后送水人说："小朋友，谢谢你。"我就说："不用谢，拜拜。"

今天的这个作文题目如果是《快乐的一天》。孩子们告诉我结尾怎么写啊？今天真快乐啊！如果作文题目是《难忘的一件事》结尾怎么写啊？这件事真难忘啊！如果写《一件有意义的事》。这件事真有意义啊！好，我们来分析。这篇文章我一直到今年还在做，持续做这个实验。这个数据 97.28% 不变。

所以，我一直想把语文教育当中那些跟人生相关的核心的东西给提炼出来，有效地去改变这些东西。语文教育在孩子一生当中是不是效益就更高了呢？所以语文的核心素养十分关键。

语文和人才有很多对应的关系，我希望能抓住这些核心的东西。第一，一个孩子选择什么材料去说、去写、去演，取决于学生思维的广博度，我们提升了学生的思维广博度，不仅他的材料选择丰富了，他创新的素质就更高了；第二，孩子有了材料的选择，用语言来组织材料，它表现的是学生的典雅度，我们通过提升学生的典雅度，他的词汇量就丰富了；第三，一个孩子选择表达什么的主题，取决于思维的深刻度，深刻度提高了，主题就厚重了；第四，孩子用什么表现形式取决于创新；第五，孩子的思想特质和他的和合度相关。

所以呢，生态语文素养种体现的五个维度：一、思维的广博度；二、表达的典雅度；三、思想的深刻度；四、表现的创新度；五、人生的和合度，价值观。

一双神奇的手

思维广度是检测孩子发散思维的重要指标。我做了这么一项调查研究——对全国21个城市近10万学生进行思维广度测试，大部分孩子的思维广度在2～3个维度。这样的孩子不仅作文无话可说，以后到了社会也急缺创意。于是我们借助作文来进行思维的广度训练，效果非常明显。一般用1～2年的时间，经过思维训练的孩子，他们的思维广度会到达9～12个维度。我们来看一个我自己的案例——

我的朋友很多，到他们家里去，往往就被抓了壮丁——替他们孩子辅导语文。不过，只要时间允许，我会马上进入角色，乐在其中。下面一段对话是辅导朋友孩子鑫鑫的一个镜头，作文题目就是《说给_____的话》。鑫鑫叫我伯伯。

伯伯：伯伯看电视，最爱看《中国新歌声》，我最喜欢刘欢，我有很多话对他说。

鑫鑫：我也喜欢看电视，最爱看《快乐大本营》，我最喜欢何炅，我有很多话对他说。

伯伯：那好，今天，我们检测一下，你头脑里面到底有多少人物。第一类，影视明星，你想到的有哪些？时间3分钟，有多少写多少，写快点，哪些给我带来美的享受的人物……时间到，停笔。来说说你写的影视明星有哪些？

鑫鑫：哈林、刘涛、胡歌、郭德纲、宋丹丹、黄晓明、那英、周杰伦、吉克隽逸、鹿晗……

伯伯：好样的，你是个有心人，记忆力很棒！再来3分钟，写写体育明星。我比较喜欢乔丹，乔丹有句名言：命运让我跌倒100次，我一定要在第101次站起来。是这种信念成就了乔丹。预备开始……

鑫鑫：姚明、李宁、科比、梅西、贝克汉姆、李娜、马拉多纳、郎平……

伯伯：再来3分钟，写写文学人物。如卖火柴的小女孩、马小跳，时间3分钟，预备开始……此时此刻，你会发现，平时看的那些书中的人物都不见了，一分钟……两分钟，那些著名的文学人物都是不朽的艺术形象。

鑫鑫：皮皮鲁、玛蒂娜、关羽、林黛玉、武松、唐僧、巴黎圣母院中的敲钟人、爱心树……

伯伯：伯伯很佩服你，你读过的书，有的我都没有读过。伯伯最爱看的历史书是《三国志》，我最喜欢里面的历史人物诸葛亮，我有很多话对他说。你最爱看的历史书是什么？你最喜欢书中的哪个角色？

鑫鑫：我最喜欢《图说中国历史》，我最喜欢项羽，我有很多话对他说。

伯伯：那好，时间3分钟，有多少写多少，历史中的好人坏人都可以，写快点……时间到，停笔。来说说你写的历史人物有哪些？

鑫鑫：项羽、司马迁、秦始皇、包青天、岳飞、苏武、李广……

伯伯：说得真好！为什么笔下有人物，因为看的书多，从小我们读了很多书，但是书中的内容是不断地装，不断地丢，现在我们就是将过去的知识的碎片捡起来，在捡的过程中，你会发现，人就是在这样的过程中不断成长的。

…………

伯伯：《说给_____的话》是我们的作文题目，现在你数数，你有多少个材料可以写了？

鑫鑫：哇，少说也有三四十个了。刚才，我只能想到三四个！伯伯真厉害！

伯伯：10倍的增长率也不算什么，原因是你的潜意识里的信息储存被激活了，这可就厉害了。厉害的不是伯伯。

阳春白雪与下里巴人

"表达的典雅度"彰显个人修养与气质特性，这个概念来自于香港中文大学冯胜利教授的研究，他认为文中出现的书面语语言点占行文语言点的比例，有相应的标准，过于典雅反而让行文生硬。我们将其泛化到口语表达中来，即到什么山头唱什么歌，面对不同对象，应该使用不同的语言。而且研究表明，成功人士的表达典雅度跨度一般较大。

经过多年研究，我们将文字典雅度划分为"俗、雅、酸"三个层面，其中"俗"又分为"恶俗、低俗、通俗"，"雅"分为"文雅、高雅、典雅"，"酸"分为"酸气、酸涩和酸腐"。

毛泽东形容苏联共产主义为"土豆烧熟了，再加牛肉，不许放屁"，俗得通透；"我失骄杨君失柳"雅得别致；"为人民服务"更是通俗易懂地阐释了共产党的使命。

从恶俗到酸涩，大跨度的文字典雅度揭示了伟人的特质之一，在各种场合、面对各种人群游刃有余地交流，正是成功人才所必备的素质之一。

酒桌上的敬酒词

思维广度考察横向思维，思维深度则是衡量孩子的纵向思维的重要指标，它侧重检验孩子由一个点引发的纵深思考，即我们通常说的"有没有思想""是否有厚重感"。在日常生活中，与众不同的观点、独具深度的思想会让孩子令人瞩目。

有一次节假日我参加家庭聚会，这时家长们都让孩子给众人敬酒，且必须说一段敬酒词。在座的孩子们基本上停留在："爷爷奶奶，叔叔伯伯，祝你们身体健康，万事如意！"虽然这也到了"关注他人"的层次，但是平淡无味，不够出彩。如果能够打开思维的广度：

关注自我："这次期末考试我得了100分，我很开心，敬各位长辈一杯。"（分享内心的喜悦）

关注他人："爸爸妈妈，谢谢你们的养育之恩，来，我敬你们。"（感父母之恩）

关注群体："叔叔伯伯，都说文人生性好酒，你们在我眼里可都是名副其实的文人呢！所以这一杯酒一定要喝。"（关注文化人这一群体）

关注社会："爷爷奶奶，我听说'酒是粮食精'，以前的酒都很甘甜醇正，现在却不一样了，你们喝一杯看是不是这样？"（关注自然环境的变化）

关注民族："因为3斤四特大曲酒，贺龙拜服周恩来总理，这次才有了后来的南昌起义。有这酒，就没有我们中华人民共和国成立呀！所以，这一杯一定要喝！"（酒与中华民族的故事）

关注历史："古有李白斗酒诗百篇，关羽温酒斩华雄，赵匡胤杯酒释兵权，来，敬我们源远流长的酒文化！"（酒与历史典故）

关注哲学："每一滴酒其实都来自于一种生命，现在我以茶代酒

敬你们，这也算是一种生命对另一种生命的拥有吧。"（酒与生命的思考）

关注信仰："酒肉穿肠过，佛祖心中留，为了这份境界，大家喝一杯！"（酒与佛教）

思维的广博度是生态语文的核心素养，拥有独特的人格魅力，受人敬仰。

不一样的烟火

每个人的语言表达都带有一定的个性特点，如赵忠祥的深沉、金龟子的活泼、朱军的正派，各有千秋，自成一系。我们将一个人对不同角度、形式、风格的掌握程度称为个性表达力，它能够体现一个人的创造力和聪明度，与孩子人格的形成相辅相成。

2001年，我看到一篇江苏省高考满分作文——《赤兔之死》

建安二十六年，公元221年，关羽走麦城，兵败遭擒，拒降，为孙权所害。其坐骑赤兔马为孙权赐予马忠。

一日，马忠上表：赤兔马绝食数日，不久将亡。孙权大惊，急访江东名士伯喜。此人乃伯乐之后，人言其精通马语。

马忠引伯喜回府，至槽间，但见赤兔马伏于地，哀嘶不止。众人不解，伯喜知之。伯喜遣散诸人，抚其背叹道："昔日曹操作《龟虽寿》，'老骥伏枥，志在千里。烈士暮年，壮心不已'，吾深知君念关将军之恩，欲从之于地下。然当日吕奉先白门楼殒命，亦未见君如此相依，为何今日这等轻生，岂不负君千里之志哉？"

赤兔马哀嘶一声，叹道："予尝闻，'鸟之将死，其鸣也哀；人之将死，其言也善'，今幸遇先生，吾可将肺腑之言相告。吾生于西凉，后为董卓所获，此人飞扬跋扈，杀少帝，卧龙床，实为汉贼，吾深恨之。"

伯喜点头，曰："后闻李儒献计，将君赠予吕布，吕布乃天下第一勇将，众皆言'人中吕布，马中赤兔'，想来当不负君之志也。"

赤兔马叹曰："公言差矣。吕布此人最是无信，为荣华而杀丁原，为美色而刺董卓，投刘备而夺其徐州，结袁术而斩其婚使。'人无信不立'，与此等无诚信之人齐名，实为吾平生之大耻！后吾归于曹操，其手下虽猛将如云，却无人可称英雄。吾恐今生只辱于奴隶人之手，骈死于槽枥之间。后曹操将吾赠予关将军；吾曾于虎牢关前见其武勇，白门楼上见其恩义，仰慕已久。关将军见吾亦大喜，拜谢曹操。操问何故如此，关将军答曰：'吾知此马日行千里，今幸得之，他日若知兄长下落，可一日而得见矣。'其人诚信如此。常言道：'鸟随鸾凤飞腾远，人伴贤良品质高。'吾敢不以死相报乎？"

伯喜闻之，叹曰："人皆言关将军乃诚信之士，今日所闻，果真如此。"

赤兔马泣曰："吾尝慕不食周粟之伯夷、叔齐之高义。玉可碎而不可损其白，竹可破而不可毁其节。士为知己而死，人因诚信而存，吾安肯食吴粟而苟活于世间？"言罢，伏地而亡。

伯喜放声痛哭，曰："物犹如此，人何以堪？"后奏于孙权。权闻之亦泣："吾不知云长诚信如此，今此忠义之士为吾所害，吾有何面目见天下苍生？"

纵观历届高考高分作文，这是第一次以"马"的角度切入，以"马"之嘴来诉说诚信。这篇作文给我的启迪，引发了我的后续研究，无独有偶——厦门满分作文《流水的故事》，巧借"鱼"的角度追溯历史，诉说故事；河北高考满分作文《千里驴》以"驴"之嘴来论教育。

角度决定了人生的高度。选择和转换写作的过程，学会换位思考，站在不同的角度去观察去思考去探索，不至于一叶障目，这个过程也是向成长高度攀升的过程。

生态语文讲究培养出创新人才，人才要有创新角度。

从我1989年创办阳光喔作文培训学校以来，求学的莘莘学子中90%的学生作文都被"流水账"这个问题所困惑。"流水账"作文在中小学生中十分普遍，这是因为常规的写作中通常只运用"开头""经过""结尾"的方法写作，没有"形式"的讲究，这也就是为什么文章没有结构，文章也就"无形"了。

从 2004 年底至今，我对北京、武汉、长沙、广州等地约万余名学生进行调查，结果能准确回答何为作文形式的学生寥寥可数，更不能说出作文形式的构篇方法。

我们根据学生的不同性格，总结了四种不同的构篇方式：为不服输的孩子提供了惊险构篇方法——冲突构篇；为爱美的孩子提供了优美构篇方法——散文构篇；为幽默的孩子提供了喜剧构篇方法——点面构篇；为爱思考的孩子提供了哲理构篇方法——明暗构篇。孩子可根据自己的性格特点选择合适的方式。

2009 年，我应邀到北京市朝阳区参加一个讲座，受众是朝阳区几个小学的学生和老师，在自由提问环节，一个五年级的男生问了一个问题："罗老师，我怎么样才能写出一种文章，让别人一看，就知道是我写的！"我当时觉得这个男生挺有想法的，在众多学生还在思索如何写长写生动的时候，他却在思索如何写得与众不同甚至是独树一帜，这难道不就是每个人应有的独特的个性和风格吗？

于是我用了近十年的时间，研究探索个性风格。

在孩子尚未形成个性风格之前，最好的训练方式是模仿。

如将"秦朝末年，楚汉之争，项羽惨败，来到乌江边，拔剑自刎"这段话按照自己崇拜的人物风格临摹仿写，孩子们会写出什么样的文章来呢？

如果孩子喜欢周星驰，想象一下周星驰会怎么写？可以用上他的经典台词，外加幽默搞笑风格，那么可能会是这样：

项羽带领残部一路 rubber，来到乌江边摆了一个 pose，问部下，本霸王帅不帅？

帅呆了。

项羽一段真情告白：曾经有一成功的机会摆在我的面前，我没有珍惜，直到失去才后悔莫及，人生最大的悲哀莫过如此。

如果是赵忠祥呢？他在《人与自然》中低沉而富有磁性的解说，

至今吸引着一大批人，如果用《人与自然》的语言风格，改写会是这样：这是一个弱肉强食的世界，残阳如血，他——一代霸王项羽，屹立在乌江边的岩石上，夕阳在他脸上镀上了一层金光，他的目光坚定地注视着远方，为了国家不再生灵涂炭，为了百姓不再家破人亡。霸王项羽毅然拔出长剑，潇洒地在脖子上一抹，霎时间，鲜血在晚霞中起舞，化作一道美丽的彩虹，彩虹里成就的是汉家王朝。一个人的失败往往预示着一个伟大时代的到来。

模仿是孩子个性人格形成不可超越的一个阶段，孩子在临摹多种名人风格后，会找到一种最适合自己的表达方式，并逐步形成自己的风格，做到"我"就是"我"，是不一样的烟火。因此，人格临摹会让孩子写出的文字彰显出人格的力量。这种力量闪耀个性的光辉，能穿透读者的心灵，这种训练有助于孩子人格的形成。

表达的创新度是生态语文素养的核心素养，提升对生活、人生的理解与认知，丰富心灵、熏陶美感、滋养精神，从而达到塑造良好的人格。

摔跤不哭的女生

我还在实验小学做语文老师的时候，一个摔倒的一年级女孩引起了我的注意，摔倒的时候由于左手先着地，导致手掌心被蹭破了几道拉伤的小口。这小姑娘从地上站起来的第一反应居然是说："太好了！这下有点疼的是左手，我总算分清楚左右了！"我想过她从地上站起来的两种可能：哇哇大哭，被疼痛吸引所有的注意力；去告诉老师，得到老师的安慰。我怎么样都没有想到一个一年级的小姑娘第一个想到的居然是可以分清楚自己的左右手，多么乐观的小姑娘！

这个画面在我的脑海中久久不能散去，为什么同龄的孩子面对同一件事，会有不同的反应表现呢？通过大量的研究我发现——不同的孩子在不同的成长环境中会形成不同的具有偏向的两种思维，即逻辑思维和感性思维，这个小姑娘的思维发展一定是更倾向于逻辑思维。

极度理性的人逻辑思维强，收获成功的可能性高，但因缺乏感性思维，无法感受细腻生活，可能导致生活不幸福。极度感性的人太过于敏感，事业方面容易受挫。

通俗地讲，人生和合度就是"情商"与"智商"的关系。理想状况是情理完全均衡。

"人生的和合度"是看孩子明理与抒情的比例，推导出孩子的思维特质——科学思维（逻辑思维）/文学思维（感性思维）。

孩子的情感喜怒哀乐每天都在变化，所以情感是围绕思想上下波动的，让思想向着积极的、健康的、正确的一面去发展。情感有时会消极，有时会沮丧，但是情感积淀后的思想一定是向上的。

所有的语文教学离不开学生的情感的变化和思想的积淀，两者综合——不外乎一个情，一个理。让孩子们知道什么是亲情？每一个微笑都在解读亲情；什么叫友情？每一个拥抱都意味着给力；什么叫师生情？什么叫故乡情？什么叫民族情……这些理都在不断交融和碰撞过程当中就构建了学生的核心的人生价值观。

我们叫社会主义核心价值观——富强、民主、文明、和谐、自由、平等、公正、法制、爱国、敬业、诚信、友善。

核心素养在我们生活中相互联系和多元化的社会适应中变得越来越重要，提升核心素养，架构未来宏伟的桥梁。

第二节
给孩子一种幸福的生活方式
——生态语文素养的七种主要能力

以前在实验小学做语文老师的时候,办公室很大,五六排老师坐一个办公室,往往一个话题会引起大家一系列的反应或者讨论。记得那次是关于老师教育自己的孩子的讨论。有个老师讲的事情让我记忆犹新——

因为工作忙的缘故,很少去给女儿讲睡前听故事。那么,怎么解决晚上的空余时间呢?那位老师想了一个好办法,就是晚饭后,让女儿自己去看书,老师偶尔会和她一起看,读给她听。后来,又有了一个更好的办法,就是买一个音乐播放器,把音频拷到里面去,这样就可以让女儿窝在被子里听故事了。

过了几年,随着女儿年龄的增长,老师越发地想偷懒,常常让她自己看书或者听播放器。当然,老师的理由很充分,美其名曰:阅读的能力很重要。她的女儿就在我所在的学校就读,各科老师也是同事。直到有一天,同事向这位老师抱怨她的女儿时,她才意识到问题的严重性。同事这样评价她的女儿:孩子上课时对老师的各种问题反应很快,老师们也十分喜欢这个聪慧的孩子，可是每逢考试，孩子却总是很粗心，做题不是落了这里就是没有顾上那里。

同事也给出了一些简单的分析，同事说，她家女儿是90后，生长于录音磁带、MP3风靡的年代，从小是听故事长大的，所以孩子擅长听，上课时优势尽显，考试时劣势突出。

我相信，讲到这里，很多家长都会有两种反应，一种是我们家的孩子也是这样培养的，不会也有类似的问题吧？还有一种就是，我们家孩子与这位老师的孩子恰恰相反，看书的时间要远远多于听故事的时间，那会不会让孩子听的能力大打折扣呢？

众所周知，因为考试的原因，家长对于孩子的阅读能力十分上心。而让孩子从小看书，看图画书，成了一个非常便捷的培养孩子阅读能力的途径，深受家长和孩子们欢迎。但与此同时，传统的口耳相传讲故事，似乎就很少见到了。以至于，一说到讲故事，很多家长下意识的反应，就是亲子阅读图画书的场景。

古希腊先哲苏格拉底说：上帝赐予人两耳目，但只有一口，欲使其多闻多见而少言。寥寥数语，形象而又深刻地说明了倾听的重要性。有课题组专门做过一项调查，人们在日常交往活动中，听占45%，说占30%，读占16%，写占9%。这也就是说，听说读写几项能力中，听是排在第一位的，其重要性不言而喻。

1980年7月20日，叶圣陶发表了一篇题为《听、说、读、写都重要》的短文，明确指出语文课的目的是让学生掌握语言文字这种工具，培养他们的接受能力和发表能力。

由此可见，听说读写是语文学习过程中要掌握的最基础的四种能力。作为一名语文老师，我们在教学过程中要重视学生的听说读写的能力，提升学生的语文素养。在后来的教学实践过程中，我发现，其实训练和提升学生的听说读写的能力远远不够。语文学习，就像自然界的一棵树，它是动态的，循环往复通过各种能力的训练，从而达到文化素养的提升。如同一粒种子成长为参天大树，结出累累硕果。

它是系统的，包含吸收系统（由倾听力、阅读力和研学力构成，简称"听""读""研"），处理系统（由思维力构成，简称"思"），呈现系统（由口语表达力、写作力、表演力构成，简称"说""写""演"）等组成。所以，语文的学习包括听、读、研、思、说、写、演等七种关键能力。这七种能力的训练正是提升生态语文素养的途径和抓手。

倾听花开的声音

倾听是一种美好的境界。

倾听力是生态语文吸收系统的重要通道之一，是指听者将通过声音形式传达的信息在脑中转换成意义的能力。学会倾听，就是学会听别人说话。孩子从刚刚出生时，就开始听了，受周围环境的影响，从倾听开始学会说话。后来，孩子进入学校或者是在家里认识和学习文字时，也是从听开始的。理想的倾听，是要准确无误地理解对方所传达的意思，不要有偏差，并且能够听出"话中话"。只有当你听懂了意思，才能跟对方进行有效的交流，你才能很好地表达出你的观点或者看法，也就不会出现"对牛弹琴"的尴尬和错误。对于学生而言，倾听力的训练也是非常重要的，课堂上能不能准确理解老师所传达的意思，能不能听懂知识点的讲授，甚至是老师所表达的某种情感的渗透。

很多教师将学生的学习成绩作为最重要的方向指标，所有的一切都以成绩为主，却大大地忽略了培养学生的倾听力。而且，对于小学阶段的学生来说，心智发展不成熟，注意力也就难以集中。这也就导致了部分学生难以听取他人的建议和观点，严重影响学习成绩和成长。

也许，有人说：倾听还不简单，让孩子专心地听，集中精力地听，认真地听，不就行了吗？其实不然，倾听，是把感观、感情和智力的输入综合起来，经过思考或者融入情感的一个过程。以前听课的时候，听到这样一个有趣的案例：

老师将一个大大的"聪"字写在黑板上，告诉学生："聪明的孩子首先是一个善于倾听的人，因为'聪'字把大大的耳朵摆在第一位，会用耳倾听的孩子才是聪明的孩子。其次呢，聪明的孩子会动手、动口和用心，其中'用心'是基础，放在'聪'字的右下角，而'聪'字右上角那两点，不正像一双勤劳的小手吗？它告诉我们要先做再说，多做事少说话，做一个踏踏实实的人。"

学生听得比之前更认真了。老师不忘用目光巡视全班，当有人忘了专心倾听时，老师就会意味深长地指一指黑板上的那个"聪"字，学生则会意地一笑，立马就改正了。下课的时候，老师说，这个"聪"字就一直留在黑板上吧，让它可以时时提醒我们上课要注意倾听。

一个善于倾听的人，不仅是要靠耳朵，还应该有眼睛、脑和心。

实践证明，不同年龄的学生倾听的内容、倾听的方式、倾听的时长等都是不一样的。会概括式倾听就是雷军式人才，学会做减法；会关联式倾听就是马云式的人才，学会做整合；会创新式的倾听就是乔布斯式人才，学会做改变。

正常情况下，幼儿园孩子的关注力，大概是 3~5 分钟。到了小学一、二年级，差不多就是 10 到 15 分钟，到了三、四、五、六年级，可以达到 20~30 分钟，初中及高中，就更高一些了。我们的课堂一般是 40 分钟，也就意味着老师在不同的年级中，需要准备不同的课堂环节或者节点，通过这样的方式，持续提升或者保持学生的倾听力。

那如何培养学生的倾听力呢？

1. 对学生提出倾听的要求

我们知道，在语文课堂上，学生很容易在同学回答问题时走神。有一次上语文课，说起关于旅游，大家都很兴奋。我让学生分享自己去过的最喜欢的一个地方，要说出原因。当第一个同学说他最喜欢北京时，"北京"二字刚落，班上的同学就开始七嘴八舌地讨论起来，完全没有了倾听的意识。于是，我提出了一个要求：保持安静，认真倾听。

这个方法真的很好，学生都遵守了。做到了倾听，课堂效率也提高了。

2. 训练学生的倾听能力，养好良好的倾听习惯

提出倾听的要求，只是最基础的方法。对于学生来说，最重要的是形成良好的倾听习惯。语文教学中，我发现有一种非常简单的方式特别适合训练倾听能力，那就是你说我猜的游戏。一个学生专注地解说，一个学生认真地倾听，这样的方法就能很好地强化倾听能力。当然，还有别的方法，比如辩论赛、故事大赛等。

3. 运用多种方式激发学生的倾听兴趣

由于小学生的注意力集中的时间相对来说比较短，我们在教学过程中要善于运用各种方式引起学生的倾听兴趣。例如，当上课的内容比较枯燥时，我会在恰当的时候讲一个简短而又有趣的故事吸引学生的注意力，激发学生的倾听力。

在实际的倾听能力的训练过程中，我发现：从3个以上方面关注倾听的环境开始训练，让学生擅长聆听别人的心声，满足大家对内心被关注的渴望，获得对方的信赖，并能利用"倾听"引起对方情感共鸣。

让心灵去旅行

阅读是一种心灵的旅游。

阅读力是学习能力的核心，是指通过文字、图像、视频等形式传达的信息在脑中转换成意义的能力。

就目前来说，语文教学中仍然有部分教师存在引导方法不当、敷衍应付形式的问题，而且学生也缺乏阅读兴趣，更别提课外阅读拓展了。想要培养学生的阅读能力，教师必须根据学生的学习情况制定有效的、针对性的教学策略。

作家马德曾这样说读书：读书，是智慧的行为，而这种行为本身，却可以引领一个人走向更大的智慧。愚昧的人，一辈子像行进在暗夜

之中，只能随波逐流，浑浑噩噩活过；而智慧的人，书是心中永远的明灯，引领自己时时清醒，步步睿智，最终走出完美的人生。

　　语文学习过程中，读书是非常重要的。所以一直以来，我都非常重视学生的阅读，鼓励学生多阅读，多思考，并且一直在寻求最适合学生的阅读内容。实践证明，有这样两种内容是最适合学生去阅读的。一是重视课本的阅读。语文课本都是经过专家不断研究和挑选出来的，具有很强的科学性、知识性和人文性。不同的年级，学习和掌握的内容也是不一样的。二是重视课外阅读拓展。如果长期局限于课本内容，会造成学生的审美疲劳，失去阅读的兴趣。当学生有了一定的课外阅读量后，才会增长见识，开阔视野，感受到阅读的兴趣。"读书破万卷，下笔如有神。"通过读书，书中的一些知识信息和道德信息储存在脑海中，再和实际生活相联系，学生就会觉得有话可说，有想法想表达。作为老师，如果让学生光凭课堂上那几本书是不够的，一定要让学生多读书，在头脑里建立起一个小小"图书馆"，装有一定量的好书。

　　当然，读书是需要坚持的。屈原在小时候不顾长辈的反对，不论刮风下雨，天寒地冻，躲到山洞里偷读《诗经》。经过整整3年，他熟读了《诗经》305篇，从这些民歌民谣中吸收了丰富的营养，终于成为一位伟大诗人。

　　书是不是读得越多越好呢？卢梭说：读书不要贪多，而是要多加思索，这样的读书使我获益不少。很多老师会要求学生一周读一本书，然后写一写读书感受，既不做字数要求，也不做内容限定。读书这种行为是值得肯定的，但是方式是我不能认同的。为什么呢？因为没有阅读效果，学生只是按照老师的要求看了而已，至于看得怎么样，我想呈现出来的都只是千篇一律的想法，学生并没有实质性的认识和理解。一本书要读出效果，不是囫囵吞枣，也不是敷衍了事就可以做到的。这往往需要一定的技巧，让学生掌握阅读的方法和技巧才是最重要的。

　　语文既是一种交际工具，也是一扇认识人类文明尤其是民族精神发展的窗户。它不仅是小中高考得分的工具，更关乎学生的一生。我认为，阅读能力就是读人、读事、读世界的能力。

一切阅读都是"读人"，读书本里面的人，读身边的人。一切阅读同时还是读世界的能力，认识世界的能力。因而，阅读对于学生个体而言，意义重大。

那老师如何在教学过程中培养学生阅读世界的能力呢？这种能力是语文教育所追求的"真正的理解能力"。

一次下班回家，发现儿子趴在桌上睡觉，手里还拿着笔，作业几乎没怎么做。我轻轻地叫醒了他，说："安心睡吧，明天哈佛的录取通知书就送到了。"他摸了摸头，似乎没听懂。我想这刚好可以作为一个生动的课堂案例，培养学生的理解能力。于是，第二天上课的时候，我把这句话写在了黑板上，要求学生准确理解这句话的深刻含义。在我的引导下，学生也就明白了如何理解这句话的含义。表面意思是让孩子安心睡觉，成功就会找上门。其实内在意思是家长用讽刺（或幽默）对孩子睡懒觉表示不满，从而表达对孩子成功的殷切希望。甚至，我们还可以再进一步引申，这是揭示当今孩子学习负担重，各个家长又望子成龙、望女成凤。

如果这样来读书，何愁学生的阅读力不提高呢？简单地归纳一下，其实这样读书的方法也很简单——理解文本表面的意思；理解语言环境下人物的思想感情；结合社会现象表达自己感受的能力。这是一个层进的过程，读书需要读懂自己更要读懂别人。

孩子一个月读多少书合适呢？我们来看看一组来自于教育部组织编写的指导语文学习的纲领性文件《语文课程标准》对义务教育阶段阅读总目标的表述：

具有独立阅读的能力，学会运用多种阅读方法。有较为丰富的积累和良好的语感，注重情感体验，发展感受和理解的能力。能阅读日常的书报杂志，能初步鉴赏文学作品，丰富自己的精神世界。能借助工具书阅读浅易文言文。背诵优秀诗文240篇（段）。九年课外阅读总量应在400万字以上。

此外，《语文课程标准》在分年段上也进行了详细的要求：

1～2年级：积累自己喜欢的成语和格言警句。背诵优秀诗文50篇（段）。课外阅读总量不少于5万字。

3～4年级：积累课文中的优美词语、精彩句段，以及在课外阅读和生活中获得的语言材料。背诵优秀诗文50篇（段）。养成读书看报的习惯，收藏图书资料，乐于与同学交流。课外阅读总量不少于40万字。

5～6年级：诵读优秀诗文，注意通过语调、韵律、节奏等体味作品的内容和情感。背诵优秀诗文60篇（段）。扩展阅读面。课外阅读总量不少于100万字。

7～9年级：学会制订自己的阅读计划，广泛阅读各种类型的读物，课外阅读总量不少于260万字，每学年阅读两三部名著。背诵优秀诗文80篇（段）。

在实际的阅读能力的训练过程中，我发现：诵读经典名篇，并快速提取阅读信息，能对中国的文化做简要的理解和分析，通过阅读比较，反思知识内容与观点，大幅提高学生学习效率。

读万卷书，行万里路

研学是一种知行的合一。

研学是学生从自然科学、社会和生活实践中选择和确定主题，在动手做、做中学的过程中，主动获取知识、应用知识、解决问题的集体学习活动。

陶行知先生原名叫陶文俊，又改名为陶知行，后改名为陶行知。

一个孩子把母亲买回的金表当成玩具拆卸摆弄坏了，被狠狠地挨了一顿打。陶行知老师得知这件事后幽默地说："恐怕一个中国的爱迪生被枪毙了。"孩子的母亲请教陶行知老师如何补救。

陶行知老师说，可以让孩子一起去钟表铺，让修表铺成为课堂，修表匠成为老师，孩子成为学生，修表费成为学费，这样修表的钱就不白费了，孩子的好奇心和创造精神也得到了保护。

行万里路，读万卷书，让社会成为孩子行知的课堂。

"教育的本质是什么？就是培养学生的思维，思维可以改变世界。研学旅行的目的是什么？就是开阔我们的眼界，通过开阔眼界，使我们的思维更开阔。"著名教育专家顾明远一语道破研学旅行的价值所在。在他看来，课堂可以培养学生的思维，但仅有课堂是不够的，我们要走出课堂，走出学校，走向社会，要让学生了解世界，了解社会。研学的终究目的，就是让每一个孩子学会成长，学会思考。

有一年春季，我带着班上的学生参加了城郊的一个农场的研学活动。时间也不长，两天一夜。我尤其记得出发前，家长在送孩子时那依依不舍、两眼泪汪汪的场景。部分学生确实是没有离开过爸爸妈妈，有这样的情景出现也是再正常不过的了。但是，到达农场以后，大部分学生的表现还是非常好的，部分不太适应的学生在团队的帮助下，也慢慢适应了。活动结束后，我做了一个调查，让所有参加研学的学生至少写出一种收获。后来，我做了统计，学生大概有以下的几种收获：

1. "我不能没有朋友。"和同龄的小伙伴一起玩游戏，一起领略大自然的美好，在走走停停中去学会倾听，学会分享，学会与人沟通，学会帮助他人。一个拥有朋友的人，是快乐的人。

2. "我们是一个团队。"在研学的过程中，我们都会扮演不同的角色，有的人是小队长，有的人是宿舍长，有的人是小桌长。小队长需要带领好自己的小团队，宿舍长就需要安排好住宿的细节，小桌长就需要让一桌小伙伴吃得饱、吃得好。我们是一个团队，要维护团队的利益与安全。

3. "我也可以更懂事。"同学哭了，去安慰一下；有好吃的，一起分享一点；会做的事情，带着大家一起做……在研学中，我可以变得更懂事，因为研学给我们提供了广阔的舞台。

4. "我不是小公主小王子。"我可以更加独立一点了，自己去叠被子，自己去洗澡，自己去和同学交流，自己去有序地整理物品，自己去查找需要学习的资料等。

5."我喜欢挑战。"喜欢挑战自我，也是我成长过程中的一种源动力。挑战自己，去表演一个节目；挑战自己，去尝试一个新角色；挑战自己，去管住自己爱吃零食的嘴巴……

6."我爱爸爸妈妈。"当我离开爸爸妈妈独立生活时，我开始想念爸爸妈妈，想念他们关爱我的点滴，想念他们温暖的怀抱。

7."我竟然是这样优秀。"第一次发现自己可以这样优秀，竟然可以当小队长，把小团队管理得井井有条。

事实证明，让学生出去走走，他们可以发现更优秀的自己。这个研学的过程也正是让学生形成了研究性、探究式获取信息的能力。

当然，不同的年级，研学的内容和方式是不一样的。

一、二年级的学生，对这个世界多属于直观的认识，以形象思维为主，红色的花就是红色的花，绿色的树就是绿色的树。老师可以引导学生对事物进行充分感知，丰富表象。这个阶段，多加强想象类的体验与游玩，比如动物园、植物园、游乐园等，让学生多感受这个五光十色的世界。

三、四年级的学生，正处在从低年级向高年级的过渡期，生理和心理都有明显变化，是培养学习能力、意志品质和学习习惯的最佳时期。同时，他们开始从被动的学习向主动学习转变，虽然开始有了一些自己的想法，但是，辨别是非的能力还极其有限，社会交往经验缺乏，经常会遇到很多自己难以解决的问题，是不安的开始。在研学的过程中，老师要注意加强学生的生活体验，针对研学过程中的问题，让学生自己想着怎么去解决，让他们多参与问题的解决。

等到了五、六年级，老师可以引导学生可以参加一些人文历史科学的活动，培养学生透过自然去看人文，透过现象去看本质的能力。比如自然风景背后的故事，给了我们哪些启迪与思考。

到了初高中，老师可以引导学生多了解一些中西方文化，感受异域风情的魅力，通过不同年龄不同职业的人的交流与沟通，提升表达力及表达自信心,让心灵真正收获一次快乐之旅。

苏霍姆林斯基认为,教育儿童通过周围世界的美,人的关系的美而看到的精神的高尚善良和诚实,并在此基础上在自己身上确立美的品质。我们要相信,让学生多参加一些研学活动,多看看周围的世界,多接触一些善良勇敢的人,他们会有一片更为广阔的世界。

当然,研学的活动是多种多样的,可以是一种职业体验,也可以是一种主题体验,还可以是一种社会调查。

美丽的花芬芳四溢

思维是一种生命的存在。

思维是世界上最美丽的花,引起无数人艳羡。

思维力是生态语文系统的"中枢神经",肩负着"加工"处理信息的责任。依据儿童心理发展规律。

学会思考是学生最缺少的,他们缺少个性的思维训练,积累的知识转化为运用的效率就低。所以孔乙己,万卷诗书烂肚中,还沉迷于茴香豆的"茴"有几种写法。马谡,满腹知识害了蜀国,自己也丢了性命。目前,多少孩子还在背负知识行囊,历经学习的坎坷,奔着下岗而去。

很显然,学会思考对于学生们来说是多么重要。为了提高学生的思维力,我在班上做了这样的一个尝试,跟大家分享一下。

有一节课,是讲灰姑娘的故事。我先请一个学生上台给同学们讲一讲这个故事。学生很快讲完了,我对他表示了感谢,然后开始向全班提问。

我:你们喜欢故事里面的哪一个?不喜欢哪一个?为什么?

学生:喜欢辛黛瑞拉(灰姑娘),还有王子,不喜欢她的后妈和后妈带来的姐姐。辛黛瑞拉善良,可爱,漂亮。后妈和姐姐对辛黛瑞拉不好。

我：如果在午夜12点的时候，辛黛瑞拉没有来得及跳上她的南瓜马车，你们想一想，可能会出现什么情况？

学生：辛黛瑞拉会变成原来脏脏的样子，穿着破旧的衣服。哎呀，那就惨啦。

我：所以，你们一定要做一个守时的人，不然就可能给自己带来麻烦。另外，你看，你们每个人平时都打扮得漂漂亮亮的，千万不要突然邋里邋遢地出现在别人面前，不然你们的朋友要吓着了。（我做昏倒状）

我：好，下一个问题，如果你是辛黛瑞拉的后妈，你会不会阻止辛黛瑞拉去参加王子的舞会？你们一定要诚实哟！

学生：（过了一会儿，有孩子举手回答）是的，如果我是辛黛瑞拉的后妈，我也会阻止她去参加王子的舞会。

我：为什么？

学生：因为，因为我爱自己的女儿，我希望自己的女儿当上王后。

我：是的，所以，我们看到的后妈好像都是不好的人，她们只是对别人不够好，可是她们对自己的孩子却很好，你们明白了吗？她们不是坏人，只是她们还不能够像爱自己的孩子一样去爱其他的孩子。

我：孩子们，下一个问题，辛黛瑞拉的后妈不让她去参加王子的舞会，甚至把门锁起来，她为什么能够去，而且成为舞会上最美丽的姑娘呢？

学生：因为有仙女帮助她，给她漂亮的衣服，还把南瓜变成马车，把狗和老鼠变成仆人。

我：对，你们说得很好！想一想，如果辛黛瑞拉没有得到仙女的帮助，她是不可能去参加舞会的，是不是？

学生：是的！

我：如果狗、老鼠都不愿意帮助她，她可能在最后的时刻成功地跑回家吗？

学生：不会，那样她就可以成功地吓到王子了。（全班再次大笑）

我：虽然辛黛瑞拉有仙女帮助她，但是，光有仙女的帮助还不够。所以，孩子们，无论走到哪里，我们都是需要朋友的。我们的朋友不一定是仙女，但是，我们需要他们，我也希望你们有很多很多的朋友。下面，请你们想一想，如果辛黛瑞拉因为后妈不愿意她参加舞会就放弃了机会，她可能成为王子的新娘吗？

学生：不会！那样的话，她就不会到舞会上，不会被王子遇到，认识和爱上她了。

我：对极了！如果辛黛瑞拉不想参加舞会，就是她的后妈没有阻止，甚至支持她去，也是没有用的，是谁决定她要去参加王子的舞会？

学生：她自己。

我：所以，孩子们，就是辛黛瑞拉没有妈妈爱她，她的后妈不爱她，这也不能够让她不爱自己。就是因为她爱自己，她才可能去寻找自己希望得到的东西。如果你们当中有人觉得没有人爱，或者像辛黛瑞拉一样有一个不爱她的后妈，你们要怎么样？

学生：要爱自己！

我：对，没有一个人可以阻止你爱自己，如果你觉得别人不够爱你，你要加倍地爱自己；如果别人没有给你机会，你应该加倍地给自己机会；如果你们真的爱自己，就会为自己找到自己需要的东西，没有人可以阻止辛黛瑞拉参加王子的舞会，没有人可以阻止辛黛瑞拉当上王后，除了她自己。对不对？

学生：是的！！！

我：最后一个问题，这个故事有什么不合理的地方？

学生：（过了好一会儿）午夜12点以后所有的东西都要变回原样，可是，辛黛瑞拉的水晶鞋没有变回去。

我：天哪，你们太棒了！你们看，就是伟大的作家也有出错的时候，所以，出错不是什么可怕的事情。我担保，如果你们当中谁将来要当作家，一定比这个作家更棒！你们相信吗？

班上的学生都开始欢呼雀跃。

在以后的语文教学中，我都会通过这样的方式去训练学生的思维能力，也发现越来越多学生的思维能力有了显著的提高。但是，思维能力的训练具体包括哪些呢？

学生的思维能力包括形象思维、逻辑思维、发散思维、批判思维等，接下来我们具体从这四个方面说一说。

1. 形象思维

形象思维是以直观形象和表象为支柱的思维过程。例如，画家要画一幅画，都要在大脑中先构思出所要画的画面，这也就是画面感。

我们知道，在小学的语文课本中，有很多文章是跟形象思维有关的。如果利用好课本，那么学生的形象思维在课堂上也能得到有效的训练和提升。五年级上册有一篇课文叫《黄果树瀑布》，我在备课的时候就在思考，这篇课文正好可以利用瀑布来训练学生的形象思维能力。于是，我精心挑选了一张景色美丽的黄果树瀑布的图片，去打印出来了。那个时候由于条件的限制，还不能像现在的课堂上一样使用多媒体设备，只有一块黑板、一根粉笔。当我把照片拿出来给学生们看的时候，我发现学生的眼睛里都闪耀着光芒。于是，我让学生闭上眼睛，展开想象，感受一下瀑布的魅力。很多同学都说出了自己关于瀑布的想象。这就是形象思维的训练。

相信很多老师会有一个苦恼：学生其实是去过很多地方的，可当你让他写一个自己去过的地方时，却被难住了。当我们在教学过程中遇到这样的问题该怎么去做呢？我给大家提供三种方法：第一种是时序推移法，就是引导学生按照游玩时间的先后顺序去想去写。时间，有大时间，有小时间。大的时间可以是前天、昨天、今天，小的时间可以是上午、中午、下午、晚上。当然还有更大和更小的时间。这样做了时间切割后，再对每一个时间段发生的事情进行回忆，各个击破，比较省力，容易深入。我们以游览武汉为例，上午——游览黄鹤楼，中午——游览古琴台，晚上——户部巷品尝美食，若是以这样的时间段来进行切割，不就很简单了吗？第二种是空间转换法，就是按照游玩地点的转换去想去写。可以是移步换景的空间转换，也可以是先主后次的空间转换。各种游玩的影像和体验，经过空间切割之后，分装在不同的空间中，再进行描写。层次井然，有条不紊。我们以游玩欢乐谷为例，来到大门口时会看见赫然显现在眼前的三个大字——欢乐谷。当我们走进去后，看见的是旋转木马。再往里面走的时候，看见了跳楼机……以这样移步换景的方式，我们可以引导学生逐步建立形象思维，并且不断提升。第三种是，事物动态法——一步一步地想。比如，一个学生去钱塘江观潮，回来就会专写一景——钱塘潮，他自然是要按照潮起潮落的顺序来写，如：潮来前（平静）——潮来时（白浪翻滚，山崩地裂）——潮过后（漫天卷地，风号浪吼）。

2. 逻辑思维

逻辑思维是人们的理性认识阶段，人们运用概念、判断、推理等思维类反映事物的本质与规律的认识过程。逻辑思维是善于从多个方面分析论证一件事情，把一件事分成若干个方面，然后逐步去论述。

为了训练学生的逻辑思维能力，我在课堂上做过这样的尝试：

刚好讲到故乡的话题，于是我问班上的一个学生：你的故乡在哪里？

学生：武汉。

我：那你喜欢武汉吗？

学生：喜欢。

我：好，接下来一个问题，为什么喜欢武汉？

学生：因为我是武汉人。

我：这是第一个，还有呢？接着往下讲。

学生：因为武汉有很多美食，比如热干面、豆皮、周黑鸭……

我：俊熙，老师打断一下，补充一点，一个表达力强的孩子在任何时候，说话要有逻辑，首先要学会重复对方的提问，我为什么喜欢武汉呢？重复对方的提问，来，说一遍，把这句话重复出来。

学生：我为什么喜欢武汉呢，因为……

我：对的，接下去是第一、第二、第三，这是表达逻辑的入门功夫。

接着再往下思考"是因为，第一、第二、第三……"，要把说"第一、第二、第三……"变成一个习惯。好，再说一下，大家掌声激励一下！

学生：我为什么喜欢武汉呢？第一，我是湖北武汉人；第二，因为武汉有很多美食，比如热干面、豆皮、周黑鸭……所以，我很喜欢武汉。

一个逻辑构成有两个重要因素，第一个叫逻辑框架，重复对方的问题，接着思考第一、第二、第三……就在开始建立逻辑框架了。建立逻辑框架，这是第一个能力，第二个能力，为第一、第二、第三的每一个点，找到"因"和"果"。逻辑表达基本功夫第一是逻辑框架，第二是每一个框架当中的点的逻辑原理，能讲出几个原因来，这是我们讲的逻辑思维的入门功夫。

关于逻辑思维能力的训练，我建议大家可以从用两个方法来引导：第一个是引导孩子将一件事物切分成几个方面。有篇课文《四季的美》讲：春天最美是黎明，夏天最美是夜晚，秋天最美是黄昏，冬天最美是早晨。春美、夏美、秋美、冬美，归纳起来就是四季的美，这就是把一年的美切分成春夏秋冬的美。在孩子阅读散文时，就要注意引导，让他逐渐养成一种习惯，习惯思考一件事物的几个方面。有了这个本事，就能把几个方面归纳成为一个事物的整体，也能够从一个事物的整体演绎出事物的几个方面。第二个是玩一玩"关联词造句"游戏。逻辑思维的过程，常常通过语言中的关联词来组织，在长期的语文教学中，我发现关联词造句的方法也很有效果。例如："如果……就……"这组关联词，属于假设关系。"假如小红生病了，她就不会来上课。"这个句子改用"因为……所以……"这组关联词，属于因果关系，就变了逻辑。"因为小红病了，所以今天不能来上学。"再改用"虽然……但是……"这组关联词，属于转折关系，逻辑也变了。"小红虽然生病了，但是她还坚持来上课。"

3. 发散思维

发散思维是指大脑在思维时呈现的一种扩散状态的思维模式。发散思维的重点就是在于选材的创新性。

语文让成长更精彩

很多年前，我到一个朋友家谈事情，这位朋友知道我是教语文的，于是，不肯放过机会，让先看看他孩子的作文。拿出他孩子轩轩刚写的一篇作文给我看。轩轩读五年级，作文题目是《手》，开头是这样的：

妈妈的手是一双温暖的手。在一个天寒地冻的冬天……妈妈把她的毛衣披在我身上，把手套给我戴上。妈妈的手掌裂开了一道道口子，像道道深陷的峡谷，手背粗糙得像松树皮一样。我感慨万千……

轩轩写"手"，还是跳不出老套路。我先表扬轩轩善于观察，懂得感恩，然后问轩轩，你还可以写谁的手呢？他想了几分钟，憋出5个构思来：

妈妈的手、爸爸的手、爷爷的手、奶奶的手、外婆的手。

轩轩爸爸见状连忙说，罗老师来了，好好跟罗老师学几招啊。我被逼上梁山了，不答应还不行呢。可是，轩轩一听又要讲作文，马上霜打的茄子一般。不过，我和轩轩在书房里坐下来，辅导了不到半个小时，轩轩就神气活现起来，跑到客厅，拉着爸爸骄傲地汇报自己的战果，他说，他可以找到20多个材料来写了。比如：

妈妈深夜在灯下为我补衣服的手

爸爸粗大有力的陪我打球的手

爷爷像被锉打磨过的粗糙的手

老师在我气馁时抚摸我头发的手

保洁阿姨一点点撕去墙上广告纸的手

军人英勇向前抗洪抢险的手

姚明跳起灌篮的手

贝多芬扼住命运的咽喉的手

居里夫人从几吨沥青中提炼镭的手

诸葛亮指挥千军万马的手

长江黄河爱抚炎黄子孙的手

孙悟空降妖除魔的手

卖火柴的小女孩点亮人们同情心的手

女娲冶炼五色石补好苍天的手

....

轩轩爸爸听得目瞪口呆:"这么多？像变魔术一样！才半个小时吧，哦，我明白了，罗老师有一双会变魔术的手！"大家哄堂大笑起来。

其实，发散思维训练的方法也很简单。我也给大家提供几个方法，以"说给＿＿的话"为例：一是从生活空间进行引导，也就是学生熟悉的家庭、学校、社区，学生可以轻易地说出爸爸、妈妈、爷爷、奶奶、哥哥、姐姐等答案；二是从知识空间进行引导，包括新闻、历史、艺术、体育、科技、军事、政治、经济、民俗和哲学等领域，学生可以在老师的引导下依次说出高铁上抢占座位的叔叔、诸葛亮、贝多芬、姚明等答案；三是从想象空间进行引导，包括童话、神话、科幻、虚拟，比如白雪公主、夸父等。

4. 批判思维

批判性思维，是一种日常的思维方式，是对问题"评头论足"地分析判别和评论好坏，然后否弃错误，确定什么该相信、什么不该相信的清晰敏锐的观点。

2011年春季，我在湖北武汉一个学校里辅导孩子的作文，我想启发一下孩子的批判思维，一堂课下来，收获超出我的想象。

我做了课前激趣之后，在快乐的气氛中，首先和孩子聊一个熟悉的话题——老师的评语，孩子们不禁嘘声一片，很不满意老师的评语；接着，我和孩子们发散思维，构思让现在的老师给古今中外的大名人写评语，名人有爱因斯坦、牛顿、李白、贝多芬等，评语出来，令人啼笑皆非；最后，让学生得出结论。许多结论让人惊讶，有的说，这样的教育，难怪中国与诺贝尔奖无缘（莫言和屠呦呦获诺奖是2011年以后的事）；有的说，我们什么时候才能成为学习的主人呢？最让我震惊的是作文《"钱学森世纪之问"的答案》，作文结尾这样写道：难怪钱学森老爷爷临终前遗憾地问道："为什么我们的学校培养不出杰出的人才？中国的学生整天受这种死板的教育，能有杰出的人才出现才怪呢！"

这是一节难忘的课堂，如果大家亲临这样的课堂，也会被孩子们热烈的劲头、敏锐的头脑和批判的力度所震撼。

我们这一代，很少有"批判式思维"。小时候，父母老师是不容许质疑的权威，敢跳出来说"不"的小朋友经常被打击，慢慢就养成了不敢质疑、懒得质疑的毛病。现在的小朋友不一样了，我感觉，他们已经具有了一些"批判性思维"的基础。

那我们在语文教学过程中如何培养学生的批判思维呢？其实，方法是很简单的。首先，鼓励学生打破常规，标新立异。在实际的教学过程中，要让学生不拘泥于旧式的方法，敢于标新。其次，倡导学生学会质疑，培养提出问题的能力。最后，是建立平等的师生关系。在教学过程中，要与学生进行平等交流，尊重学生的主体意识，支持学生的批判性思维。

提升学生的思维尤为重要，我们老师在平时的教学过程中，要有意识有方法地训练学生的形象思维、逻辑思维、发散思维、批判性思维等。

源自生活的交际艺术

口语是一种艺术的交际。

口语力是指用口头语言来表达自己的思想、情感，以达到与人交流的目的的一种能力。口头语言比书面语言起着更直接的、更广泛的交际作用。

东汉时候有一位哲学家叫王充。他敢于宣传无神论，批判鬼神迷信，是一位有胆有识的唯物论者。

那时候，许多人都相信，人死了，人的灵魂就变成了鬼。有人还说自己真的见过鬼，说鬼的样子和穿戴跟人活着时候一模一样。王充一下子就抓住他们的破绽，嘲笑地问道："你们说一个人死了，他的灵魂能变成鬼，难道他穿的衣服也有灵魂，也变成了鬼吗？照你们的说法，衣服是没有精神的，不会变成鬼。如果真的看见了鬼，那它该是赤身裸体，一丝不挂才对，怎么还穿着衣服呢？"

他的话把对方驳得张口结舌。王充还很风趣地说："从古到今，不知几千年了。死去的人，比现在活着的人不知多多少，如果人死了就变成鬼，那么，在路上将到处是鬼了。人要是能看见鬼，就该看到几百万、几千万，满屋子、满院子都是，连大街小巷都挤满了鬼。可是，有几个人见过鬼呢？那些见过的，也只说看见一两个，他们的说法是自相矛盾的。"

有人辩解说："哪有死了都变成鬼的，只有死的时候心里有怨气、精神没散掉的，才能变成鬼。古书上不是记载过，春秋时候，吴王夫差把伍子胥放在锅里煮了，又扔到江里。伍子胥含冤而死，心里有怨气，变成了鬼，所以年年秋天掀起潮水，发泄他的愤怒，可厉害哪，怎么能说没有鬼呢？"

王充说："伍子胥的仇人是吴王夫差。吴国早就灭亡了，吴王夫差也早就死了，伍子胥还跟谁做冤家，生谁的气呢？伍子胥如果真的变成了鬼，有掀起大潮的力量，那么他在大锅里的时候，为什么不把掀起大潮的劲儿使出来，把那一大锅滚水泼在吴王夫差身上呢？"

王充的议论，真是当头一棒，驳得他们哑口无言。

所以，会说话就是自身拥有的一种能力。纵观历史，我们会发现，古今中外的名人志士都是博古通今的演说家，他们敏捷的思维，开阔的视野，洞悉人间百态，最终无一不成就了一番惊天动地的伟大事业。时至今日，出色的表达能力更成为可以驾驭人生的航船，甚至还可能决定孩子一生的命运。

"予我长袖，我必善舞"，当今社会给我们提供展现自我的舞台，精彩的口语力正是展现个人魅力的最佳方式，提升了思维的敏捷，拓展了个人的视野，积累了各方面的知识，发展了口头表达的能力，增进了与他人的交流。未来的事业对人才有一个共同的要求就是要善于说话。"能言善辩"的口语力是增强竞争能力的重要工具。

叶圣陶认为训练学生的讲话，"其实就是要迫使儿童的内面有所产生，合理且丰富地产生。换一句说，就是要他们磨炼思想，培养情感。……所以训练儿童说话实在是一个总枢纽"。

那我们该如何有效地提高口语力呢？我这里有两个建议给大家：一是训练学生的感性思维，引导学生把感受化为一幅幅生动的画面。譬如，怎样让孩子感悟一堂课，将时间限定在一堂课里，让学生抽象出一种感受，用一个词语概括。学生可能说到充实、快乐也可能是无趣。40分钟的时间很短暂，所以学生发自最真实的内心，有针对性地抽取感受相对容易，最能激发他们对生活的感悟力，并激活他们的感性思维。二是训练学生的理性思维，就是培养思维的纬度和高度，来提升学生境界。以快乐为例，对一、二、三年级的孩子来说，快乐的维度就是家庭、学校。快乐可能是妈妈的赞美，快乐可能是和伙伴们玩耍的乐趣，快乐可能是老师课堂上的关注和表扬……学生的思考范围停留在亲情、友情、师生情之上。对于四、五、六年级的孩子来说，他们理性思考的范围除了生活空间，还可以提升到知识空间和想象空间。快乐就是故乡变成青山绿水的喜悦，快乐就是为中国首艘国才航母下水而感到自豪，快乐就是予人玫瑰手有余香的感触……

口语力体现的是一个人的人文素养、文化底蕴以及表达能力等，作为教师，要注重学生口语力的提升。

让文字激起思想的浪花

写作是一种自我的审视。

写作力是指用书面语言呈现自己的观察、感受或想象的能力，它比口语力要求更严谨，也同样能助力人生到新的高度和境界，如美食家与吃货的区别也就在于美食家能够将美食转化成文字。

1. 文笔模块的训练

2002年春季，我在武汉武昌区实验小学给三年级的孩子上一堂作文基本功训练课，全校语文老师参与听课。

站在讲台前，我对孩子们说，今天我要表演一个不一样的罗老师，他们瞪大眼睛看着我。我便佯装很生气，拍了一下前排学生的课桌："认真听讲！"要求学生把观察到的写下来。

两分钟后，检查学生写的片断，基本上写得大同小异："罗老师生气了。"孩子们都只是叙述了"罗老师"生气的状态，这是描写基本功的零起点。

由于他们缺乏描写基本功的训练，这样的结果也在预料之中。有胆大的孩子站起来说："罗老师，您能再表演一遍吗？而且是慢动作的表演。"他这一番话把听课的学生和老师都逗笑了。

我说："我当然可以放慢动作来表演，不过我有要求，你们能在一分钟写出20个字，两分钟写出40个字吗？"

孩子们一听罗老师有慢动作要表演，个个兴致盎然，都打包票能达到。

两分钟过去，无人达到40字的要求。当然比刚才强了那么一点点："罗老师生气地拍了一下桌子。"读出来时，底下的不少听课老师在捂着嘴笑。

孩子此时能把动作进行简单描写，但还是不具体。绝大多数孩子在此遇到一个重要的坎，教师的教学也戛然而止。

其实，这样的"不具体"是有方法去解决的。我从1988年到1992年，历时四年时间，研发出了"文笔课程"，就是打开这副枷锁的钥匙。通过对人物的语言、动作、神态、心理的细节刻画，从不具体到具体再到生动、细腻，分阶段、有步骤地提升孩子的描写能力。当我用细节描写的方法引导之后，学生写的内容跟最开始的练笔简直就是天壤之别，每个人都达到了150个字的要求。一个暴脾气的罗老师就这样在他们的笔下淋漓尽致地呈现出来了。

为了让学生能够夯实文笔基础,我根据学生的学习特点研发出了叙述与描写、议论与抒情、形式仿写、意境仿写四个课程,共同构成文笔模块。叙述与描写,让学生写长写具体写生动;议论与抒情,议论是为了表现思想的深刻度,抒情为了强调情感表达的感染力,明理抒情,均衡发展;形式仿写,培养学生的语言节奏感,让文字展现节奏美的魅力;意境仿写,帮助学生把无形的感受,变成可听的旋律,可观的图画,可读的文字。

每一次细腻的描写,它不是再现逼真的生活,而是对生活的一次品味,是生命成长的一次修行。我们有效地运用,才会体会表达的快乐,不仅是作文的展现,而是能形成孩子一生的素养。

2.构篇模块的训练

构篇更多针对作文而言,我根据学生的不同性格,总结了四种不同的构篇方式和结构形式,学生可以根据自己的性格特点选择合适的方式。

莫泊桑说:"布局是一连串巧妙的导向结局的匠心组合。"

文章的结构是很重要的。在一篇文章中,结构和语文一样,都是给文章内容以具体形态的东西。结构,不仅影响文章的表达质量,而且在一定意义上还可以生成或者改变思想内容。

在传统的语文教学中,很少关心"怎么写"。因此在学生头脑中,毫无文章之"形"。文虽无"定法",却有规律可循。学生领悟了写作的门道,写作时方能豁然开朗。

目前中国中小学生写作文毫无结构意识,缺乏构篇方法,在常规教学中,学生的作文、周记、日记,只是单纯地把生活中的事情还原,教师的教学也往往只要求学生运用"开头、中间、结尾"三段式的方法写作,从2004年底到今天,我们经过对北京、武汉、广州、深圳等地约数十万学生的调查,结果显示没有一个能回答什么是作文的结构,更不用说能运用什么样的构篇方法。

这样的情况在中国中小学生中较为普遍，写作文时事先没有通盘考虑，写一段想一段，写到哪儿算到哪儿，不尊重客观事物固有的逻辑，导致言之无序，思路缺乏条理性。由于详略处理不当，结构散乱对主题的表达，带来直接的影响：中心不突出。

结构无疑是文章的"骨骼"——失去了健壮坚实，功能齐全的骨骼，血肉无所依附，灵魂无所寄托，当今作文教学对结构的忽视所造成的学生成长缺失不可低估，造成这种现象的原因有很多：

第一，目前中小学生没有完善的作文教材，更谈不上教给他们如何谋篇布局的操作方法。

第二，老师在指导学生构篇时方法单一，学生作文一般呈现总分式：包括总—分、分—总、总—分—总三种形式，这是学校作文中最常见的结构方式。

像这样的作文构篇教学，无法达到中高考作文对文章做到"有创意"这一评价标准，80%的学生会因缺乏"有创意"的构篇丢到18～22分，如何创意？现有的作文教学体系采用的是一套理工科式的公式教学法，把文章按体裁分为记叙文、议论文、说明文等，并有了一套规定的格式，如学生写《苹果》，首先审题会审出"状物"这一体裁格式，接着按照这一格式套出苹果的来历、颜色、形状、味道、品质，整个写作过程就是一次数学的答题过程。从这个方面来讲，传统的构篇是导致千篇一律，千人一面的罪魁祸首。

为了引导学生突破传统构篇的束缚，我以学生的个性性格为主体，协助学生形成适合自己的构篇风格。我为幽默的孩子研发出了充满戏剧性的点面构篇，为不服输的孩子研发了情节跌宕的冲突构篇，为爱美的孩子研发了优美的散文构篇，为爱思考的孩子研发了充满哲理的明暗构篇。

3. 个性模块的训练

我们以"罗老师拍桌子"为例，你会用什么角度写？

大部分学生可能会写"我"是一名学生，站在第一人称的角度，写"我"观察罗老师拍桌子的动作、神态、肖像、外貌等。又站在第三人称的角度，以"我"是老师的角度，"我"上第一堂课，班上就闹哄哄的，你方唱罢我登场，跟人声鼎沸的菜市场似的，初为人师的年轻气盛，焰气喧腾的心高气傲，"严师出高徒，黄金棍下出好人"陈腐老旧而奉为圭臬的教学理念，统统逼迫温文尔雅的我，决定杀一儆百给学生一个下马威瞧瞧。

然而真的只有这两种角度吗？！倘若仅仅选取以上这两种角度，结果将不无悲剧地昭示，不管是竞赛作文还是考场作文，这样的作文终将无法超越80%的竞争对手！

绝少的学生会以"我"是手的视角作为切入口，站在"我是主角"的角度上，写我的主人是一位初出茅庐、初登讲台的老师，第一堂课学生不识时务，不留情面的闹腾与喧嚣，逼迫他不得不要求我拍桌子，可是桌子是我朝夕相处、摩挲与共、抚摸相依的好朋友，我不想拍它，我左右为难，摇摆不定……

或者，"我"还可以是桌子，曾经生活在郁郁葱葱的森林里，阳光那样和煦，雨露那样丰沛。可是有一天，"我"被利斧无情地砍倒，剥皮，锯断，切割，捶打，一顿惨无人道的"热情"蹂躏之后，我变成了一张规规矩矩、痴痴呆呆的桌子。从此，在这个散发着琅琅书声和充斥着惨白粉末灰尘的教室里，沉寂如屋角的一碗水，一待就是十多年，无法言语的惆怅，成捆的试卷一般，重重地压在头顶，动不动就被人拍打。这不，又有人抡起了拳头……

抑或，从"我是配角"的角度出发，"我"还可以是椅子。突然，"啪"的一声，就听见一个抡拳重锤的声音撕破天空，仿佛一把锋利的剑，穿透我的表皮，直刺"我"的心灵。"我"战战兢兢地旁观我的搭档桌子被老师欺负的过程，吓得魂飞魄散。

"我"也可以是教室，"我"看见老师一进教室，他的愤怒就莫名地扩散——仿佛整个喧闹的教室都在同他作对；接着下一秒，他的愤怒又迅速准确地聚焦——面前的这张桌子首当其冲，实在一无是处，令人气闷，它就是他一切不幸的根源，承受着他愤怒火山似的爆发。桌子忍辱负重，不言不语，抽泣噤声。此时，教室里死一般沉寂，仿佛被雷鸣闪电袭击过的天空和大地上……

  以上四种视角，分为主角和配角，属于作文的角度训练。为了让学生能凸显更多的创新，我们研发了四个课程内容：选材与创新、主题与意境、角度与创意、风格与人格。选材与创新，带领学生在选材的三大空间十九个维度游历，完成一次奇妙的思维之旅，收获的不仅是选材的硕果，更是成长的阳光；主题与意境，十大情理、八大境界、七类需求，让作文字里行间展现孩子的厚重；角度与创意，通过细化三种人称、五大角度，让学生的美文佳作驰骋在考场与作文竞赛的疆场；风格与人格，让孩子的文章因为风格而显得才华横溢。

  总而言之，通过文笔训练学生的文字典雅度，提升孩子的文化气质；通过构篇模块培养孩子的思维；通过个性模块培养孩子的创新度。最终的目的就是为了通过创作培养孩子的成就感。

演绎自己的个性

  表演是一种投入的生活。
  表演力是指用表情、肢体动作等方式演绎生活、历史、文化等方面的能力。
  人生就像是一场表演，如果你演得精彩，你将会博得掌声。课堂也像是一场表演，演绎着生活中的故事。
  罗老师是一个思考者，我的学生曾经这样评价我。
  那是周五早晨，天灰蒙蒙的，似乎蒙上了一层淡淡的忧伤。我提前二十分钟进了教室，班上并没有什么人，只来了两三个学生。我放下语文书，静静地走到窗前，看着外面迷蒙的世界，心里也充满了莫名的伤感。我似乎可以感觉到我的眼睛里有什么东西在滚动，却没有太大的动静，以至于并没有打扰我的思考。

"罗老师！"突如其来的叫声让我如梦初醒。我缓缓地转过身，原来是班上的"戏精"来了。"您真像一个思考者！"

我有些愕然，转念又反应过来。原来，我们在生活中总是会无意间演绎出不同的状态。而此刻，我是学生眼中的思考者形象。

对了！表演！为什么不让学生在课堂上表演呢？

后来的实践证明：表演确实是增加了学生的学习兴趣，也增强了学生对于生活的感悟能力。

而我也在学校组织了一个类似于课本剧的兴趣小组，并开展了一系列的表演活动。我欣喜地发现，以前两耳不闻窗外事的"低头学习一族"也参与到课本剧中来，负责课本剧的改编，文字内容时而俏皮活泼，时而深沉内敛，时而乡土气息浓厚。就连有些比较害羞、文静的学生也积极参加表演了，虽然可能是一个很普通的台词不多的角色，但是迈出这样的一小步已经是成长的一大步了。更别提班上的那些活跃分子了，他们通常都是担任主角的不二人选。这样的课本剧，极大地丰富了学生的校园生活，提高了学生语文学习的兴趣。

曹禺说，演课本剧，可以启发学生潜在的智力，使学生对听课、读书产生兴趣，从而引起学生想读其他的文学书籍。现在，越来越多的课本剧出现在校园，这样的一种方式不仅能巩固学生对课文的知识掌握，还能提升学生的阅读能力和兴趣。特别是对中、低年级来说，十分有效。课本剧呈现的效果如何，就要看学生的表演能力如何了。

那我们在训练学生的表演能力时，该怎么做呢？

我以课本剧为例，给大家分享一下我的方法：

1. 挑选合适的内容

课堂上让学生表演之前，老师要挑选适合学生的内容，比如低年级的学生适合生动有趣的童话故事，高年级的学生适合去表演具有社会时代感或者是有一定历史沉淀的角色，甚至是自己进行创编。不是所有的内容都是适合学生去表演的。比如，低年级的学生，老师可以请一个学生上台表演一朵绽放的花朵，当学生用胖乎乎的小手托着脸蛋微笑时，就好像一朵绽放的花朵一样。而高年级的学生呢？如果还让他们表演这样的内容，显然是不合适的，他们大多也是拒绝的。只有合适的表演内容，学生才能充分展现他们的表演能力。

2. 指导学生改编剧本

课本剧的改编要有丰富的想象和创造性，而担起这个重任的是学生。所以，我们老师要指导学生对课本故事进行再创造，鼓励学生大胆想象，将自己独特的阅读感受在剧本中呈现出来。

3. 有技巧地引导学生表演

对于学生来说，想要表演好是有一定的难度的，这就需要老师能够有技巧地对学生进行引导，比如从服装、道具、台词、动作、神情等方面进行引导，帮助学生通过表演更好地去理解课文的内涵。当然，表演并不是最终的目的，表演只是一个手段而已，是为了吸引学生对语文学习的兴趣，进而提升学生的语文素养。

可能有的老师会说，我们班上的学生都很害羞，不愿意表演，该怎么办呢？其实，我们只要先教会学生能在照相机前摆出一个动作就可以了，然后是两个动作，接着是三个动作，这样循序渐进地做，就可以了。毕竟每一个学生接触的东西是不一样的，所以总会有快慢之分，接受的内容也有浅深之别。当然，对于上台实在是困难的学生，我们可以选择别的展现机会，比如学生文笔不错，就可以担任改编剧本的角色。每个学生都是具有自己的个性色彩，自然在表演中担任的角色也是不一样的。

语文学习的好坏，虽然无法定量，但是总还是有一定的定性标准。我们按照中华民族的审美价值，结合听、读、研、思、说、写、演的七大能力，以国家课程标准为基础制订了阳光喔"生态语文发展计划"。

语文让成长更精彩

表1　生态语文学习规划一

级别	倾听力	阅读力	研学力	思维力
九级	探讨双方的创新区域，能对比找到双方的不同	能通过阅读比较，反思知识内容与观点	穿越世界历史的长廊——学习总结分享	能运用3个以上的哲学观点
八级	建立双方的关联区域，能联想自己找到认同的收获	能结合今天的社会，迁移运用阅读的知识	体验文学与艺术的美——学习直播分享	掌握3个以上中国文化观点
七级	概括讲话人的思想与情感，能概括要点	了解中国的六大文化，掌握"工"字理解法	追寻中国文化的足迹——学做一次导游	能从3个以上的方面比较
六级	梳理讲话人的思维，用思维导图记录对方表达内容	能对某个历史时段进行简练的概括归纳	体验中国历史的变迁——学习沟通调研	能从正反两方面展开对比
五级	参与互动体验，能每次积极举手参与互动	能结合背景读李白、杜甫、王维100首诗	体验科学的奥妙——学看旅游资料	在4类以上知识中发散
四级	积极的情感鼓励，在倾听中学会点头、复述、赞同	能批注阅读，发表感慨	体验大自然的美——学习选景拍照	在3类以上想象中发散
三级	端正倾听的态度，能一直微笑关注讲者	能快速阅读提取信息	体验团队合作——学选旅游伙伴	在3个以上生活中发散
二级	调整倾听的心态，能让自己安静下来	能跟随名家读经典	体验游乐园的快乐——学做旅游计划	达到3个以上逻辑思维点
一级	能从3个以上方面关注倾听的环境	能熟练吟唱"三百千"	玩出玩具的精彩——学选玩具	达到3个以上形象思维画面

表2　生态语文学习规划二

级别	口语表达力	写作力 文笔	写作力 构篇	写作力 材料	写作力 主题	表演力
九级	能抓住对方的漏洞展开辩论	语言有风格	妙角度奇构篇	政治家哲学家	借哲学观点思辨	秀作品——学做制片导演摄像剧务
八级	能按照会议内容串词主持	语言有文化感	文体构篇	中国文化名人	表达对中国文化的情感和观点	秀文化范儿——能表演经典话剧片段
七级	能运用七大语言智慧做即兴演讲	语言有意境感	按双线构篇（明暗）	历史/艺术/体育/战争	表达对艺术、战争的情感和观点	秀文化范儿——能表演3个以上民俗文化
六级	能通过批判思维表达自己的观点	语言有韵律感	按模块构篇（散文）	历史/文学/科学	表达对历史、文学和科学的认识	秀历史范儿——能演绎3个以上民族英雄
五级	能通过发散思维表达自己的观点	语言有节奏感	按冲突构篇（冲突）	社会/新闻/历史	表达对故乡及社会的感情和观点	秀未来——能表演未来的自己（职业）
四级	能通过逻辑思维表达自己的观点	语言生动	按总分关系（点面）	学校/社区/神话	表达对朋友的情感和观点	秀生活——能模仿阳光暖形象人物系列3个
三级	能通过故事画面表达自己的情感	描写具体	按事情发展顺序	选择家庭/学校/科幻	表达对亲人的情感和观点	秀生活——能模仿亲人3个以上的细节片段
二级	找到自己最舒服的语气与语调	语句完整	按照几个方面（段）	选择童话/家庭	表达自己对大自然的情感和观点	秀自己——能演自己3个生活片段
一级	能运用发音部位正确的发音	语句正确	按时间先后（句）	选择童话材料	能表达自己的情绪	秀自己——能摆出3个以上POSE

172

计划共分为九个等级，一、二、三级为初级，四、五、六级为中级，七、八、九为高级。一般来说拥有四、五、六级应付中高考没有问题，达到七、八、九级，孩子的生态语文就接近专业级别。

苏霍姆林斯基曾经说过：道德教育成功的"秘诀"在于，当一个人还在少年时代的时候，就应该在宏伟的社会生活背景上给他展示整个世界个人生活的前景。想要给孩子一种幸福的生活方式，就是要教会孩子认识周围世界的美，认识人性的美，从而让其自身拥有这些美的品质和精神。这是父母要做到的，也是我们老师要做到的。

给孩子一种幸福的生活方式，请从生态语文的七大能力开始抓起！

第六章 生态语文素养培养路径

第一节
沿着价值的方向寻找目标

——构建生态语文课堂评价标准

生态语文素养，需要依托生态语文课堂进行转播，那么什么样的课堂才能称其为生态语文课堂呢？我认为，凡事没有规矩不成方圆，真正的生态语文课堂，一定离不开"标准"二字。一个阶段以来，"有效"是一个高频词。一切课堂，目标直奔有效而去。为了这个目标，我们可以把教学环节设计得环环相扣，容不得半点浪费；我们的谈话主题，丝丝入扣，来不得半点跑题。曾经有这么一个传言，说是某校的校长听老师上课，凡是听到老师讲的是和高考无关的话题，即视为违规。是否属实，一笑了之。所谓的有效，在一些老师的眼里，已经异化为学生的考分，实属悲催。语文，是一切学科的基础，也是孕育学生生命成长特别有意义的课堂。语文课，应当把学生放入自己课堂的视野。那么，我们眼里的学生在哪里？什么样的课堂是生态的课堂？

顺着这个思路去寻找，我们不难发现，要追求生态语文课堂的评价标准，必然离不开生态语文的价值。全面实现"学科""生命""文化"三大价值，是我在前文已经反复强调过的，那么在课堂的构建与课程的结构上，我们就要做到其标准与价值相吻合。我认为，从三个方面出发，就能锁定生态语文课堂的评价标准。

"作业态度"与"效率"

首先说说什么是"作业态度"。不论在全球哪个国家、哪个机构，所教授的知识点都差不多，关键问题是孩子们是否能够主动地去运用知识点。"会"和"用"并不是同一个概念，是否掌握知识取决于孩子课堂学习的效率，而能否主动使用所学知识点，则取决于孩子学习的态度，多少孩子进入到了"学了不用"的境地，即使因为学习态度出了问题。所以，学习态度比学习效率更为重要。那么我们该如何测评学习效率呢？比方说，在"省略号"的用法这一知识点的教学中，关于省略号的四种用法，在哪里教都是一样的知识点，关键是我们在设置作业的时候，要看看孩子能在什么地方使用知识点，多少次使用知识点。在这里，我们可以设置"星级"，一星到五星，用以衡量孩子的作业中知识点的使用频次，更以此来考核一个语文老师的教学质量。当孩子的作业态度星级表现在三星级以下的时候，我们可以认为这就是出现了教学事故，此时就需要教师在教学过程中去关注孩子的作业态度问题。由此，就不难发现我们的语文老师需要更进一步地去关注孩子的作业态度，因为学习态度比学习方法更为重要。以作业态度为引导和评价标准的课堂教学，能让教师深刻地去关注到孩子学习过程中的点滴成长与需求，真正做到教学上的"有的放矢"。

那什么是"作业效率"呢？在孩子每次作业中，对知识点的正确使用，是对还是错，评价了一个孩子对知识点的掌握情况。这一点有别于"作业态度"，前者更关注的是对知识点的使用意愿与频次，而后者关注的是孩子是否能用对用准确知识点。关于"作业效率"这一点的评价，有点类似数学的计算题训练，是否掌握，是否能正确使用，都可以清晰地得到测评。阳光喔的课堂上，一般一节课一到两个知识点，针对这两个知识点的教学，我们都会展开相对应的测评。一个知识点，孩子会主动用几次，每一次的使用都是否正确，综合起来，就是对孩子作业进行的"态度与效率"的综合评价。

"态度与效率"的综合生态语文课堂评价标准，让我们真正地关注到了学生学业中的成长需要。在对任何知识的教学中，我们绝不应该只是关注教师是否能把孩子教会，而更多的是需要关注到孩子是否需要这样的知识，或者说如何让孩子感受到自己需要这样的知识，从根本上解决动机问题。有了这样评价体系，我们就能从根本上实现生态语文课堂的学科价值。唯有学科价值的充分体现，我们也才能反过来印证这样一套生态课程评价体系的科学性和完整性。

"生命发展"与"学习规划"

在前一节我们说到了孩子学习中的"学习动机"这一问题，而事实上，这一问题直接关系到孩子整个学习中非常重要的一个板块——生命发展。任何学习的最终目的，都离不开成长与发展。但这个问题该如何落地？或许，生态语文课堂的探索与建设可以给我们带来些许思路。阳光喔会在课堂上设置一个岗位，叫作"导师"岗位，导师会充分关注到孩子课堂学习中的一些非智力因素。例如，我们前面说到的学习动机，这个就是导师需要去充分关注的孩子非智力因素，也是生命发展的重要成长点。这个孩子来阳光喔上课，是因为喜欢喔币，喜欢这个老师的课堂氛围，还是发自内心地喜欢写作？这个就叫作学习动机。而在不同的学习动机的驱使下，孩子的学习效率与最终的发展可达值都是不一样的，因此导师应该充分关注孩子的学习动机。而除了学习动机之外，还有包括"学习习惯""学习品质""学习态度"等这些非智力因素。我们把这四个非智力因素整合起来，就是导师所需要关注的生命发展的第一板块。

而关注生命发展的第二个板块，即是五大核心素养。这五点我在前面的板块也提到过，分别是渊博感、厚重感、文化感、聪明感、幸福感。从这五点出发，我们的导师需要充分的去关注到孩子"五感"的成长，通过测评去了解孩子在哪一块的素养发展上还存在问题，再结合现状去做出教学的调整与成长的关注。最后是第三板块，即孩子的七大写作能力，分别为听、读、游、思、说、写、演。例如说"写"的能力，我们要从他的书写习惯、速度、内容等多方面来考核是否达标，从而建立关于"写"这一样能力的测评值与测评报告。再比如说"思"，孩子具有几个逻辑思维点，几个形象思维点，如何测评以及如何建立测评标准，这都是必不可少的第三板块内容。

当导师在对三个板块进行的充分的关注与测评以后，会基于学生的真实"生命发展"现状来给出一个相应的成长报告。这份报告能全面的反映孩子在学习上的各种真实情况，包括了"四大非智力因素""五大素养""七大能力"。而接下来导师则需要根据这份报告，来为学生规划未来的学习安排与计划，依据报告来进行查漏补缺。可以说，有详细的测评报告作为依据，导师就能做到比孩子自己更加了解他的学习情况，有的放矢地去安排未来的学习计划，能让孩子的生命成长迈入一个更高的台阶。

在阳光喔多年的生态语文课堂教学探索中，我们发现孩子的学习最终是否能够达成我们期待的目标，并不仅依赖于教师的教学能力与知识点的更新迭代。而真正的决定性因素却是对孩子生命发展与成长的关注。唯有透过表象看到真相，我们的教学才能有实际意义。而依据真实数据为孩子制订的学习规划，才能真正给孩子带来成就的阶梯，让课堂教学有据可循，有法可依。也正是在这样对孩子生命发展与学习规划的关注之上，我们实现了生态语文课堂中的"生命"价值，也为生态语文课堂的评价标准提供了依据。

"角色安排"与"表演展示"

生态语文课堂评价标准的第三个部分是文化，而文化这一话题，往往会给人一种很虚无的感觉，想要将其落地，就需要将文化具象化。阳光喔生态语文课堂已经在这一方面有了十几年的探索经验。比方说中国民族文化中的担当精神、合作精神、勤劳精神等，但这些文化和精神如何对学生进行传承呢？我们的设计是让学生通过角色安排与表演展示让学生进入到情境进行体验。例如，我们今天要讲"从前有座山"这节课，教师会先让学生们来设计人物——老和尚与小和尚。首先这个小和尚为什么要听故事呢？孩子们可以有各种各样不同的设计，例如，小和尚有一天看到一个妈妈正在给自己的孩子讲故事，而小和尚被眼前温情的一幕所打动，所以也想让师父给自己讲故事。在这样的人物设计背后，其实是孩子对人物的一种深入解读，为后面的教学打下铺垫。而等小和尚开始找老和尚要听故事的时候，这个"要"字就大有文章可做了。往往在这个时候，教师会安排15到20分钟的"表演展示"时间，让孩子来分别饰演"老和尚"与"小和尚"的角色。

在表演过程中，"小和尚"不断地找"老和尚"要听故事，可老和尚就是不讲，于是小和尚就不断地去想出N多的方法来找老和尚"要"故事听。最后小和尚就成为了一个文化精神的践行者，在这个过程中，他学会了坚持，学会了执着，用真实的表演去体会到了什么是民族文化中的精神与品质。然而这些精神是如何传承的呢？就是通过学生每一讲的表演，再加上声光电、背景、道具的烘托，让他们哭啊，笑啊，在过程的体验中了解到，人一辈子在追求目标的过程当中，哪怕目标没有实现，但那份坚持与执着比目标更为难能可贵。

那么既然有了这样的课堂设计与核心价值，我们就能依据此来设定教师课堂文化传承这一项的考核标准与指标。教师在课堂教学中是否设计了"角色安排"让孩子深入的感受角色的生命力。而在角色设计后,又是如何安排孩子进行"表演展示"的,是否让孩子再表演展示过程中,去感悟了某种文化精神,并在设计与践行的时候去充分地展示学习的感悟与成果。如此,抽象的概念就变成了具体的目标,虚无的感觉就成了评价的标准与内容。

　　如果没有价值,就没有为之奋斗努力的目标,没有目标就没有准确的方向。阳光喔的生态语文课堂评价标准,源自于生态语文的三大价值。而正是这三大价值,成为了阳光喔生态语文课堂的启明星,指引了课堂评价的标准与方向。唯有充分体现了"学科""生命""成长"三大价值的课堂,才是可持续发展的课堂,才是富有长远利益的课堂。近30年的研究告诉我,单纯性的知识教学早已过时,让学生从"会"到"用",从"被动"到"喜欢",从"了解"到"感悟",需要变革的绝不仅是教师的修炼与课堂的设计,更应该改变的是我们对课堂标准的认知,更是对课堂价值的挖掘与思考。唯有弄清楚了什么是根源上的需求,什么是左右孩子未来成长的因素,只有这样的思考才有意义,这样的课堂变革才能走在时代的最前列。

第二节
综合素养提升的必由之路

——建设生态语文必修课程

必修课程——生态语文综合素养提升的必由之路

《阳光喔生态语文必修课程》，是由教育部"十二五"课题"通过作文教学开展创新人才早期培养的理论与实践研究"课题组，携手教育部西南基础教育研究中心、西南大学语文教育研究所，凝聚国内语文界知名的专家学者、教授和经验丰富的特级教师、优秀教师近100人，适应民办机构和公办学校教育需要，面向广大中小学生，联合编写而成。

"阳光喔生态语文必修课程"，适应高考改革需要，遵照国家《义务教育语文课程标准》和《阳光喔生态语文必修课程标准》，借鉴美国语用教学和国际支架教学方法，延续阳光喔30年的快乐课堂特色，集趣味性、科学性、语用性于一体，是一套创新型、素养型、测评型的中小学语文课程，堪称中国中小学语文课程研发的一块里程碑，是学生生态语文综合素养提升的必由之路。

生态语文必修课程教材亮点纷呈

阳光喔生态语文教材广泛采纳语文界最新研究成果，严格遵循语文教育规律，适应儿童心理特点，坚持"趣味至上、知能递升、素养提升"目标导向，吸纳国内外语文教材编写经验，包括民国时期著名的语文教育家叶圣陶的《文心》，英国活动式教材《荒岛生存》单元，以及阳光喔前两代教材优点，采用阳光喔卡通人物故事为原型，针对民办教育和学生课外提升语文水平而精心编写的。

本教材属于"素养型语文故事教材"，是适合当今中小学生趣味和知识结构的语文故事书。它将创造性地以故事为载体，以语文知识为骨架，以"作文能力"为重心（融合听、读、研、思、说、写、演等多项能力）的教材，是一套真正"少儿本位"的具有趣味性、科学性、语用性、基础性、测评性功能于一体的创新型、多功能、素养型语文教材。

本套教材，适应1～8年级的学生。本教材的内容不仅与现行部编教材相衔接，更重要的是要高于它，优于它，比部编教材更有趣，更有序，更有法，更有效。为中小学生创造一个趣味盎然、丰富多彩的语文生活世界是阳光喔生态语文教材的核心目标。

本教材不是要替代现有教材，而是现行语文课程的有效拓展、延伸、提高。我们的工作目标是：让无趣味的语文趣味化，让无体系的语文体系化，让玄妙的语文具体化，让盲目低效的语文科学化，让大锅饭的语文个性化，从而关注到每一个具体孩子的特长发展与全面成长。

下面以《阳光喔生态语文必修课程·二年级上册》为例，说明本课程的教材的体例。

一、分册教材体例
生态语文二年级上册
【教材书名】
生态语文二年级上册——文思大风车

【学期目录】

第一单元 神奇火车杂货店

第二单元 水漫校园奇遇记

第三单元 卖火柴的小女孩

第四单元 糖果城堡历险记

【故事导语】

一辆载满各种奇珍异宝的小火车，驶入阳光喔森林学校。可是，一场大雨突然淹没了一切，水下的校园可真有趣。穿越进入童话故事，误闯神秘的糖果城堡，一场又一场的奇遇就发生在我们的阳光喔学校，让我们一起开始这段奇妙的旅程吧！

【素养目标】

1. 安心听别人说话，听懂内容，说出要点，能够自信大方地与人交流，学会一点肢体表演。（听、演）

2. 正确、流利、有节奏地诵读《三字经》《百家姓》《千字文》《中华字经》等，积累生字和中华文化常识，热爱中华文化。（阅读、识字）

3. 结合绘本、童话故事及多样化文本材料阅读，学习运用并列、承接、递进、总分等四种句群展开文章，尝试写点儿童诗。（写）

4. 初步学习逻辑思维，尝试对一个事物，进行3个以上角度的观察/想象，从"形状、颜色、触觉"等3个以上的不同的方面，进行有物有序的说话、写话，思维活跃，有个性特点。（思维、说、写）

5. 有求知欲，学会利用互联网搜集信息、协助学习。

6. 能管理自己情绪，健康成长，对艺术感兴趣。

二、分册教材单元体例

二年级上册 第一单元 神奇火车杂货店

【故事导语】

神奇的小火车走遍世界的每一个角落，搜罗各种神奇的小玩意儿，售卖给世界各地的人们。今天，神奇火车杂货店来到阳光喔森林学校，小伙伴们会寻觅到什么有趣的小玩意儿呢？

【出场人物】

优优兔、熊小帅、猫大头、鹿小美

【单元目标】

1. 学习"多么……多么……多么……多么……"的并列句群

2. 学习"那么……那么……那么……那么……"的并列句群

3. 学习"有的……有的……有的……有的……"的并列句群

4. 学习"有时……有时……有时……有时……"的并列句群

【单元目录】

1. 奇妙沙发花儿开

2. 白云小狗飞上天

3. 神奇积木大变身

4. 奇幻绘本任你行

5. 谁是孵蛋小能手

【故事正文】

（略）

【想一想，做一做】

1. 在一段话或一篇文章中，总要用到很多句子，这些句子之间是有联系的一个整体。就像一棵树，如果说中心是树干，那么每一段话、每一句话就像它的树枝和树枝上的片片树叶。想一想，故事中红嘴黑天鹅是从哪几方面介绍花儿沙发的特点的？而花儿沙发的每一个特点又分别用了那几句话说的?

2. 为了具体形象地说明一个事物，例如在赞美这个事物时，我们可以用"……多么……像……"这个句式，请你尝试用它造个句子。

3. 运用在本文学到的方法，请你尝试着描述一个事物、一个人、一个意思。记住要包括三个要点噢！每个要点要包括三个以上的不同方面。

生态语文必修课程的课程资源丰富优质

一、本课程属于四大类课程中的必修课程

阳光喔"13579生态语文系统"最后凝结为四大类课程：体验课程、必修课程、专业课程和精品课程。

体验课程：为有意了解阳光喔生态语文课程精华的学生设置的体验课程。

必修课程：按照年级设置的适合大多数学生提升综合素养的课程。

专项课程：为各类学生设置的提升听、读、研、思、说、写、演能力的专业素养的课程。

精英课程：为学习语文有天分的学生设计的开发天赋潜能的课程。

本课程属于生态语文课程体系中的必修课程，除了具备语文素养的奠基功能之外，主要行使语文素养水平的发现测评功能。在宏观上，本课程可以发现与评估您的孩子人生是否精彩，发现与评估您的孩子是否掌握语文工具，是否具备语文竞争能力，是否享受语文学习带来的幸福。而在微观上，本课程还可以发现与评估您的孩子上述五大语文素养的水平值，发现与评估您的孩子上述七大语文能力的水平值。

在发现您孩子的天分和不足之后，您孩子的语文学习个性化方案就诞生了。据此方案，我们将规划您孩子的专业学习与潜能开发方案，从32门专业课程和12门精品课程中，我们将为您的孩子选择最需要的学习课程，切实为您孩子精彩的人生打下坚实的语文与人文的底子。

二、课程资源包

1.学生资源包

①教材：用文化故事承载2～3个知识点。

②学案：引导孩子自学的学法指导。

③作业锦囊：创建知识点运用的空间。

④星等评价表：建立态度与效率评价标准。

⑤学生作品册：每个学生学习成果的汇集与展示。

⑥班级作品册：班级学生学习成果的汇集与展示。

2. 教师资源包

①简案：每讲告知家长教学的内容。

②知识点课件：准确呈现每个知识点。

③教学 PPT：呈现教学全部环节与内容。

④说课 PPT 与视频：概括每节课的逻辑目标。

⑤演课 PPT 与视频：示范知识点教学的过程。

⑥课程展示包：最后一讲完美呈现成果。

三、其他课程资源

1. 文化表演资源包：

①教材情景剧：每一讲教材故事的情景剧剧本。

②知识点课件：信息化技术演绎每一个知识点。

③每节课展示道具包（每班 1 套 4 组）：根据作业设计的表演道具包。

2. 大数据资源：

①知识点分解与目标数据表：分解每一个知识点，统计知识点大数据。

②生态语文能力数据表：必修课程七大能力数据统计表。

以"立德树人"为宗旨，提升学生的综合语文素养

"立德树人"是新时代教育目标的总纲。在当今这个信息化、全球化以及追求全面而有质量的现代化的时代，语文素养教育无疑正面临前所未有的挑战。语文作为一个核心学科，其教育目标要服务于我国"立德树人"的教育总目标。为此，我们必须从语文教育的本质特征出发，发挥语文教育的独特优势，对现有课程、教材、教学进行全

面革新和重构，创造一种崭新、高效、可落实的语文教育目标。为此，我们提出并构建了"13579"阳光喔生态语文课程体系。（如图1）

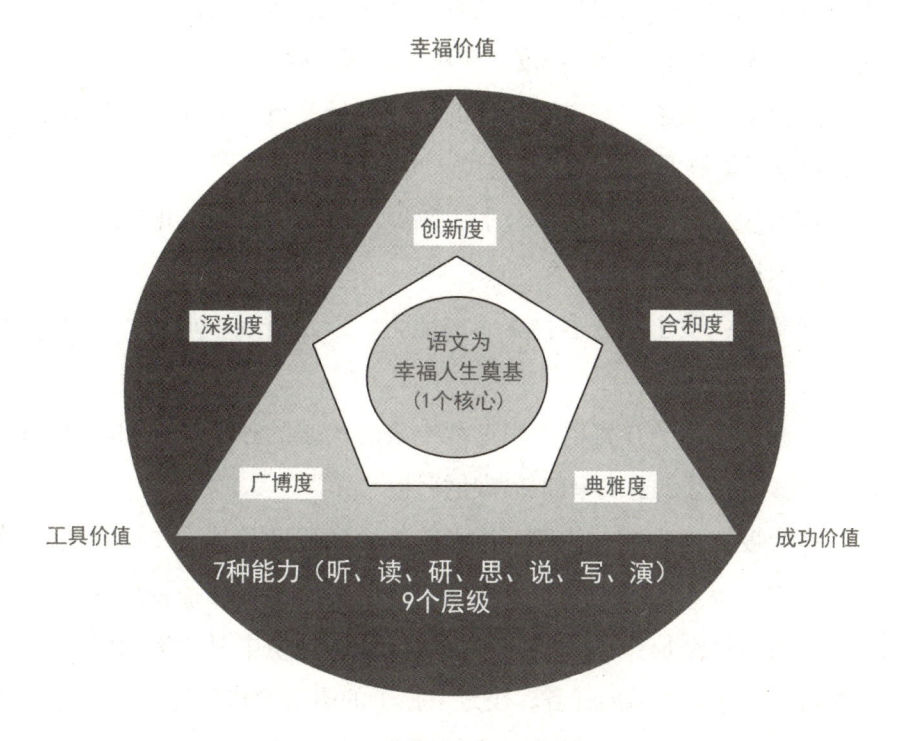

图 1 阳光喔"13579"课程原理图

"1"指一个核心目标，即：语文教育要以语用能力为切入点，实现"立德树人"目标，让学生的成长更精彩。良好的语文素养，不仅是语言知识、语文技能，而是言语能力和语用能力。语文将会为学生的幸福人生奠定坚实基础。让语文为学生成长铺路，让文化为学生生命铸魂，是阳光喔教育的根本宗旨。

"3"指生态语文教育有三种价值。一是"工具价值"：让孩子们掌握语文这个交际工具、思想工具、生活工具；二"成功价值"：语文会直接提升孩子们的知识、思维、文化、境界、人格，直接提高孩子在考试、就业及未来职业中的核心竞争力；三是"幸福价值"：孩子通过语文学习，可全面提升文化素养，养成一种优雅的生活方式，让自己的生命更精彩。

语文核心素养包括"语言建构与运用""思维发展与提升""审美鉴赏与创造""文化传承与理解"等4个方面。我们进一步将其细化调整为5个维度，即广博度、典雅度、深刻度、创新度、和合度。

广博度：孩子大脑中所储存的信息容量及组织方式，以及基于真实情境任务能够激活的相关信息的丰厚程度。

典雅度：孩子在不同场合下，所展示出来的语言文化应用的得体程度、优雅程度、文明程度。

深刻度：孩子把握事物本质的能力，以及质疑、审问、慎思、明辨的能力。

创新度：孩子在言语应用过程中表现出来的独特个性和风格，以及他们言语智慧创造成果的新颖独特性。

和合度：指一个人各种言语素养的协调程度及其语文素养适应环境的能力。孩子读写听说是否全面发展，情感和理性是否均衡发展？孩子是否能够适应生活，在各种真实复杂的情境中灵活运用语言，完成学习、工作、生活的任务，决定了孩子的语言的和合度。

"7"指阳光喔着力培育的七种语文能力，即听、读、研、思、说、写、演。这七类语文能力，第一会听，第二会读，第三会研学，这三种能力决定了孩子语文学习的吸收系统；第四会思，思维决定了孩子语文学习的信息处理系统；第五会说，第六会写，第七会演，这三种能力决定了孩子语文学习的表达系统。

"9"指我们将每种语文能力，从科学评价的角度，分解成循环递升而便于操作的九个层级的评价标准。

当然，最后还有一个圆圈，就是整个生活世界，同时也是语文课程的完整生态圈。学生要从在生活世界和生态圈中学语文、用语文，从生活的各个领域和各种途径获取各种语文学习资源，最后学生也必将走入这个生活世界，创造更幸福壮丽的人生。

《生态语文学习数据记录表》——语文素养测评的利器

测评反馈是课程实施重要的环节之一。本课程研发了多种测评工具，保证了测评的客观性和科学性。例如《生态语文学习数据记录表》就是其一。《生态语文学习数据记录表》，表中有代表每一讲作业态度的星级选择，比如：本次作文我能挑战600字，本次作文我能挑战800字，等等。从孩子的每一次选择中，我们都能看出他的作业态度，一期学完，孩子学习态度的成长曲线就会清晰呈现出来。《生态语文学习数据记录表》，还有每一讲作业知识能力运用的评定，表上有孩子的进步项，如：语言格式、标点符号运用、动作描写……知识点运用了多少，进步多少，有A、B、C、D四等，从教师的评判中，我们就会形成孩子学习成绩的成长曲线。除此之外，《生态语文学习数据记录表》还对每一个学生的语文关键能力进行记录，语文关键能力涉及七个方面：听、读、研、思、说、写、演。关键能力每个学期进行一次系统的测评与记录，测评结果形成学习大数据，这些大数据科学地、客观地、贴心地记录了孩子的成长轨迹。

阳光喔必修课程在测评方面主要发挥两个主要作用：一个是测评和发现学生的特长和不足，针对每个学生，形成个性化学习方案，因材施教。这是体制内课程很难照顾到的。二是发挥学校内外教育有效衔接的桥梁课程的作用。通过科学化、人性化、高效化的测评，促进学生测评自己的特长和不足，促进学生向更好、更高、更优秀的层面发展，这是我们不变的追求和目标。

总之，本课程在课程理念、教学理论、内容框架、教学模式、学习方式和评价方式上，较之以往语文课程研发思路，有很大创新，较之以往的语文素养的提升，有更多的创举，彰显了我们的独具特色的语文教育理想。

第三节
语文能力决定一个人的未来
——完善生态语文专项课程

❧ 生态语文专项课程解决问题

根据生态语文理论，语文学习由吸收系统、处理系统及呈现系统组成，包括听、读、研、思、说、写、演等七种关键能力。这七种能力的训练是提升生态语文素养的途径和抓手，而这七大能力的提升恰恰是生态语文专项课程重点训练目标。

1. 倾听力

倾听力是生态语文吸收系统的重要通道之一，是指听者将通过声音形式传达的信息在脑中转换成意义的能力，围绕不同年龄的学生听什么、怎样听，其构成要素包括倾听习惯、倾听内容、倾听方式、倾听时长等。会概括式倾听就是雷军式人才，学会做减法；会关联式倾听就是马云式的人才，学会做整合；会创新式的倾听就是乔布斯式人才，学会做改变。

2. 阅读力

阅读力是学习能力的核心，是指通过文字、图像、视频等形式传达的信息在脑中转换成意义的能力，围绕不同年龄的学生读什么、怎样读，其构成要素包括阅读习惯、阅读技巧、阅读积累、阅读表达、阅读鉴赏以及阅读提分（归纳、概括、分析、理解）等内容。

3. 研学力

研学是学生从自然科学、社会和生活实践中选择和确定主题，在动手做、做中学的过程中，主动获取知识、应用知识、解决问题的集体学习活动。研学力是学生在研学过程形成研究性、探究式获取信息的能力。围绕不同年龄的学生研什么、怎样研，其构成要素包括角色体验、职业体验、主题体验、社会调查等内容。

4. 思维力

思维力是生态语文系统的"中枢神经"，肩负着"加工"处理信息的责任。依据儿童心理发展规律，围绕不同年龄的学生思什么、怎样思，义务教育阶段学生应逐步培养其逻辑思维、形象思维、发散思维、批判性思维、哲理思维等能力。这几项思维能力分别对应学生逻辑感、画面感、选材的创新性、思辨能力以及深刻度和厚重感。

5. 口语力

口语力是指口头语言来表达自己的思想、情感，以达到与人交流的目的的一种能力。口头语言比书面语言起着更直接的、更广泛的交际作用。围绕不同年龄的学生说什么、怎样说，其构成要素包括音量、发音、语速、生活口语、即兴演讲等内容，口语力体现一个人的人文素养、文化底蕴以及表达能力等。

6. 写作力

写作力是指用书面语言呈现自己的观察、感受或想象的能力，它比口语力要求更严谨，也同样能助力人生到新的高度和境界，如美食家与吃货的区别也就在于美食家能够将美食转化成文字。围绕不同年龄的学生写什么、怎样写，其构成要素包括文笔、构篇、选材、主题与立意等内容，分别对应学生的文化气质、创新能力、思维特质、思想境界等。

7. 表演力

表演力是指用表情、肢体动作等方式演绎生活、历史、文化等方面的能力。围绕不同年龄的学生演什么、怎样演，其构成要素包括对生活的感悟、对生活中细节的捕捉能力；对社会角色感的认知、对历史的鉴赏、对文化的传承、对作品的创作能力等内容。

语文的学习伴随着人的一生，七大能力的培养遵循着人的成长规律，而这种规律又是不可逆的，语文的学习可以说是通向幸福的单程列车，违背规律的学习或者忽视规律的学习都达不到提升语文素养的目标。生态语文专项课程根据孩子不同时期的成长规律，系统专项解决语文能力问题。

我在全国各大城市讲了几百场报告会，每场报告会现场，我都会发现有这样一些人，无论我讲的是关于语文教育话题，还是和他们密切相关的话题，他们始终面无表情、毫无任何参与；也有一些人，或身体后倾，或双手抱着肩表现出拒绝的姿态，极少有随笔记录的听众。作为老师，经常在课堂上看到这样的现象：发言的学生讲得津津有味，别的学生或东张西望，或挤眉弄眼，或旁若无人地干着自己的事；站起来的学生发言还没有结束，旁边的学生却高高地举起了手，大声嚷道："老师，我来，我来……"这些就是倾听能力的体现。听着本身并非有意不认真，而是在他们本应该训练倾听力的时候，忽视了能力的培养。听什么内容取决于文化传承，而如何听便取决于教育教学问题，中国的孩子乃至承认，都忽视了倾听力的教育。

再来谈一谈阅读，当今社会，阅读成为一种盲从，到底读什么书才合适？在 18 岁以前，我觉得有基本阅读规划。每一个成功的人，一定有一套阅读的书目，但是，你把所有成功人阅读的书架归纳起来，和教育结合起来是符合成长规律的。在 7 岁以前的孩子，他大脑中的世界是一种虚拟和梦幻的世界。每一个孩子个体不一样，一般来说越晚走出梦幻世界的人，幸福指数越高。我一直到 11 岁，都觉得白雪公主是真的。到 12 岁的时候，白雪公主死了，我就成长了。最后对比，我发现，自己没有比身边的同学成功，但却比他们幸福。

国际上的做法是怎样呢？国际通用做法是对于这种混沌状态，不加干预，就跟学生玩沙一样的，这个时期属于动物的本能状态。五岁、六岁、七岁孩子读什么绘本，读什么东西的时候，不做太多干预。因为这个时候孩子的世界，就是原生态的世界。七岁以前，阅读的内容一般是以绘本的形式，内容包括童话、神话、梦幻、科幻都可以。当今社会望子成龙的家长不占少数，在孩子很小的时候，就开始鼓励孩子阅读名著，往往扼杀了孩子们的阅读兴趣。

总体来说，七大语文学习能力 K12 学段学习，符合如下规律：

表 1 K12 学段学习规律

能力	小学低段	小学中段	小学高段	中学段
倾听力	方式/时长/习惯	信息提取	无兴趣倾听	——
阅读力	绘本	桥梁（过渡）书籍	寓言/成语故事	文学/历史/哲学
研学力	动手	计划能力	团队组织协调	专题调查
思维力	形象/逻辑	发散性	批判性	中国哲学/西方哲学
口语力	说完整	说话得体/3分演讲	8和15分钟演讲	辩论
写作力	书写规范/速度	文笔/构篇	选材/立意	应用
表演力	动物模仿	身边人物模仿	角色模仿	角色创新

掌握了语文学习的规律之后，语文的能力又会有什么样的体现呢？生态语文建立了七大能力九级评价标准，一般来说，一至三级为初级水平，四至六级为终极水平，七至九级为高级水平。

能力的提升并非和年龄相关，就像我刚刚举的听讲座的例子，很多成人的倾听力往往还达到初级水平。语文能力的提升需要系统的学习，我从事教育30年的时间里，200多个孩子参与到阳光喔的课程学习，刚开始写作有困难的孩子，经过一段时间的学习，都能有思路和方法。

其实并非语文难学、难教，而是我们没有找到更好的教学方法。世界上没有教不会的孩子，只有教不好的老师。因此，在这30年实践中，为了让阳光的学员们体验更先进的教学，我亲自带队，不断优化完善阳光喔经典课程，研发出了一套专业提升语文素养的专项课程，课程曾获2012年民办培训行业协会金奖，目前已申报全国教育科学"十三五"课题。生态语文专线课程围绕学生成长规律，逐级、有针对性地提升孩子的七大语文学习能力，达到九级评价标准中对应的级别。

下面我们结合国际人才素养模型，对比来看阳光喔的学习模型，感受生态语文专项课程的特点。

图2 世界经合组织（OECD）"全球素养"示意图

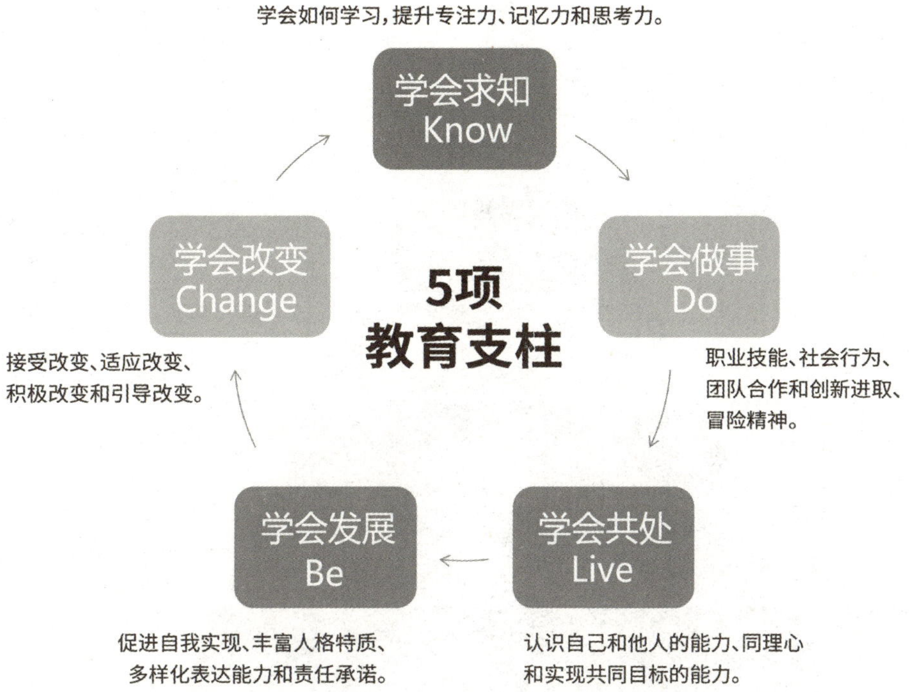

学会如何学习，提升专注力、记忆力和思考力。

学会求知 Know

学会做事 Do
职业技能、社会行为、团队合作和创新进取、冒险精神。

学会改变 Change
接受改变、适应改变、积极改变和引导改变。

5项教育支柱

学会发展 Be
促进自我实现、丰富人格特质、多样化表达能力和责任承诺。

学会共处 Live
认识自己和他人的能力、同理心和实现共同目标的能力。

图3 联合国教科文组织"5项教育支柱"示意图

24 小时的平均保持率

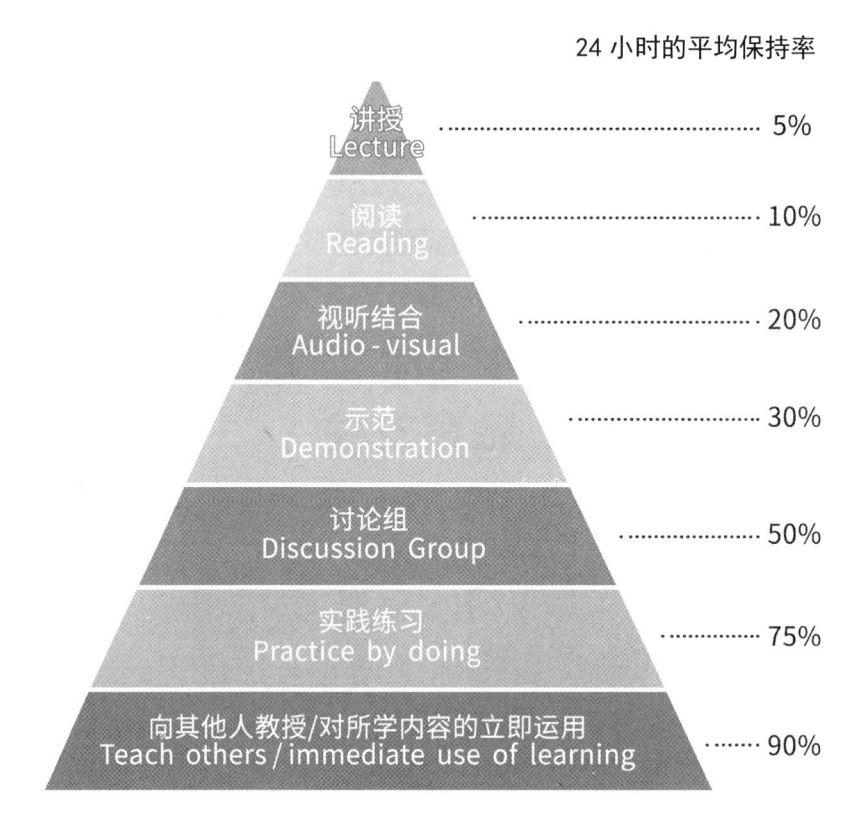

层级	保持率
讲授 Lecture	5%
阅读 Reading	10%
视听结合 Audio-visual	20%
示范 Demonstration	30%
讨论组 Discussion Group	50%
实践练习 Practice by doing	75%
向其他人教授/对所学内容的立即运用 Teach others/immediate use of learning	90%

图 4 美国缅因州贝瑟尔国家培训实验室"学习金字塔"示意图

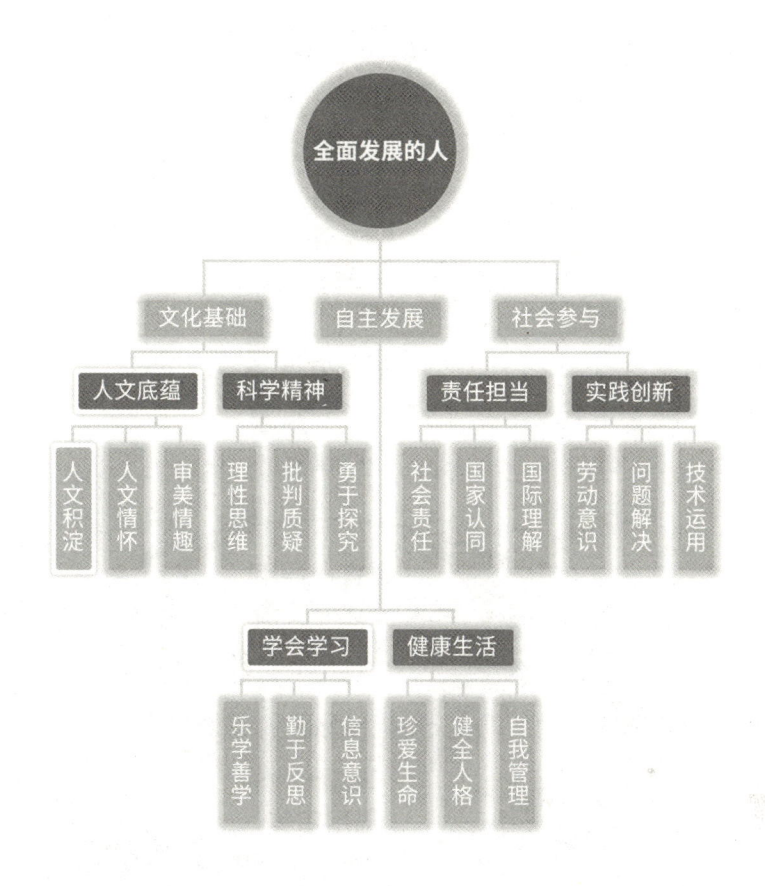

图 5 教育部《中国学生发展核心素养》示意图

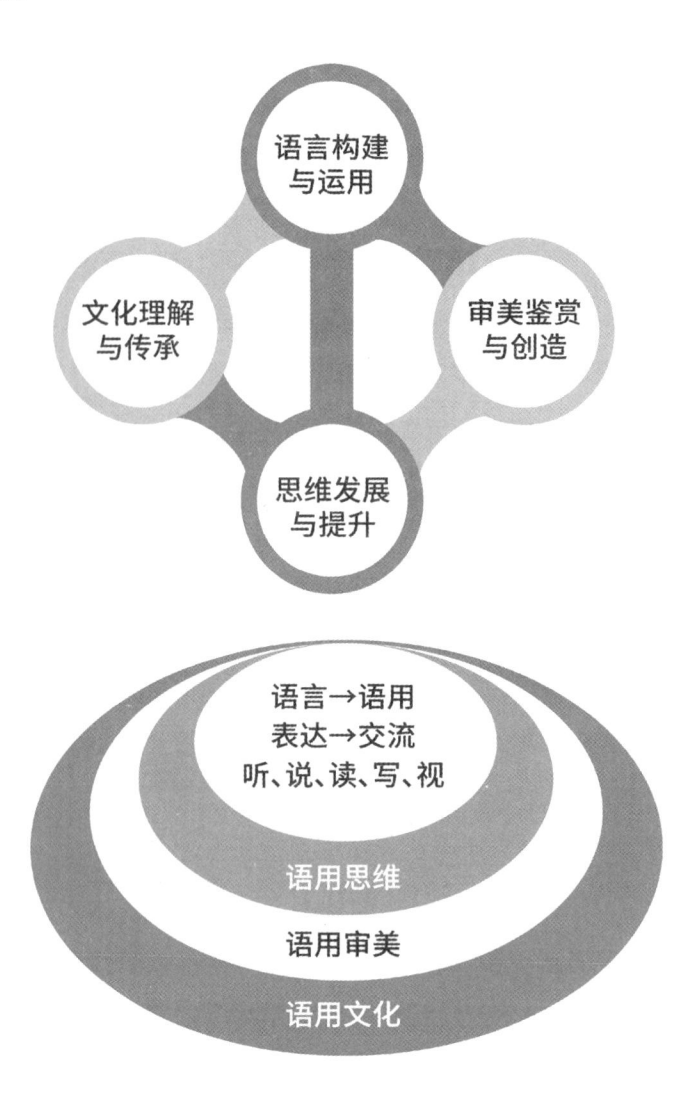

图 6 教育部"语文核心素养结构与构成"示意图

图 7 阳光喔教育"生态语文学习构建模型"示意图

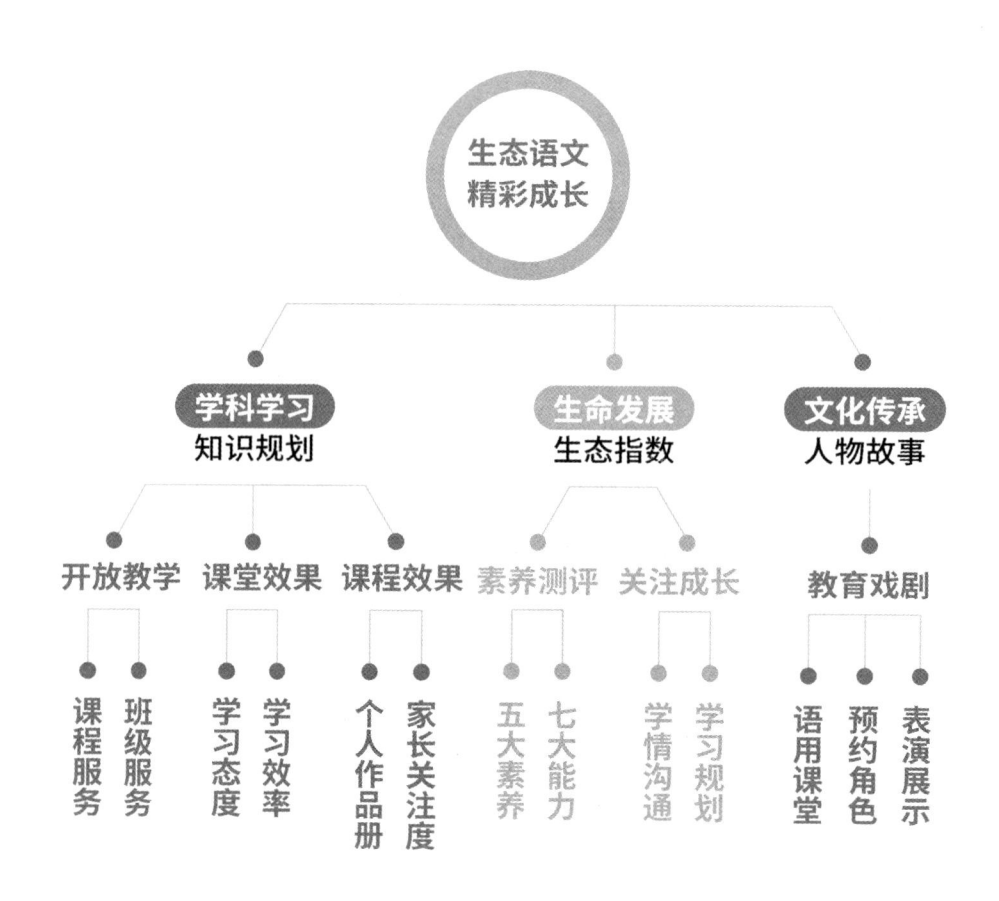

图8 阳光喔教育"生态语文学习价值模型"示意图

2017年12月12日，经合组织（OECD）教育与技能司（Directorateof Education and Skills）和哈佛大学教育研究生院（Harvard Graduate School of Education）零点项目（Project Zero）共同主持了《PISA 全球素养框架》（*PISAGlobal Competence Framework*）的发布会议。同时，该框架所包含内容也是PISA2018测试的基础。全球素养是指青少年能够分析当地、全球和跨文化的问题，理解和欣赏他人的观点和世界观，与不同文化背景的人进行开放、得体和有效的互动，以及为集体福祉和可持续发展采取行动的能力。其中包含知识、技能、态度、价值观四个维度。

生态语文专项课程遵循着学科学习价值、生命发展价值、文化传承价值，解决知识和技能问题，记录学生学习态度和学习效率轨迹，提升学生的思维、文化、人格、境界，通过教育情景剧表演传承中国文化。

生态语文专项课程侧重点在于语文能力的培养，通过情景演绎教学，集趣味、科学、语用为一体，充分调动学生的探索欲，使其真正掌握某项能力并且学以致用。课程系列如下：包含32门课程、384次课、768个小时，每门课程包含10节教学课、1节提升课、1节展示课。

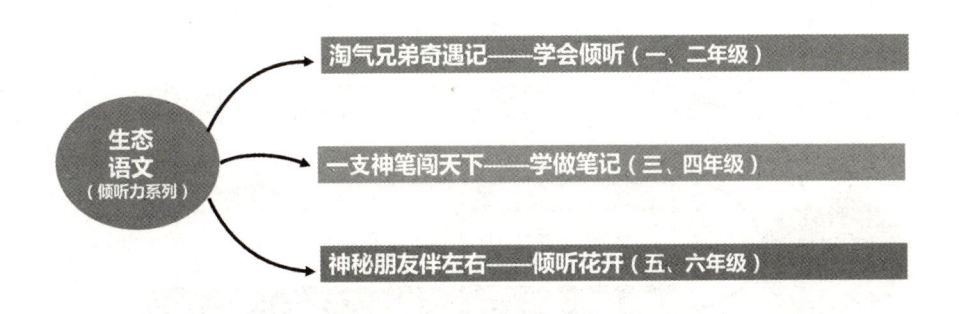

图9 生态语文倾听力系列

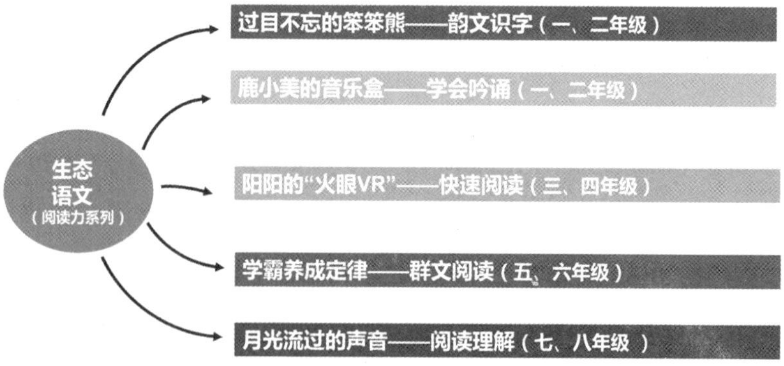

```
生态              过目不忘的笨笨熊——韵文识字（一、二年级）
语文
（阅读力系列）     鹿小美的音乐盒——学会吟诵（一、二年级）

                  阳阳的"火眼VR"——快速阅读（三、四年级）

                  学霸养成定律——群文阅读（五、六年级）

                  月光流过的声音——阅读理解（七、八年级）
```

图 10 生态语文阅读力系列

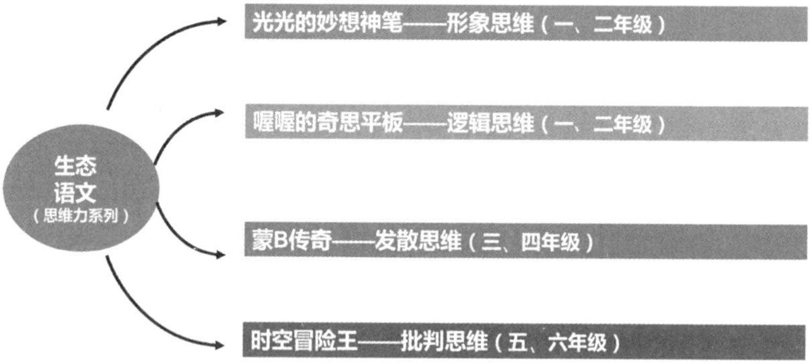

```
生态              光光的妙想神笔——形象思维（一、二年级）
语文
（思维力系列）     喔喔的奇思平板——逻辑思维（一、二年级）

                  蒙B传奇——发散思维（三、四年级）

                  时空冒险王——批判思维（五、六年级）
```

图 11 生态语文思维力系列

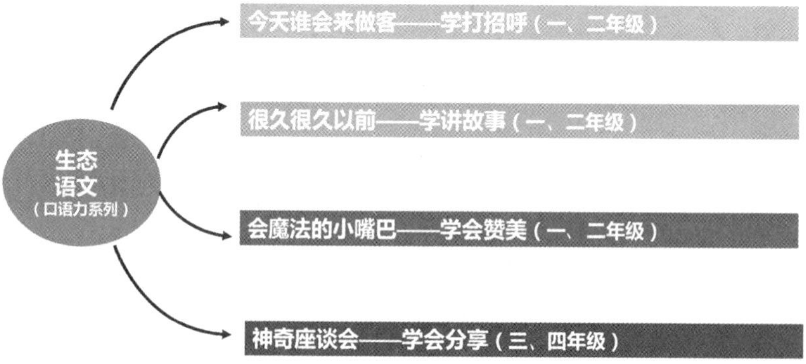

```
生态              今天谁会来做客——学打招呼（一、二年级）
语文
（口语力系列）     很久很久以前——学讲故事（一、二年级）

                  会魔法的小嘴巴——学会赞美（一、二年级）

                  神奇座谈会——学会分享（三、四年级）
```

图 12 生态语文口语力系列

202

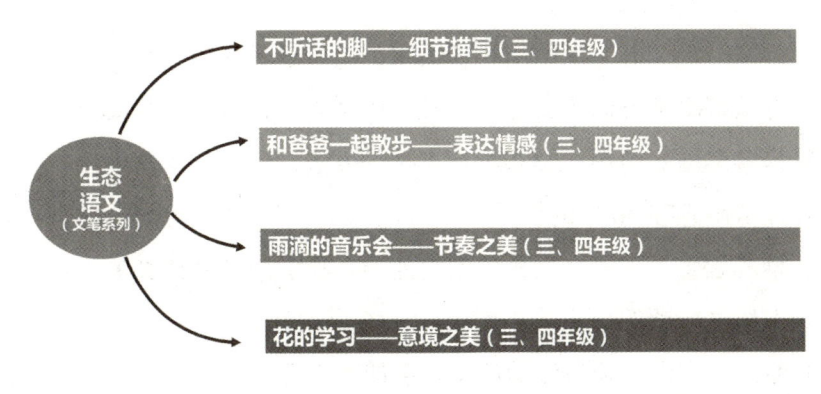

生态语文（文笔系列）
- 不听话的脚——细节描写（三、四年级）
- 和爸爸一起散步——表达情感（三、四年级）
- 雨滴的音乐会——节奏之美（三、四年级）
- 花的学习——意境之美（三、四年级）

图 13　生态语文文笔系列

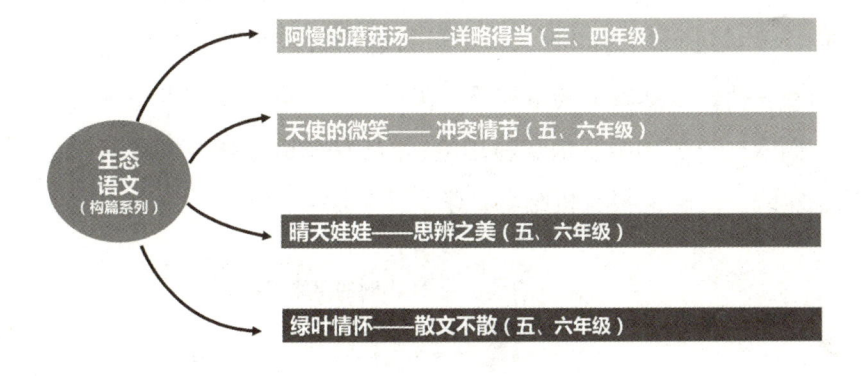

生态语文（构篇系列）
- 阿慢的蘑菇汤——详略得当（三、四年级）
- 天使的微笑——冲突情节（五、六年级）
- 晴天娃娃——思辨之美（五、六年级）
- 绿叶情怀——散文不散（五、六年级）

图 14　生态语文构篇系列

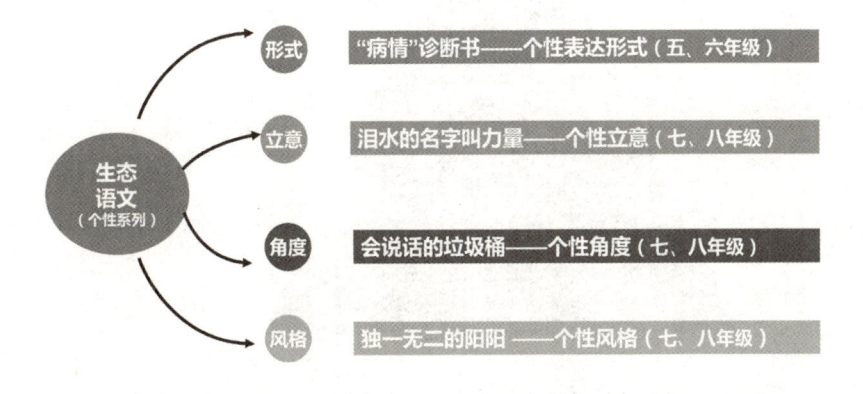

生态语文（个性系列）
- 形式：" 病情 " 诊断书——个性表达形式（五、六年级）
- 立意：泪水的名字叫力量——个性立意（七、八年级）
- 角度：会说话的垃圾桶——个性角度（七、八年级）
- 风格：独一无二的阳阳——个性风格（七、八年级）

图 15　生态语文个性系列

生态语文专项课程特色：

1. 国家"十二五"课题组科研成果，具有学术权威。

2. 专项解决某方面语文能力，提升语文素养，符合时代要求。

3. 借鉴美国的语用教学和学习支架等方法，便于知识落地。

4. 保留阳光喔30年的快乐课堂特色，让学生产生持续学习的兴趣。

5. 培养学生对于语文学科的审美能力，让学生享受语文的学习。

生态语文专项课程优势：

1. 系统——训练项目涵盖语文所有能力：听、读、研、思、说、写、演，每一项能力都有对应的等级评价标准。

2. 专业——专业教师团队和导师团队对学生能力训练进行全程跟踪反馈：学前进行能力初测、学中进行能力数据跟踪、学后进行后测记录，还会结合家庭模拟场景训练，实现家校互联系统提升专项能力。

3. 高效——美国金字塔学习理论、271课堂分组探究模式：学习、讨论、实践、讲解汇报有机结合，学生才是课堂的主人。

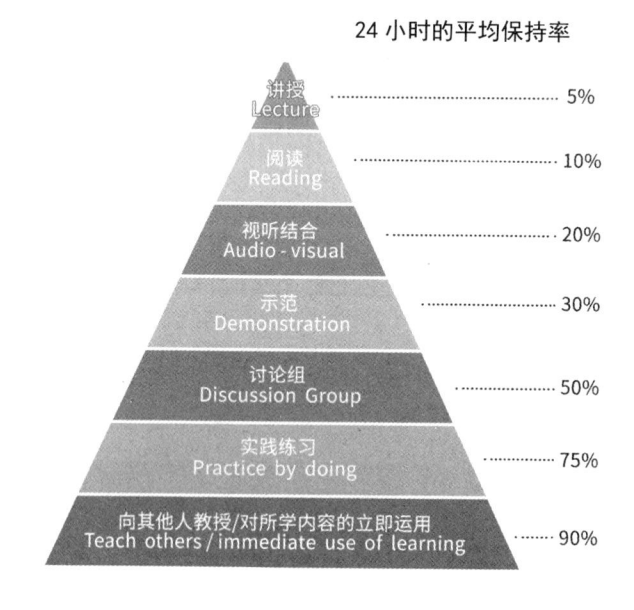

24小时的平均保持率

层级	保持率
讲授 Lecture	5%
阅读 Reading	10%
视听结合 Audio-visual	20%
示范 Demonstration	30%
讨论组 Discussion Group	50%
实践练习 Practice by doing	75%
向其他人教授/对所学内容的立即运用 Teach others/immediate use of learning	90%

图16 美国缅因州贝瑟尔国家培训实验室"学习金字塔"示意图

4.快乐——学生情景演绎自己的作品，真正享受创作的喜悦，演绎的过程也是感受文化传承的过程，通过音效、服装、道具的结合，让孩子在表演中体会到快乐、感动的瞬间，收获坚定的信念。

从课程到教学如何实现专项课程的价值呢？以"花的学校——意境之美"为例，是七大能力中"写"的能力当中"文笔"的第七级训练课程，教材体例如下：

目录

俺家门前的海（节选）

花的学校

天上的街市

黄鹤楼送孟浩然之广陵

天净沙·秋思

山雨

山居秋暝

笑

长亭外，古道边

送给妈妈的阳光

古往今来，文学名家及诗人留下了脍炙人口的篇章，他们创作时都很注重意境的营造，让读者深深感受到了文学的意境美和名家的创造力！《花的学校》精选了名家名篇，帮助学生从名家作品中提炼意境的表现手法，学习意境描写的方法，提升学生艺术加工的能力！

学期素养目标：

让学生感受生活意境之美，能够从虚与实、动与静、近与远等方面展开联想，提升写作手法，将意境写美！

第一讲
俺家门前的海（节选）

作者：张岐

学习目标

1. 运用优美的意境体现怀念的心境。
2. 用小标题选择景与物作为写作对象，从颜色入手，由实到虚地描写出意境。

蓝色的雾，蓝色的风，蓝色的潮声……

俺家门前的海，像一面锃光瓦亮的大玻璃，映着天，天变蓝了；映着云，云变蓝了；映着鸟，鸟变蓝了。

真有趣呀，仰头看，天变成一个倒过来的大海，那云，就是翻滚奔腾的波浪；那鸟，就是结群洄游的鱼

还有声音哩！

俺就生长在这蓝色的透明的世界。

这世界给了俺不尽的兴趣，给了俺永远张开的遐思的羽翼；给了俺永恒不泯的童心

因此，人都说渔家孩子有着海一般晶莹的生命：心，装着海；眼，流动着海；笑，就是海的声韵！

从教材体例不难发现，意境的创设需要技巧，赏读名家名篇，我们可以帮助学生从名家作品中临摹意境的表现手法，锻炼学生艺术加工的能力！

一、感受名家意境之美

如：张岐的《俺家门前的海》文章开头一段：

蓝色的雾，蓝色的风，蓝色的潮声……

俺家门前的海，像一面锃光瓦亮的大玻璃镜，映着天，天变蓝了；

映着云，云变蓝了；映着鸟，鸟变蓝了。

透过这段文字，我们可以感受到作者笔下的大海是优美的，是充满想象力的，更感受到了作者对家乡的热爱与怀念之情！

二、分析名家意境之法

那作者是通过哪些具体的景与物来表现这些优美的意境的呢？

作者根据印象中自己家乡大海的美景，选取了雾、风、潮声这些具有海边特点的景物，结合大海的颜色——蓝色的特点，大胆地展开想象，由实到虚地进行了刻画。写出了蓝色的雾（这是看得见的，是实写），蓝色的风（是作者自己的感受，是虚写），蓝色的潮声（声音本无色，但作者赋予它蓝色的情感，这也是虚写），从这虚实的转换中，我们感受到了作者的心境：心中有蓝色，处处皆蓝色！这样优美且充满想象的语句，让人们感受到了作者对海的喜爱，对家乡大海的热爱，这就是作者心灵的意境美。

三、仿写名家意境之美

如何引导学生仿写这种意境？我们可以通过以下几步去做：

第一步：根据本讲所学优美或怀念的意境，让学生回忆生活中优美的画面或值得怀念的场景。如：老街、公园、故乡、学校等。

第二步：根据选择的场景如学校，确定具体的意象。即：找到最能表现此意境的景与物。如：宽阔的操场，明亮的教室。这些都是孩子生活的缩影，展现了学生生活的特点。

第三步：围绕此场景，找到几个关键词，也可以回忆在操场上发生的各种事情。如：操场上的各种游戏，体现童年的快乐；摔跤后小伙伴的搀扶，体现同学的友情；操场是跑步比赛获胜，体现成功的喜悦……

此时，学生的思想还是停留在生活的表象上。如何引导学生寻找内心深处的那种强大的情感力量呢？我们可以引导学生，如操场上跑步获奖，现在回忆起来是什么颜色呢？快乐是有颜色的，当我们把快乐抽象成一种颜色的时候，就可以用这种颜色去渲染孩子的心灵。再用这美好的心灵去刻画生活中的景物。

  孩子心中的色彩多种多样，回答也是异彩纷呈：火红的太阳，火红的校园，火红的童年。还可以变换为黄色、橙色等这样的暖色调。颜色来自于孩子的内心，孩子越早认识到自己的内心，成长就越快。

  这些简单的文字能把我们拉回到童年的快乐时期。让小作者从内心深处涌现出对生活的热爱，意境就油然而生了啊！

  通过32门生态语文专项课程的训练，可以帮助更多的孩子专项、系统提升语文能力和素养，告别语文畏惧心理，这也就是我专注研究生态语文30年的初衷！

第四节

破茧成蝶，让梦想的翅膀飞起来

——加强生态语文精英课程建设

创新，是一个国家和民族进步的灵魂。教育亦如此。

我在湖北省武昌实验小学做语文教师的时候，尝试过一些语文教学的创新。其实，很多老师心里都存在这样的困惑，作为老师，教学要关注每一个学生的发展，学生才是教学的主体与首席，每一个学生都是一个独一无二的个体，老师要以学生为本，通过教学培养学生的创新精神，以促进学生的主动发展与和谐发展。问题是，用什么方法呢？身边的老师，基本都是以作业的创新来推动教学的创新。

这是一项很有意义，也符合实际情况的创新。比如，英国中小学生课外作业的形式就是多样化的，有书面作业、口头、听力作业、表演作业、实践作业等，通过作业形成学校、家庭和社会对学生的教育合力等。国内的一些学校，还有一些语文教师也做了一些尝试，比如"开放性作业""发展性作业"等，这无疑也是在创新教学上积累了一些宝贵的经验。

但是，这远远不够。

我发现，每个学生都是有天赋和梦想的。语文上的天赋很多，比如会朗诵、会写作、会表演等。我们怎么通过教学来满足这些有天赋的孩子的个性化需求呢？这样的创新怎么去实现呢？我先讲一个孩子的故事——

语文学习需要梦想的舞台

"我看你还是自己搬到最后一排去坐吧！"

——因为成绩太差，班主任老师给他下了最后通牒，要把他请到无人的角落去。

他低着头不语。

"像你这样的理解能力，我给你再讲两次估计你都听不懂！"

——语文老师训斥完他，叹了口气，望着窗外，摇了摇头。

他低着头不语。

"买的书，你怎么不看呢？都浪费了！"

——爸爸翻着上个月买的新书，皱着眉头对他说。

他低着头不语。

他曾在日记中写道："他们经常说，有梦想，去追逐，你一定会成功的。可是，我的梦想是什么呢？"

他成绩不好，可是他很忙，他妈妈也很忙，忙着带着他穿梭于各大培训机构，参加各类的兴趣班与学科培训。

他连催带骂地被"押解"进了考场。妈妈说，要好好考试，这一张考试证是妈妈费了好大的劲才弄来的。

他唯唯诺诺地点了点头。

所谓的考试，其实只有一道作文题，题目很有意思，叫《我的作家梦》。

他不知道怎么去写。最后没有办法，还是写了几行，他写道：

每个人都有自己的梦想，我却没有。我的梦想在老师的失望里，在妈妈的啰唆里。谁能告诉我，我的梦想是什么呢？

他没有想到，自己竟然被录取了。

他更没有想到，被录取的自己，竟然被同学们嘲笑了。

班上，只有两个同学录取了，另外一个同学是中队委，同学们都向她表示祝贺。

而他，却被同学们指指点点——

"真是走了狗屎运了，他竟然也能录取。"

"老师一定弄错了吧。"

"凭什么啊，让他考上了。"

俗话说，这世界上没有无缘无故的爱，也没有无缘无故的恨。

他不知道，为什么会有这么多无缘无故的怀疑呢？

第一节课，老师说，做作家的第一步，是给自己取个笔名。老师讲授完取笔名的方法后，让每个人给自己取一个笔名。

"水清浅。"

"白鹭卿。"

"木子。"

老师点了不少同学，大家纷纷说了一些笔名。老师也点了他。

他站起来声音洪亮地说："我的笔名叫小狗。"

教室里不少同学前俯后仰起来，一片哄堂大笑。

老师惊讶地问："为什么取个这样的笔名呢？"

他回答道："小狗的鼻子灵敏呀，我要是有小狗的鼻子那么灵敏，多好呀，可以闻到一个个词语的味道。"

这是我听到的最好的一个笔名！老师这样表扬他。

他不由得挺直了身子，坐端正起来。

再后来，大约三个月后吧，他第一篇作文发表了，竟然拿到了20元的稿费。

他没有想到，自己的作文竟然也可以变成铅字。

而一切，都在发生着变化：

老师说，他的眼睛里充满着光，那是努力学习的光。

爸爸说，他的脚步快了许多，少了一些压力，多了一些笑容。

而他自己也觉得，朋友也越来越多了。

一年后，他成为同学们眼中的小作家，竟然出版了自己的小说集，足足8万字，成了网络上的头条新闻。

当记者采访他的时候，问他，你是怎样成为一名小作家的呢？

他想了想，说是舞台。

他说，我们可以不成功，但是不能不成长。在成长和通往成功的旅程中，最不能缺少的是什么？——舞台！是的，舞台！感谢罗老师及中华小作家班给了我一方广袤的舞台及展现自我的天地！

这是我在学校开始研究的个性化教学方式之一——把班上写作最棒的孩子找出来，组成一个8个人以内的小文学社团，每周花上一节课的时间，给他们讲一讲文学创作的一些方法，带着他们去参加各类的大赛，推荐他们的优秀作文到报刊社去发表。多年过去了，这批孩子，有好几个成了小有名气的作家，还有不少从事与文字相关的专业工作。

后来，我在阳光喔研发了新的一个课程，叫创作课程。2012年12月28日，由全国教育科学规划领导小组学科规划组评审、全国教育科学规划领导小组审批的全国教育科学"十二五"教育部规划课题"通过作文教学开展创新人才早期培养的理论与实践研究"正式立项，创作班也变成了现在的中华小作家班。上面的小胡同学的案例，就是中华小作家班个性化教学的众多实践成果之一。

丰富多彩的生态语文精英课程

目前，我带着同事们，相继研发出了一系列的个性化创新课程。这些课程在阳光喔里统称为精英课程，它包括研学课程、演讲与口才课程、中华小作家课程、直播课程等。以"中华小作家"和"演讲与口才"课程为例，简单地介绍一下——

一、"中华小作家（1）——杨小飞和他的同学们"课程

◆学期核心素养

1.学会倾听，能够理解和接受他人说话的内容以及对事情的看法，从而提取信息，学会举一反三，联系自己的实际生活和见闻，阐明自己的观点和看法。（听、说）

2.学会有效阅读，有针对性地提高阅读能力。选择合适的阅读材料，坚持阅读好文章、好作品，养成良好的阅读习惯。借鉴名家名篇，积累知识和素材，丰富自己的语言表达能力。（读）

3.学会发现生活的美，感悟生活的点点滴滴。生活就好像一出戏，每个人的经历都不一样。

4.每个人的剧本也不一样，我们需要认真去感悟生活的美，发现生活的美，演绎出自己最美的人生。（思、演）

5.学会设计小说的主要人物和次要人物；学会运用景物描写渲染环境；学会运用丰富生动的细节描写，推动小说的情节发展；学会给小说的人物安排冲突，设置障碍，让故事波澜起伏；学会给小说的故事设置悬念，引人入胜等。（写）

◆课程背景

1.学生难以做到有效阅读

很多学生在阅读时，都是无效的。有的学生不能正确地选择合适的阅读作品，有的学生缺乏有效的阅读技巧，有的学生阅读时只是囫囵吞枣式的阅读……所有的这些阅读，都无法做到有效阅读。

2.学生缺乏对生活的观察

大多数学生缺乏对生活的感悟能力，生活中的很多事情其实是可以用文字呈现出来的，但是学生没有经过有效的引导和启发，就难以将其展现出来。

3.学生创作小说技巧的欠缺

学生在创作故事时，所用的技巧和方法比较单一，缺乏有系统的技巧训练。

◆课程效果

1. 培养兴趣

子曰：知之者不如好之者。说的就是兴趣是最好的老师，每个孩子包括成年人都喜欢听故事，所以我们创作了孩子们最喜欢的形象人物，贴近生活又不乏味，以校园故事背景为蓝本创作了以"花美男"——杨小飞、"内向男孩"——吴理、"快乐姐妹花"——苏萌萌与苏糖糖等为主角的小说故事。

2. 提升学生对生活的感悟

在生活中，我们每个人都会面对形形色色的人，处理大大小小的事，保持对身边的人的关注和对生活的关注，我们会真实地感受到他人的喜怒哀乐、体会到真善美的具体而细致的呈现，从而反照自身，明白如何去做更好的自己。

3. 感悟发现真善美

一个人的幸福感来自于感受到爱与被爱，课程内容与教材故事以家庭生活和校园生活为背景，紧紧围绕爱和责任的主题，旨在渲染良好的家庭文化和校园文化的氛围，弘扬传统文化与美德，让孩子们从故事中去发现美好，从创作中去塑造人格。

◆课程目标

1. 小说的三要素。学会小说的创作，以刻画人物形象为中心，通过完整的故事情节和环境描写来反映社会生活的文学体裁。

2. 提升文笔。使用细节描写——动作、神态、心理等描写方法令小说的人物形象更加突出，故事情节更扣人心弦，写出打动人的小说故事。

3. 小说的创作手法。学会使用"欲扬先抑""冲突法""设置悬念""一波三折"等手法来创作小说故事，令小说故事的情节更波折，形式更丰富。

4. 表达观点与情感。从现实生活中寻找创作故事的灵感，将真实的观点与情感通过小说故事表达。

◆课程质量标准（与国家课程标准对照）

表2 "生态语文·小说创作"课程标准与国家课程标准对照

标准项	"生态语文·小说创作"课程标准	国家课程标准
写作方法	能设计小说人物形象，能运用冲突构篇、环境渲染、悬念设置、道具设计、切入角度、细节描写、审美升华等手法，将自己生活中和阅读中接触到的人与事，巧妙地安排在小说中，并写出趣味性，达到在报纸杂志上发表的标准	能不拘形式地写下自己的见闻、感受和想象，注意把自己觉得新奇有趣或印象最深、最受感动的内容写清楚
表达观点	根据情景与事物，深刻表达自己独特的思想，用故事和人物形象来表情达意	珍视个人的独特感受
思维能力	从生活、知识和想象三个空间，根据场景转移或情节推进等手法进行发散思维训练，帮助学生提升观察力和想象力	留心周围事物，乐于书面表达，增强习作的自信心
审美能力	用经典作品中的关键句子和关键情节、关键细节进行阅读赏析	初步感受作品中生动的形象和优美的语言

◆课程特色

1.用文学的营养，强化写作方法：通过人物形象设计、冲突构篇、环境渲染、悬念设置、道具设计、切入角度、细节描写、审美升华等写作手法，让孩子们将自己生活中和阅读中接触到的人与事，巧妙地呈现在文学作品中，并经过反复的精批精改，保证其作品在报纸杂志上公开发表，强化写作的方法与乐趣。

2.注重情感体验，强化创意思维：通过激活孩子的创意思维和写作潜能，提升其创新能力，在新颖别致的文学世界中体验写作的乐趣，从而树立写作的自信心。

3.成就独特思想，提升综合素养：通过拓展思维训练、经典作品鉴赏训练以及情景表演等多种形式，让孩子挖掘自己独特的思想，让孩子们在创作与蜕变中体味成长的意义，体味成功的快乐，从而全面提升孩子的综合素养，更好地面对人生的挑战。

二、"演讲与口才"

◆课程背景

1. 学生不敢当众表达

孩子不敢表达，主要源自于两点，第一点，怕说错；第二点，不会说。家长往往只能鼓励孩子，勇敢一点，并没有表达勇敢背后能够给孩子带来的价值，所以效果欠佳。应当通过心理学的方式引导并让孩子认为勇敢表达代表的是自豪，荣誉，才能达到水到渠成的效果。

2. 学生读书表达没有感情

大多数学生不懂的朗诵与朗读的区别，认为字音读对声音大就好了，缺乏有序的节奏，无法表达作者想传递的情绪，更没有办法塑造作者人物，导致听起来空洞乏味。

3. 学生思维逻辑混乱，言之无序，言之无物

朗诵与演讲最大的区别在于一个是说别人的话，一个是在表达自己的思想。大部分学生无法提炼自己对事情的观点，更无法有序地表达。

◆课程效果

1. 游戏故事带动兴趣。

故事能够引领学生走进情景，游戏能够让学生参与课堂，口才课完全体验式教学，让孩子在游戏的过程当中学习知识，明白道理，亲身感受真谛的魅力。

2. 提升对美的认识

一个人对美的认识的提升，可以让其一生幸福，树立正心正念的，大量的优秀作品赏析，音乐伴奏倾听情绪，及名篇阅读，不但增加知识储备，有明白美在何处。

3. 能够独立完成朗诵稿的处理及演讲稿的撰写

面临大量的比赛、竞选、面试、家庭聚会，孩子家长往往手足无措。阳光口才让学生具备独自挑选朗诵文章及处理文章的能力，自信参赛。面对竞选、面试、家庭聚会，孩子能自己独立撰写演讲稿，获得选票，

通过面试，赢得掌声。

◆课程目标

1. 面对上台不再恐惧，敢于在学校中独立举手发言。

2. 掌握上台五要素，声音、动作、表情、站姿、语气的规范标准，并运用。

3. 掌握20个以上可以上台表演的节目，能够通过户外演出的试炼，并得到自信的提升。

4. 独立撰写竞选演讲词，掌握历时型结构，空间地理型结构，黑白对比法等演讲结构技巧，熟练运用3种开头方法及3种结尾方法。

5. 掌握主题及号召型演讲方法，学会说服技巧。熟练撰写并表达出节日祝词、生日祝词、晚会祝词。

◆课程质量标准（与国家课程标准对照）

表3 "演讲与口才"课程标准与国家课程标准对照

标准项	"演讲与口才"课程标准	国家课程标准
声音及站姿	吐字归音到位，口齿清晰灵活，具备一定的音域跨度，可以塑造超过10种不同人物声音。站姿脚稳，腰立，肘开，肩平，眼张，脸笑	普通话达标，熟练使用普通话，抬头挺胸
语言节奏处理	掌握14种语言节奏变化，熟练运用到朗诵文章处理中，并能够表达出文章中相应文字的情绪	无
听的能力	转述听到的文章并总结听到故事的观点，能够对别人提出的问题给予反馈，并对他人提出的想法进行深入挖掘	无
说的能力	能够一句话表明自己的观点，了解听众的心理活动，并掌握说服技巧。可以把听到的故事用3分钟、1分钟、3句话的三种形式完整复述。能够完成3分钟即兴演讲稿撰写与表达	掌握相应学段应知应会的汉字和汉语拼音，具有与学段相适应的朗读水平

◆课程特色

户外实践：创新教学，语境实战。无论是地铁、公园还是广场，不限场合，不限地点，勇于说，大声说，让孩子敢说，能说，会说。

表演实践演绎实战，亲历更深刻。懂背景，懂作者，懂文化，懂情感，设身处地，交换角度，演绎作品，理解更深刻。

竞赛实践：与"孙敬修"杯等赛事、高校等专业机构合作，带孩子挑战更高的舞台，赢取人生初荣誉，建立自信。

营团实践：与榜样为伴，业界知名大咖亲临，封闭式集训，打造属于自己的特长，与团队一起挑战舞台。

创新之路，从来没有休止符

中华小作家学员朱文尧说——

我领悟到了写作更像是一种灵魂的倾诉，当我握着富有思想的笔写下文字时，我会觉得一种满足。如果在写作的时候我是一个疯子，那我宁可做一辈子的疯子；当我用笔书写时，那一定是我心中最脆弱、只敢向纸诉说的时候，在中华小作家班，一路阳光，一路飞翔。

当我看着无数的小作家在各大报刊频频亮相时，当我看着一个个小主持人走向自信的舞台时，当我听到那些充满着梦想与阳光的声音时，我深深地知道，生态语文的创新之路，从来没有休止符。需要我们一辈又一辈语文人，筚路蓝缕，披荆斩棘，去探索，去实践。

很难想象，若没有在伦敦的火车旅途中的邂逅，我们还能看到"哈利·波特"吗？

很难想象，若没有《童话大王》的风靡一时，是否还会有郑渊洁的"皮皮鲁"？

很难想象，若没有"超级女声"选秀活动，今天的李宇春将会是什么样子？

我们一起用创新的精英课程给孩子们搭建一方广袤的舞台，给他们一方展现自我的天地！

第五节
用标准和培训去提升

——建设生态语文教师队伍

我曾经听过这样一节课。

这是一堂阅读课——《桥》。

老师用一首歌曲《为了谁》导入新课，让学生对课文中的老汉已经有了一种深深的敬意。然后，老师让学生分小组自读课文，并讨论文章的主要内容与文题的含义。在学生讨论过程中，老师巡视全班，并时不时加入小组的讨论之中。

讨论结束后，老师并没有急于解答问题，而是带领学生分色朗读全文。为了营造良好的故事情境，多媒体大屏幕上出现了山洪肆虐的景象与声效。师生配合的一场声情并茂的朗读，将所有人都带入了课文的意境之中。

朗读完毕后，老师才和学生一起梳理文章的主要内容，并分析主要人物形象。

为了让学生对人物形象有更深切的体会，老师又再次指导学生朗读并品味文中的重点句子。首先，老师引导学生读描写当时山洪暴发的句子，并读出当时的情景。"黎明的时候，雨突然大了，像泼，像倒。"

如何读出当时人们心中的恐慌——"山洪咆哮着，像一群受惊的野马，从山谷里狂奔而来，势不可当。"如何读出山洪的势不可当与恐怖——"近一米高的洪水已经在路面上跳舞了。""死亡在洪水的狞笑声中逼近。""水渐渐蹿上来，放肆地舔着人们的腰。"如何读出人们内心的恐惧与绝望。然后，老师再引导学生重点读文中描写老汉语言的句子，体会人物当时的语气与心情，从而更加深刻地理解人物的精神品质。

于是，学生群情激昂，一个个争先恐后地举手，有声有色地开始模仿，那几个在朱灿烂课堂上的捣蛋鬼也举手了。老师专门点了那几个调皮鬼来朗读。原来要么像麻雀一样叽叽喳喳叫，要么像没睡醒的几个学生竟然大放光彩。

只见一个男生沙哑地喊话："桥窄！排成一队，不要挤！党员排在后边！"有的学生冷冷地说："可以退党，到我这儿报名。"有的学生突然冲上前，从前排座位揪出一个同学，吼道："你还算是个党员吗？排到后面去！"凶得像只豹子。

朗读并品味完重点句子，老师才和学生一起探究文题"桥"的含义：这是一座用生命架起的桥，是用爱心与责任架起的桥，是一座精神的桥……老汉就是这座无私无畏、不徇私情的桥。

然而，老师并不满足简单分析人物形象与中心思想，深情地说："难道你们就不想对这位无名而伟大的老汉，说几句话或写几句诗吗？"紧接着，满含学生个人情感的句子与诗句出现了：

你是一座山，一座巍然屹立的山；

你是一座桥，一座用血肉之躯架起的生命桥。

你是黑色洪流中的一座灯塔。

……………

这是一个有表演融入的课堂，效果很好。我不禁想起了，在芬兰，他们把老师叫作演教员，教师要具备表演能力，组织表演的能力。在这个课堂中老师正是担任了这个角色。

我认为这堂阅读课，学生参与度很高，情感体验也很充沛。教师没有简单地停留在知识传授的层面，而是带领学生走进了文本，与文本对话，与文本人物对话。课堂上既有教师的倾情示范，也有师生、生生之间的情感交流；既有知识的逻辑传递，也有情感与价值观的深刻度与和合度的挖掘。这便是以学生为主体的人文课堂，这才是一名优秀的语文教师与学生共同创设的良好课堂。

文人课堂和人文课堂最本质的区别就是，文人课堂是以知识为中心的课堂，而人文课堂，是以学生为中心的课堂。不管是阅读课，还是作文课，人文课堂总是关注着学生，重视学生的情感体验，并积极为学生创设良好的学习情境。

学生在人文课堂上之所以能够积极地思考，主动地参与并推进课堂进程，关键原因是他们得到了理解、受到了尊重，而且感受到了关怀，同时在互动与情境创设中，他们的兴趣获得了极大的激发。

这一次听课由此引发了我的一个思考，一个语文老师、一个具备表演能力和组织表演能力的老师、一个使用文人课堂教学的老师、一个是生态语文教师，他应该具备什么样的标准呢？由此，我们展开了经年的探索，最终形成了一套完整的生态语文教师培训体系。生态语文教师培训体系细分为三个模块：

生态语文教师标准、能力；入职的培训；在岗的各项培训等。

生态语文教师标准与能力

阳光喔有自己独特的生态语文体系，所以选择老师也有自己的生态语文教师标准。生态语文教师标准要求老师必须具备两大能力、三大基本功和七大语言智慧。

两大能力分别是教学能力和服务能力。其中教学能力又包括教师驾驭课堂能力、教师知识构建能力、教师教学准备能力和教师课堂教学能力。而服务能力又包括作业批改能力和个性服务的能力。

服务能力中的作业批改能力包括普通作业批改、精品作业批改、素养测评分析、制作学员作品册，制作班级优秀作品册，优秀作品宣传和班级作业分析。

其中普通作业批改要求3分钟内完成一篇，抓住知识点和学生态度完成情况。

其中精品作业批改30分钟内完成一篇，抓住学生的文学性、社会性、历史性、哲学性来展开。并且抓住学生的作业特点来展开，运用不同颜色进行区分。

其中制作学员作品册包括封起点练习作品、目录、作者简介、作品、我的成长、我的感言、朗读片段和封底。

其中制作班级优秀作品包括封面、编者寄语、作品目录、作者签名、作品首页、成长足迹。其内容由指导教师的作业精批和学生习作构成，班级作品册须有全班所有学员作品。全班每位学员在课程期间至少每人精批及改写一次，教师每讲将相关内容材料回收后按以下顺序装入作品册，全部课程结束后整体制作完成下发学员。

服务能力中的个性服务的能力包括预约发言、成长银行、阳光之星。

其中预约发言必须先发现学生潜在问题，并针对孩子们出现的各种问题，提供老师策划不同的个性服务。另外，任何有效沟通都是双向的。除了发现孩子的问题，更要与家长进行沟通。

其中成长银行活动，首先必须遵守喔币管理制度，并积极宣传喔币，让喔币成为孩子们在阳光喔学习的荣誉象征，其次必须明确加分标准及工作目的，规范加分，不能出现不同班级加分不统一的现象，最后展示喔币兑换过程，让学员明确喔币兑换对于孩子们的意义，延续喔币的经典故事，并宣讲下学期的新喔币，开启孩子们下期学习的新期待。

其中阳光之星是根据学生的进步点和家长需求不同，结合我们学习的七大能力，为不同的学生颁布不同的奖项。

三大基本功包括控堂的基本功，语言的基本功和板书的基本功。

其中控堂的基本功包括教师的眼神语言和教师的形体语言。

其中语言的基本功包括正确的发音、朗读、吟诵、逻辑语言、形象语言和指令语言。

其中板书的基本功包括文字板书和图形板书。

七大语言智慧包括"激"的语言智慧、"问"的语言智慧、"引"的语言智慧、"练"的语言智慧、"评"的语言智慧、"放"的语言智慧和"收"的语言智慧。

其中"激"的语言智慧。"激"分为激趣和激情。兴趣是最好的老师，是学生学习动机中最现实、最活跃的因素，在教学中最大限度地调动学生的学习兴趣，是教师课堂教学最重要的第一步。情感是心灵的呼唤，教师心中燃起一团火，让教师情成为书中情与学生情的桥梁，三情的共鸣，是教师课堂教学追求的境界。"激"展示教师的个性特长。

其中"问"的语言智慧。课堂提问是一项设疑、激趣、引思的综合性教学艺术，是知识传授、信息反馈的重要渠道，是联系师生思维活动的纽带，提问水平的高低直接影响教学的质量和效果，设问的重点在于要依据教学环节的目标设计来提问。设问的难点在于提问须简洁，指向明确，能指引学生根据问题进行思考、寻求答案。"问"是点燃智慧的火把。它是锁定学生思维的出发点，蓄势待发，向教师所希望的思维终端冲锋，是提高课堂效率的重要一步。智慧的提问就是将对方的信息进行一次有组织的规划，既便于对方回答，又能真实地了解对方的内心世界，教师对学生的提问越智慧，课堂效率越高。在课堂提问中，有一些提问是大忌，会直接导致教学过程中的尴尬局面或混乱，教师应注意避免，如复合提问、概念置换性提问、与目标无关的随意提问、一味穷追猛打式提问、宽泛式提问等。老师教学中，设计提问时，需要围绕着教学目标精选问点，以启发学生思维，帮助学生理解知识，一般可从下面几点入手：1.设问于新旧知识的联络点；2.设问于疑难点；3.设问于教学重点处；4.设问于矛盾处；5.设问于想象点；6.设问于空白处。"问"展现教师课堂规划能力。

其中"引"的语言智慧。经常见到在教学中教师"问"后，学生思维与教师分道扬镳，这时，由于教师的引领功夫不到火候，结果变成了以学生为主导的课堂。实践证明，要保证提问效果，除了围绕教学目标精心设计提问外，还须根据答问情况，对学生的答问进行有效控制，针对学生的回答，选择不同的引领方式，引导学生思维走向正确的环节目标。"引"是对"问"的修正。"引"展现教师的教学机智。

其中"练"的语言智慧。训练是达成和检测教学目标的主要手段，可以了解和展现学生对知识的掌握与运用能力。忽视训练这个教学中的主要抓手，目标就成了空中楼阁，无从落实。"练"的重点在于目标明确，方法得当。在"练"的过程中，主要的训练原则有以下几点：1."练"的时间，应变讲练分离为讲练同步，讲到哪里练到哪里，讲练结合，以练代讲，以练促讲，达到全程训练；2."练"的对象，应变部分为全体，坚持面向全体，注重人人参与；3."练"的设计，应变记忆为创造，扩大综合性练习、发散性练习、应用性练习；4."练"的方式，应变单一为多样，心理学研究证明，学生的记忆量因各种感、知觉器官参与的不同而产生巨大差异，其中读过说过并动手操练国的材料记忆量有效率为90%，因此除传统的说一说、写一写之外，应大量运用学生各种感知器官的协同动作，加大演一演的比重，以强化学生的知识运用能力。"练"展现教师对知识的科学构建能力。

其中"评"的语言智慧。在课堂上，学生回答了问题，阐述了自己的看法，教师要给予评价。有了评价，学生才能对自己的学习活动适时做出调节。学生是否知道自己的学习结果，对于提高学习成绩关系极大。在教学实践中，不少教师忽视答后评，对学生的发言往往简单地肯定或否定，甚至不予可否，极大降低了教学效率。教育心理学研究证明，人们总是根据效果来学习的。因此，在课堂上，适时地通过富于情感的正确评价学生发言，教师展现教师的人格高度和知识高度，对学生进行人生观的影响，同时强化运用知识转化为能力的教学效果。能让学生得到启迪，看到自己的学习效果，有效地促进学习，使教学优化。其中包括知识性点评和成长性点评。知识性点评是对学生知识运用的能力评价——技术评价，强调的是准确。教师对学生发言和写作的角度、本讲知识点的运用进行准确点评。优点"需"指明优在哪儿。缺点更不能敷衍或者评价过高，要帮他或者组织学生帮他进行修改。成长性评价是对学生发言或写作内容的评价——道德评价，强调的是展望。教师在做成长性评价时，一定要沿着学生思想的起点，站在历史、时代与未来的高度为学生提炼出真善美的境界，让发言者充满愿景，让其他人得以感染与熏陶。"评"展示教师的人格与文化素养。

其中"放"的语言智慧。"放"指的是教师在课堂教学提出问题后，通过引导，激发学生思维，积极参与，得出更多答案的教学过程。"放"体现教师巩固和扩大教学成果的能力！

其中"收"的语言智慧。教学过程的艺术不仅要求开课能引人入胜，而且要求结课同样精彩，有无穷余味。教学时践中往往会出现"虎头蛇尾"的教学结构，结尾或啰唆拖沓，或草率仓促，或清淡无味，影响整个教学的完整性。总而言之，课堂总结是教学的一个重要环节，做好总结，可以加深学生理解课堂上所学的知识，把握重点、难点，教师通过总结，可以理清教学思路，是提高教学质量的重要手段之一。"收"展现教师教育教学的理论水平。

入职的培训

入职培训主要是帮助新老师走向讲台的过程，以生态语文教师标准为基础，给老师进行培训。

入职培训包括五个模块：第一个是教师的底线，其中包括对党的教育方针的解读、老师的底线和企业历程；第二个模块是教师的基本功；第三个模块是课程与教学；第四个模块是教育服务的能力；第五个模块是体验课的演练。

其中一级知识点有 92 个、二级知识点 220 个、三级知识点 476 个。

表4 党的教育方针培训知识点

讲次 (一级知识点)	教学点 (二级知识点)	三级知识点
第一讲： 不同时期党的 教育方针解读	1. 20世纪70年代教师的价值——为改革开放储备人才——建设者	1. 1977年恢复高考，知识改变命运
		2. 教、学、考——都是知识与政治
	2. 20世纪80年代教师的价值——培养市场经济人才——社会实践	1. 应试教育走向极致（夜校、电大、函大）
		2. 语文"双基"（知识）教育
	3. 20世纪90年代教师的价值——培养国际视野人才——现代化	1. 受国际影响，学法教法改革，素质教育概念出台，探索语文教育的价值。理论与实践脱节
		2. 《国家语文教育大纲》与素质教育的反差
	4. 21世纪教师的价值-培养文化自信人才——立德树人	1. 十六大教育方针：坚持教育为社会主义现代化建设服务
		2. 十七大教育方针：以人为本，素质为魂
		3. 十八大教育方针：立德树人，素质教育。语文教育与历史、思品作为捍卫中国教育主权的王者学科。系列变化终于教素质、学素质、考素质
第二讲： 语文教育的中心变迁	1. 以知识为中心	语文主要教授知识内容
	2. 以过程为中心	语文强调学习过程中的情感参与、态度变化。
	3. 以语用为中心	语文强调不同环境下如何运用语文知识技能
第三讲： 语文教育的三大价值	1. 语文的教育价值	1. 知识：阅读方法、写作方法、基础常识
		2. 能力：听、读、研、思、说、写、演
		3. 素养：广博度、典雅度、深刻度、创新度、和合度
	2. 语文的文化价值	1. K1～K2——童话与神话——追求美好
		2. K3～K4——校园生活——笑对生活
		3. K5～K6——成语寓言——思考的价值
		4. K7～K8——文学哲学——言情明理
	3. 语文的科技价值	五大素养数据+七大能力数据+知识点数据
第四讲： 语文教育的二类课堂	1. 文人课堂：阅读/写作	1. 阅读课堂：教字词句知识，学生只会生硬记忆
		2. 作文课堂：教材料，背诵积累
	2. 人文课堂：阅读/写作	1. 阅读课堂：教孩子进入情景，自己解读
		2. 作文课堂：教孩子在生活中联想——选材

表 5 教师的底线培训知识点

讲次 （一级知识点）	教学点 （二级知识点）	三级知识点
第一讲： 教师的着装底线	1. 正装更有正能量	1. 着装对我们很重要，因为它可以决定我们事业的态度 2. 着装既要配合自己的身份，也要配合对方的身份
	2. 男教师的着装	亲切、大方，体现教师职业特色
	3. 女教师的着装	具有个性特色，但是要注意自己教师的身份，不要穿着得过分性感，过分艳丽，过分奢华
第二讲： 教师的行为底线	1. 人与人的关系	1. 人与人交往的底线是尊重 2. 人与人交往的追求是博爱
	2. 人与组织的关系	1. 人与组织打交道的底线是法律 2. 人与组织打交道的追求是道德
	3. 人与自然的关系	1. 人与自然的交往底线是可持续发展 2. 人与自然的交往追求是和谐
	4. 内容红线	1. 严禁违背国家政策的内容进入课堂 2. 严禁低俗内容进入课堂 3. 严禁暴力色情内容进入课堂
第三讲： 教师的带班底线	1. 救场如救火	1. 缺勤提前请假 2. 代课不迟到早退
	2. 安全大于天	1. 课间安全管理 2. 课中安全管理
	3. 不要触碰学生	哪怕是友好的触碰都"后果严重"
	4. 离职	在一个学期内必须带完一个完整的学期方可离职
第四讲： 教师的知识底线	1. 教师的藏书底线	1. 数量底线：300 册 2. 内容底线：至少 50 册与教育心理相关
	2. 教师的文学知识底线	1. 中国古代与现代文学家及代表作底线数量 2. 世界文学家及代表作底线数量
	3. 教师的历史知识底线	1. 能按照顺序介绍中国历史朝代的变迁 2. 能熟练讲清某个朝代人物事件
	4. 教师的哲学与思想底线	1. 能运用儒家、道家、法家、兵家、阴阳家、纵横家、墨家观点熟练举例 2. 能运用 3 个以上西方主要哲学观点举例

表6 生态语文理念培训知识点

讲次 （一级知识点）	教学点 （二级知识点）	三级知识点
第一讲： 语文教育的宗旨与价值	1. 语文教育的宗旨	1. 英国的国民素质——优雅/幽默——戏剧与幽默
		2. 曾经中国国民素质——勤劳勇敢——崇尚英雄
		3. 现今国民素质——幸福/尊严——语文让生命更精彩
	2. 语文教育的工具价值	1. 阅读工具——通过文字与作者对话
		2. 写作工具——通过文字与别人对话
	3. 语文教育的成功价值	1. 高考价值：获得比别人多的机会
		2. 求职面试：清晰表达获得工作机会
		3. 团队沟通：表达让职场管理更高效
	4. 语文教育的幸福价值	1. 豪情万丈的澎湃
		2. 夜读诗书的温馨
		3. 自我陶醉的尊严
第二讲： 语文教育的核心素养	1. 如何培养出知识渊博的孩子	1. 打开生活大门，会引用生活显现你的真实
		2. 打开知识大门，会使用知识方显你的渊博
		3. 打开想象大门，会开启想象显露你的童真
	2. 如何培养出有文化的孩子	1. 在生活中展现你的俗——显现你的通透自信
		2. 在舞台上展现你的雅——表现你的精致儒雅
		3. 在学术上表现你的酸——显露你的专业厚重
	3. 如何培养有思想的孩子	1. 做一个真实的小我
		2. 做一个担当的大我
		3. 在哲学和历史中去对标一个真我
	4. 如何培养有创新精神的孩子	1. 角度创新
		2. 表达形式创新
		3. 风格创新
	5. 如何培养有幸福感的孩子	1. 学会情绪管理
		2. 学会情感领悟
		3. 学会思考领悟

续表

讲次 (一级知识点)	教学点 (二级知识点)	三级知识点
第三讲： 语文教育的关键能力——吸收信息	1. 如何培养孩子的倾听力	1. 初级关注——给对方以鼓舞
		2. 中级关注——理清对方内容
		3. 高级关注——建立关注的价值
	2. 如何培养孩子的阅读力	1. 初级阅读——建立阅读兴趣
		2. 中级阅读——找到阅读方法
		3. 高级阅读——形成阅读能力
	3. 如何培养孩子的研学力	1. 初级研学——体验不同的社会角色
		2. 中级研学——体验不同的领域特点
		3. 高级研学——学习人文历史调研
第四讲： 语文教育的关键能力——处理信息	1. 如何培养孩子的形象思维	1. 分解时间轴或者先后循序，确定 3 个画面
		2. 每个画面的背景人物事件想象
	2. 如何培养孩子的逻辑思维	1. 按照不同角度想象 5 个逻辑点
		2. 用总—分—总的关系介绍自己的逻辑点
	3. 如何培养孩子的发散性思维	1. 按照三大空间想象 7 个发散思维点
		2. 用逻辑或形象思维完善每个发散思维点
	4. 如何培养孩子的批判性思维	1. 根据双方材料选择对比项
		2. 根据结果补充对比项
		3. 根据对比展开推理和演绎
第五讲： 语文教育的关键能力——输出信息	1. 如何培养孩子的口语力	1. 初级口语——3 分钟逻辑演讲
		2. 中级口语——8 分钟故事演讲
		3. 高级口语——15 分钟主题演讲
	2. 如何培养孩子的写作力	初级——1. 写作习惯
		初级——2. 文笔基本功
		中级——3. 文体形式
		中级——4. 结构风格
		高级——5. 材料选择
		高级——6. 主题立意
	3. 如何培养孩子的表演力	初级表演——借助视频模仿人物角色
		中级表演——借助道具补充完善人物角色
		高级表演——小组创编故事与任务角色

表 7 教师控堂基本功培训知识点

讲次 （一级知识点）	教学点 （二级知识点）	三级知识点
第一讲： 教师的眼神语言	1. 眼神如何圈地盘	1.1 战略控制（5 个据点）
		1.2 扫视
	2. 眼神如何传递情感意义	2.1 用眼神传递批评意义
		2.2. 用眼神传递表扬意义
第二讲： 眼神与语言组合	1. 眼神与语言内容整合——强调内容	1.1 语言要连贯
		1.2 不同的眼神有不同的语言内容
	2. 警告眼神与语言内容组合	在语言连贯的前提下，使用警告的眼神
	3. 欣赏眼神与语言内容组合	在语言连贯的前提下，使用欣赏的眼神
第三讲： 教师的形体语言	1. 中心站位	1.1 180 度正面
		1.2 用于开课、号令、讲述时
	2. 板书站位	2.1 120 度左侧位
		2.2 120 度右侧位
	3. 组织站位	3.1 学生上台发言或表演时，学生站中心位置
		3.2 老师由中心站位转左侧位或右侧位
	4. 巡视走位	4.1 横向走动（教师的表演，带孩子入情境）
		4.2 纵向走动（检查学生练习，找到示范学生或提示注意和不集中的学生）
		4.3 巡查时，重点指导示范作业，留意指导个性问题，普遍发现共性问题

表 8 教师语言基本功培训知识点

讲次 （一级知识点）	教学点 （二级知识点）	三级知识点
第一讲： 正确的发音	1. 正确使用嗓子	1.1 练习呼吸，强化动能
		1.2 正确运用发音部位，产生口腔共鸣
		1.3 准确吐字发音：字音饱满、边鼻音准确、平翘区分
	2. 轻重与停连	2.1 重音使用：用不同重音读同一句
		2.2 停连使用：用不同地方停连读同一句
第二讲： 教师的朗读	1. 压迫式朗读	1.1 庄重步入讲台中心——形体
		1.2 表情肃穆的巡视学员——表情
		1.3 字正腔圆的朗读——气势
	2. 陶醉式朗读	2.1 在教室中轻松漫步——形体导入
		2.2 陶醉欣赏眼前风光——神态
		2.3 喃喃自语式倾诉——语言
	3. 交流式朗读	3.1 选择作品朗读停顿之处
		3.2 在停顿时与听众眼神交流，但作品不中断
	4. 角色模仿朗读	4.1 动物声音模仿
		4.2 伟人方言模仿
		4.3 特色声音模仿
第三讲： 教师的吟诵	1. 平仄诵读	1.1 什么是平仄：一声、二声为平，三声、四声为仄
		1.2 平长（手平画），仄短（手竖画）
		1.3 尾音连（手画波浪）
	2. 吟唱	2.1 学习《枫桥夜泊》吟唱
		2.2 学习《将进酒》吟唱
第四讲： 教师的逻辑语言	1. 快速寻找逻辑点	1.1 从不同角度寻找逻辑点（3 个 /10 秒）
		1.2 从正反中三个方面寻找逻辑点（3 个 /10 秒）
	2. 3 分钟逻辑演讲	2.1 根据材料确定题目。
		2.2 确定三个逻辑点（关键词）
		2.3 善于作用排比句缓冲思维
第五讲： 教师的形象语言	1. 讲故事（形象语言的特点）	1.1 按时间先后寻找 3 个画面
		1.2 按事情发展顺序寻找三个画面
	2. 8 分钟形象演讲	2.1 根据材料确定题目
		2.2 按照顺序确定三个画面
		2.3 提炼画面的主题感悟

续表

讲次 （一级知识点）	教学点 （二级知识点）	三级知识点
第六讲：教师的指令语言	1. 指令语言的特点	1.1 单纯指令
		1.2 伴有解释的指令
		1.3 带有强调性的重复指令
		1.4 指令加核查
	2. 不同年级的指令语言	2.1 K1、K2 指令语言
		2.2 K3、K4 指令语言
		2.3 K5、K6 指令语言
		2.4 K7～K9 指令语言

表9 教师语言的智慧培训知识点

讲次 （一级知识点）	教学点 （二级知识点）	三级知识点
第一讲：激	1. 激情	1.1 故事开课
		1.2 声像激情
		1.3 诵读激情
		1.4 音乐激情
		1.5 表演激情
	2. 激趣	2.1 游戏激趣
		2.2 特长展现激趣（魔术、绘画、乐器、歌舞、书法……）
		2.3 设置悬念激趣
		2.4 竞赛活动激趣
		2.5 即兴表演激趣
		2.6 演示实验激趣
第二讲：问	1. 提问的忌讳	1.1 加入新概念词语的提问——需要重新解释概念
		1.2 复合式提问——一个问题中包含几个问题
		1.3 穷追猛打式提问——制造课堂尴尬
		1.4 弱智式提问——造成有口无心的回答
	2. 提问的智慧	2.1 创设一个感性的情节
		2.2 清晰提出每个情节对应的关键词（思维点）
第三讲：引	1. 围堵式	1.1 针对教学重点，逐步围堵，逼迫学生朝正确的方向思考
	2. 导引式	2.1 针对设问目标，设定范围，启发引导学生朝正确的方向思考

续表

讲次 (一级知识点)	教学点 (二级知识点)	三级知识点
第四讲：练	1. 示丑	1.1 教学之初，组织学生初测（获取初测值）时的巡查和点评语言设计——强化差距
	2. 示范	2.1 教师做正确示范时的组织和评价语言——强化对比效果
	3. 分步	3.1 教师按照教学环节指导学生进行单项练习时的组织和评价语言——简洁明快、指向明确
	4. 综合	4.1 教师组织学生在知识整体打包后进行综合运用（获取终测值）时的组织和评价语言——体现提高感
第五讲：评	1. 知识性评价——准确	1.1 学生回答正确：及时评价 + 肯定正确 + 注重激发情感（肯定）
		1.2 学生回答错误：引导学生纠正错误（多用对比法）+ 追究原因 + 寻找正确的思维方法和学习方法
		1.3 针对部分正确的学生回答：先肯定正确部分 + 引导学生做补充
		1.4 学会延迟评价：某些时候，主要是在集体解决问题的课堂情境中，可暂时不对学生答问进行评价，而空出充足时间，让多数学生发言，能引出解决问题的多种方案，培养学生的创造力
	2. 成长性评价——展望	2.1 来自学生——提炼升华——感染学生
		2.2 营造美的意境，用文化熏陶学生
		2.3 教师的底蕴养成
第六讲：放	1. 建立样板	1.1 给学生传达有价值的信息：通过提问、点评，为问题的回答设立技术和道德标高
		1.2 教会学生正确的表达：正确 + 完整 + 连贯
	2. 复制样板	2.1 鼓励学生沿着教师传达的指向得出更多答案
		2.2 随机应变、适可而止
	3. 创新样板	3.1 设问促思，求异 + 求佳：鼓励学生在教师传达的指向基础上拓展到更大的范围，同时探讨得出较优答案
		3.2 鼓励创新，引导学生质疑问难：敢问 + 爱问 + 会问 + 答疑

续表

讲次 （一级知识点）	教学点 （二级知识点）	三级知识点
第七讲：收	1. 知识总结	1.1 阶段性小结：衔接"问""引""评""放"，承上启下
		1.2 教师课堂总结：利用板书或PPT，和开课导语呼应，帮助学生理顺整节课的知识内容，促进学生的知能转化运用。
		1.3 学生自我总结：引导学生上台讲一讲自己一节课学习的收获
		1.4 将一节课的结尾作为学生学习新知识、展开新思路的起点，促进学生运用已学知识探求新知识，形成学习的积极性迁移
	2. 学情总结	2.1 盘点全班课堂学习成果
		2.2 对进步学员进行点评
		2.3 指导学生讲清自己一节课学习和成长的收获
	3. 理论总结	3.1 总结提炼本节课的授课原理和设计思路，与家长沟通达成共识

表10 教师板书基本功培训知识点

讲次 （一级知识点）	教学点 （二级知识点）	三级知识点
第一讲： 文字板书	1. 规范字——笔顺	1.1 写方块字
		1.2 注意笔顺
	2. 板书设计	2.1 用知识点设计板书——突出教育目标
		2.2 用故事内容设计板书——突出文化目标
		2.3 用作业要求设计板书——突出大数据目标
第二讲： 图形板书	1. 简笔画	1.1 突出关键人物特点的人物简笔画
		1.2 交代情节的四格漫画
	2. 思维导图	2.1 "提要钩玄"——提取关键字，构建网络化结构
		2.2 化繁为简
	3. 对比列表	3.1 把具有可比性的内容，用对比的方法列出来
		3.2 揭示知识结构及各部分逻辑关系，深化认识

表 11　教师驾驭课程能力培训知识点

讲次 （一级知识点）	教学点 （二级知识点）	三级知识点
第一讲： 课程价值	1. 基础价值——教育目标（从前有座山）	1. 知识目标：概念、方法、技巧
		2. 能力目标：七大能力
		3. 素养目标：五大素养
	2. 核心价值——文化目标（从前有座山）	精神与品质
	3. 拓展价值——大数据（从前有座山）	课程学习评价表
第二讲： 课程标准	1. 国家课标（从前有座山）	1. 能力标准：听说读写
		2. 执行标准：缺少评价
	2. 社会标准（从前有座山）	1. 学习策略上的优化，部分解决"术"的问题
		2. 缺少系统标准
	3. 生态语文课标（从前有座山）	1. 13579 系统建立语文学习标准
		2. 用人才评价替代主观判断评价
第三讲： 课程原理	1. 语文与思维（从前有座山）	思维贯穿生态语文教育全过程
	2. 思维与知识（从前有座山）	1. 发散性思维构思写作目录
		2. 逻辑思维构思段落
		3. 形象思维完善写作内容
		4. 批判性思维提炼主题
第四讲： 课程结构	1. 教学课（教学点/作业目标/展示目标）	1. 30 分钟借助教材掌握知识点
		2. 60 分钟借助锦囊和道具完成知识运用
		3. 30 分钟表演彩排完成学习成果展示
	2. 复习课（盘点教育价值）	1. 完善学员个人作品册
		2. 完善班级优秀作品册
	3. 提升课（挖掘核心文化价值）	1. 用人物精神完善教育情景剧的情节
		2. 选择人物角色
		3. 在表演中感悟人物的精神和品质
	4. 展示课（展示生态语文综合素养）	1. 用作品铺垫，展示教育价值
		2. 用教育情景剧展现文化价值
		3. 用数据分析展现成长价值

续表

讲次 (一级知识点)	教学点 (二级知识点)	三级知识点
第五讲： 课程资料	1. 学生资料	1. 教材：用文化故事承载 2~3 个知识点
		2. 学案：引导孩子自学的学法指导
		3. 锦囊：创建知识点运用的空间
		4. 练习册：建立态度与效率评价标准
		5. 小组道具包：表演中提升文化价值
	2. 教师资料	1. 简案：每讲告知家长教学的内容
		2. 知识点课件：准确呈现每个知识点
		3. 教学卡：呈现教学全部环节与内容
		4. 说课 PPT 与视频：概括每节课的逻辑目标
		5. 演课 PPT 与视频：示范知识点教学的过程
		6. 课程展示包：最后一讲的完美成果在线

表 12 教师知识构建能力培训知识点

讲次 (一级知识点)	教学点 (二级知识点)	三级知识点
第一讲： 示丑建立初测值	1. 情境导入	1. 总字数数据
		2. 每分钟速度数据
	2. 提取初测数据（从前有座山第一讲）	3. 知识点运用数据
第二讲： 示范建立标高	1. 学习目标示范	1. 示范标高每分钟字数
		2. 示范标高知识点运用次数
	2. 介绍示范目标的相关知识点	3. 示范标高片段字数
第三讲： 分步练习	1. 确定教学步骤与环节	1. 知识感知
		2. 知识解析与知识点提炼
	2. 滚雪球式的合成全面的教学环节	3. 练习一、二、三、四
第四讲： 分组合成运用	1. 锦囊的设计与运用（保底+创新）	1. 保底锦囊
		2. 创新锦囊
	2. 公示作业星级评价表	1. 态度选择标准
		2. 知识运用评价标准

表13 教师教学准备能力培训知识点

讲次 （一级知识点）	教学点 （二级知识点）	三级知识点
第一讲： 如何备课	1. 如何写简案	1. 知识点教学简案
	2. 简案如何使用	2. 成长点教育简案
第二讲： 如何说课	1. 如何说课（PPT）	1. 说教法
	2. 说课视频的使用	2. 说学法
第三讲： 如何演课	1. 如何修改演课卡	1. 创设情境演课
	2. 如何演课	2. 解析式演课
	3. 演课视频的使用	3. 模拟真实课堂演课
第四讲： 如何评课	1. 三种课型的评价 （知识/过程/语用）	1. 金字塔学习法
		2. 以知识为核心的课堂：满分15分
		3. 以过程为核心的课堂：满分50分
		4. 以语用为核心的课堂：满分100分
	2. 一堂好课的四大标准	1. 是用知识来服务人，还是用人来装的知识
		2. 是否相信学生有巨大潜能
		3. 是否开发了学生的潜能
		4. 课堂师生是否和谐相处

表14 教师课堂教学能力培训知识点

讲次 （一级知识点）	教学点 （二级知识点）	三级知识点
第一讲： 课前游戏	1. 游戏的类型	1. 激情激趣游戏
		2. 知识相关游戏
	2. 游戏的注意事项	3. 成长体验游戏
第二讲： 听读积累	1. 不同年级积累的内容	K1、K2：三百千
		K3、K4：成语接龙
		K5、K6：古诗文
		K7、K8：中外名家名篇、哲学等
	2. 组织课堂积累的PK机制	分组PK、TOP奖等激励机制
第三讲： 思维与口语	1. 思维训练目标与教材内容的结合	1. 思维训练
	2. 演讲口才与教材内容的结合	2. 口才训练

237

续表

讲次 （一级知识点）	教学点 （二级知识点）	三级知识点
第四讲： 使用教材	1. 让学生借助学案阅读教材	1. 读教材故事
		2. 读教材知识点
	2. 借助知识点课件分步演练知识点	3. 读教材成长点
第五讲： 使用锦囊	1. 根据锦囊提示小组创新后面情节（4~8）	1. 锦囊的编写
		2. 单个锦囊的设计方法
	2. 在锦囊情节中按照5星标准安排知识点数量	1. 锦囊与知识点的关联
	3. 借助道具进一步丰富情节内容	1. 锦囊与道具的关联（如：今天天气很冷，小和尚穿什么衣服呢？小和尚等得成什么样子呢？——突出小和尚可怜）
	4. 在练习评价表中填写自己的态度星级	1. 填写评价表
	5. 完成作业	
第六讲： 表演彩排	1. 小组角色分工	1. 理解剧本
		2. 彩排分工
		3. 彩排指导
	2. 借助道具彩排，小组表演PK	4. 彩排演练

表15 教师作业批改能力培训知识点

讲次 （一级知识点）	教学点 （二级知识点）	三级知识点
第一讲： 作业普批	1. 如何使用评价表	1. 检查态度星级，发现星级下降或提升的学员
		2. 评价正确效率，发现问题学员
	2. 如何做个性作业分析	1. 绘制每讲作业的态度变化曲线对比初测终测
		2. 绘制每讲作业的效率变化曲线，对比初测终测
		3. 根据曲线分析学员的态度与效率，提出改进

续表

讲次 （一级知识点）	教学点 （二级知识点）	三级知识点
第二讲： 赏析式精批	1. 文学性赏析：指明文学手法的意义	1. 来自于知识空间及文字的典雅度的评价
	2. 社会性赏析：指明文章折射的社会大背景	2. 来自于生活空间及广博度的评价
	3. 历史性赏析：指明文章所触及的历史性问题	3. 来自于生活空间、知识空间及深刻度的评价
	4. 哲学性赏析：指明文章的哲学内涵	4. 来自于知识空间及创新度、深刻度的评价
第三讲： 穿插示范式精批	1. 用颜色区分扣题文字、立意文字、结构文字	1. 寻找扣题文字、立意文字、结构文字的位置 2. 发现学生的亮点
	2. 指明文章的问题与修改方法	1. 审题、立意、结构、文笔运用：使用得当、使用不当、不会使用 2. 修改文章的方法：诊断式修改＋赏析式修改＋穿插式的精批行文模式
	3. 提供示范性文字或示范提示	1. 方法：诊断、赏析； 2. 态度：正面积极评价
第四讲： 素养分析	1. 用材料分析学员的广博度	1. 生活空间 2. 知识空间 3. 想象空间
	2. 用文笔分析学员的典雅度	俗 雅 酸
	3. 用主题分析学员的深刻度	八大关注
	4. 用角度风格形式分析学员的创新度	角度创新、风格形式
	5. 用情理分析学员的和合度	五情五理：情理均衡

讲次 （一级知识点）	教学点 （二级知识点）	三级知识点
第五讲： 学员练习册	1. 用笔名、扉页等形式建立"作品"概念	知识评价：按照五颗星作为评判标准，不同星级收获不一样，高等级作品发表、小明星，引导孩子向高等级挑战。 态度评价：（同上）
	2. 每个学员每课程至少有一篇被精批发表	可以选择孩子进步作品、优秀作品、知识点运用准确作品、篇幅进步作品等
	3. 小组最后借助作品册表演教育情景剧拍摄上传	线上、线下宣传展示的形式
第六讲： 班级优秀作品册	1. 班级优秀作品册的每讲至少积累两篇以上	课前：提前做好本节课特服计划/课中：观察孩子特点、完成特服、根据实际情况收集录作品册学生名单；课后：根据作品实际情况＋特服＋观察
	2. 班级优秀作品每讲要在群里展示续编	使用编写文字的形式续编或者录制音频、视频的形式
第七讲： 优秀作品的宣传	1. 推荐发表的渠道——从家长接触最多的app和形式，在此基础上拓展新的发表宣传方式，分为线上＋线下	1. 线上扩大影响：班级群、朋友圈发布链接
		2. 线下增强作品意识、家校互联意识：现场选举投票
	2. 微信宣传点赞投票	1. 美篇链接 2. 朋友圈集赞 3. 公众号投票
第八讲： 班级作业分析	1. 全班初测与终测对比	1. 知识点的运用对比 2. 星级——态度的对比 3. 速度的对比
	2. 展现精批的数量和发表点赞结果	1. 展现精批的数量 2. 发表点赞结果

表 16 教师个性关注能力培训知识点

讲次 （一级知识点）	教学点 （二级知识点）	三级知识点
第一讲： 预约发言/表演	1. 选择粉丝客户与潜退客户	1. 重点特服对象（粉丝学员） 2. 重点展示对象（优秀学员、进步学员） 3. 重点鼓励对象（维退学员）
	2. 电话或微信与家长共同准备孩子第二天表现	1. 确定预约发言环节 2. 确定预约表演内容
第二讲： 成长银行	1. 积分换喔币的管理制度	1. 积分累计制 2. 喔币互换制
	2. 课堂加分的标准	1. 个人加分 30～200 分/每次 2. 班级加分大于 100 分/每次 3. 惊喜加分小于 500 分/每次
	3. 如何实现喔币兑换	1. 兑换时间 2. 兑换要求 3. 兑换礼品及阳光之星
第三讲： 如何评选阳光之星	1. 奖项设置（七大能力）	1. 设置不同的奖项： 如口才奖：参与小小演说家，成为喔记者或喔主持 阳光之星（进步等均可）喔明星个人经历分享，照片、故事、心得上墙等 文学创作之星：加入喔影视剧、小电影编写等
	2. 颁奖时建立仪式感	2. 班级举行颁奖典礼/校区举行颁奖
第四讲： 如何做好学习规划	1. 专项素养提升计划，规划专业学习	1. 七大能力：听、读、研、思、说、写、演
	2. 综合素养提升计划，规划基础学习	K1～K8 各年级课程
	3. 潜能开发计划，选拔精品学习	2. 针对有天赋某一项重点培养，按照九级标准逐步提升

表17 体验课第一讲培训知识点

讲次 （一级知识点）	教学点 （二级知识点）	三级知识点
第一讲： 体验课第一课 课前演练	1. 演课演练	1.1 "学"部分演练
		1.2 "练"部分演练
		1.3 "展"部分演练
	2. 服务演练	2.1 "评"部分演练
第二讲： 体验课第一课 彩排演练	修改彩排剧本	1. 安排好剧本角色：小和尚、老和尚、阳阳、光光、喔喔，选定5个学生分别出演
		2. 修改优化台词
		3. 提前准备文化包：背景、道具、服装、音效
		4. 规划彩排时间：半小时
第三讲： 家长会演练	1. 修改家长会汇报卡	1. 自我介绍模板准备
		2. 本讲课程内容、环节介绍演练
		3. 学员分类分析话术模板准备：专注力问题、思维问题、写作速度问题、表现力问题等
	2. 家长会汇报演练	1. 持手卡整体彩排演练，演练时间15分钟
		2. 脱稿整体彩排演练，演练时间15分钟
第四讲： 体验课第一课 课后演练	1. 作业批改	1. 制定/优化学员作业上交登记表
		2. 分析作业评价表：态度评价、效率评价。明确本将教学目标
		3. 普批的要求：每页文稿纸至少三处旁批，错误句子、词语、字要标注修改。作业评分根据普批评价表给评分：态度＋效率
	2. 精批服务	1. 赏析式精批（文学性、社会性、历史性、思想性……）
		2. 示范式精批（指问题、讲方法、做示范对比）
		3. 素养分析式精批（5大素养分析）
第五讲： 体验课第一课 上课	1. 执行第一课课前课中课后任务	1. 课前：预习推送、简案推送、学员考勤
		2. 课中：执行特服
		3. 课后：复习推送、作业精批、普批
	2. 彩排演练	按照修改后的剧本进行角色安排、台词安排、道具安排、过场彩排

表 18 体验课第二讲培训知识点

讲次 （一级知识点）	教学点 （二级知识点）	三级知识点
第一讲： 体验课第二课 课前演练	1. 演课演练	1.1 "学"部分演练
		1.2 "练"部分演练
		1.3 "展"部分演练
	2. 服务演练	2.1 "评"部分演练
第二讲： 体验课第二课 彩排演练	修改彩排剧本	1. 安排好剧本角色：小和尚、老和尚、阳阳、光光、喔喔，选定5个学生分别出演
		2. 修改优化台词
		3. 提前准备文化包：背景、道具、服装、音效
		4. 规划彩排时间：半小时
第三讲： 体验课第二课 课后演练	1. 作业批改	1. 制定/优化学员作业上交登记表。
		2. 分析作业评价表：态度评价、效率评价。明确本将教学目标
		3. 普批的要求：每页文稿纸至少三处旁批，错误句子、词语、字要标注修改。作业评分根据普批评价表给评分：态度+效率
	2. 精批服务	1. 赏析式精批（文学性、社会性、历史性、思想性……）
		2. 示范式精批（指问题、讲方法、做示范对比）
		3. 素养分析式精批（5大素养分析）
第四讲： 体验课第二课 上课	1. 执行第一课课前课中课后任务	1. 课前：预习推送、简案推送、学员考勤
		2. 课中：执行特服
		3. 课后：复习推送、作业精批、普批
	2. 彩排演练	按照修改后的剧本进行角色安排、台词安排、道具安排、过场彩排

表 19 体验课第三讲培训知识点

讲次 （一级知识点）	教学点 （二级知识点）	三级知识点
第一讲： 体验课第三课 课前演练	1. 演课演练	1.1 "学"部分演练
		1.2 "练"部分演练
		1.3 "展"部分演练
	2. 服务演练	2.1 "评"部分演练

续表

讲次 (一级知识点)	教学点 (二级知识点)	三级知识点
第二讲： 体验课第三课 彩排演练	修改彩排剧本	1. 安排好剧本角色：小和尚、老和尚、阳阳、光光、喔喔，选定5个学生分别出演 2. 修改优化台词 3. 提前准备文化包：背景、道具、服装、音效 4. 规划彩排时间：半小时
第三讲： 体验课第三课 课后演练	1. 作业批改	1. 制定/优化学员作业上交登记表 2. 分析作业评价表：态度评价、效率评价。明确本将教学目标 3. 普批的要求：每页文稿纸至少三处旁批，错误句子、词语、字要标注修改。作业评分根据普批评价表给评分：态度+效率
	2. 精批服务	1. 赏析式精批（文学性、社会性、历史性、思想性……） 2. 示范式精批（指问题、讲方法、做示范对比） 3. 素养分析式精批（5大素养分析）
第四讲： 体验课第三课 上课	1. 执行第一课课前课中课后任务	1. 课前：预习推送、简案推送、学员考勤 2. 课中：执行特服 3. 课后：复习推送、作业精批、普批
	2. 彩排演练	按照修改后的剧本进行角色安排、台词安排、道具安排、过场彩排

表20 体验课第四讲培训知识点

讲次 (一级知识点)	教学点 (二级知识点)	三级知识点
第一讲： 体验课第四课 课前演练	1. 演课演练	1.1 "学"部分演练 1.2 "练"部分演练 1.3 "展"部分演练
	2. 服务演练	2.1 "评"部分演练
第二讲： 体验课第四课 彩排演练	修改彩排剧本	1. 安排好剧本角色：小和尚、老和尚、阳阳、光光、喔喔，选定5个学生分别出演 2. 修改优化台词 3. 提前准备文化包：背景、道具、服装、音效 4. 规划彩排时间：半小时

续表

讲次 （一级知识点）	教学点 （二级知识点）	三级知识点
第三讲： 体验课第四课 课后演练	1. 作业批改	1. 制定/优化学员作业上交登记表
		2. 分析作业评价表：态度评价、效率评价。明确本将教学目标
		3. 普批的要求：每页文稿纸至少三处旁批，错误句子、词语、字要标注修改。作业评分根据普批评价表给评分：态度+效率
	2. 精批服务	1. 赏析式精批（文学性、社会性、历史性、思想性……）
		2. 示范式精批（指问题、讲方法、做示范对比）
		3. 素养分析式精批（五大素养分析）
第四讲： 体验课第四课 上课	1. 执行第一课课前课中课后任务	1. 课前：预习推送、简案推送、学员考勤
		2. 课中：执行特服
		3. 课后：复习推送、作业精批、普批
	2. 彩排演练	按照修改后的剧本进行角色安排、台词安排、道具安排、过场彩排

表21 体验课第五讲培训知识点

讲次 （一级知识点）	教学点 （二级知识点）	三级知识点
第一讲： 体验课第五课 课前演练	1. 演课演练	1.1 "学"部分演练
		1.2 "练"部分演练
		1.3 "展"部分演练
	2. 服务演练	2.1 "评"部分演练
第二讲： 体验课第五课 彩排演练	修改彩排剧本	1. 安排好剧本角色：小和尚、老和尚、阳阳、光光、喔喔，选定5个学生分别出演
		2. 修改优化台词
		3. 提前准备文化包：背景、道具、服装、音效
		4. 规划彩排时间：半小时

续表

讲次（一级知识点）	教学点（二级知识点）	三级知识点
第三讲：体验课第五课课后演练	1. 作业批改	1. 制定/优化学员作业上交登记表
		2. 分析作业评价表：态度评价、效率评价。明确本将教学目标
		3. 普批的要求：每页文稿纸至少三处旁批，错误句子、词语、字要标注修改。作业评分根据普批评价表给评分：态度+效率
	2. 精批服务	1. 赏析式精批（文学性、社会性、历史性、思想性……）
		2. 示范式精批（指问题、讲方法、做示范对比）
		3. 素养分析式精批（5大素养分析）
第四讲：体验课第五课上课	1. 执行第一课课前课中课后任务	1. 课前：预习推送、简案推送、学员考勤
		2. 课中：执行特服
		3. 课后：复习推送、作业精批、普批
	2. 彩排演练	按照修改后的剧本进行角色安排、台词安排、道具安排、过场彩排

表22 体验课第六讲培训知识点

讲次（一级知识点）	教学点（二级知识点）	三级知识点
第一讲：体验课第六课课前演练	1. 演课演练	1.1 "学"部分演练
		1.2 "练"部分演练
		1.3 "展"部分演练
	2. 服务演练	2.1 "评"部分演练
第二讲：体验课第六课彩排演练	修改彩排剧本	1. 根据孩子们五次作品，进行整体的设计，包括彩排时间、优化台词
		2. 安排好剧本角色：小和尚、老和尚、阳阳、光光、喔喔，以及其余所有会出场的人物，选定对应学生分别出演
		3. 提前准备文化包：背景、道具、服装、音效
第三讲：体验课第六课课后演练	1. 作业批改	整理所有学生作品，制作个人作品册
	2. 精批服务	整理优秀学生作品，制作班级作品册
第四讲：体验课第六课上课	1. 执行第六课课前课中课后任务	1. 课前
		2. 课中
		3. 课后
	2. 彩排演练	按照修改后的剧本进行角色安排、台词安排、道具安排、过场彩排

表 23 体验课第七讲培训知识点

讲次 （一级知识点）	教学点 （二级知识点）	三级知识点
第一讲： 体验课第七课 课前演练	成果展示会演练	1. 演流程 2. 演内容
第二讲： 体验课第七课 彩排演练	修改彩排剧本	最终结合前几次的彩排演练，做最终的细节调整，包括彩排时间、优化台词、文化包充实完善（背景、道具、服装、音效等）
第三讲： 展示会会演练	1. 修改展示会汇报卡	1. 展示会模板准备 2. 班级质量分析 3. 成果展示
	2. 展示会汇报演练	1. 持手卡整体彩排演练，演练时间20分钟。 2. 脱稿整体彩排演练，演练时间20分钟。
第四讲： 体验课第七课 上课	执行第七课课前课中课后任务	1. 课前：成果展示会通知、准备好展示会的所需物资（作品册、学习资料、台签、家长会签到表等） 2. 课中：成果展示会汇报 3. 课后：学习方案服务、学习课表服务（跟单）

除了各种出色的技巧之外，入职培训还能够给予老师充分的安全感，让老师胸中有沟壑，走上讲台心不慌。

考核

经过入职培训之后，老师就要参加考核。考核分为随堂考核和综合考核。

随堂考核极具机动性，附在每一次生态语文教师培训课程之后，立即验收课堂吸收。随堂考核过后不仅利于培训师掌握新老师情况，也有利于新老师对生态语文教师培训课程的二次吸收和理解。

而综合考试则是安排在新教师入职培训的尾端，更看重的是老师的综合能力。考核能否把每一次生态语文教师培训课程的内容融会贯通，化抽象的知识为生动的课堂技巧。只有通过综合考试的老师才能拿到课程从教资格证和阳光喔教师资格证，只有持证的老师才能正式走向光荣的教师岗位。

在岗培训

新入职培训的老师虽然顺利通过考核。但是距离一位优秀的教师还很远，所以我们还会支持在岗教研培训。在岗培训包括产品培训、能力培训，对于某方面能力薄弱的会分成专项培训小组，由中师汇智研究院专门培训。控堂、知识分解能力、语言智慧、板书等专项也均会在岗回炉。

教研课

当正式走向教师岗位后，可能会有烦琐的行政流程、繁重的作业批改负担，驳杂的人际交流，但是老师从不放松对教研的要求，每课必修、每课必磨。一个知识点需要经过漫长的打磨，才能从教育专家的教研成果落实到孩子的笔端。

有一个新老师常反映，自己的学生上课时总是一脸疑惑。原因是他的措辞不符合学生的年龄层。比如，他说：写文章要多加入细节，比如动作描写要先找"动作部位"再加上"动词"。在这个句子中间出现了三个概念"细节""动作部位""动词"，学生难免不懂。应当是先举例，用例子引出答案，再跟学生总结。他问："这幅图描述了一个怎么样的场景？"提问可以换成："他们在干什么呢？"只有教学语言更贴近学生的理解范畴，才可以调动学生回答的积极性。

联合教研

所谓"知己知彼,方能百战百胜",阳光喔联合多方教研。上至一线城市重点高校,下至区里的小学。校企合作旨在储备企业人才,与高校合作更好地培养未来阳光喔老师。

2018年,广州市华南师范大学文学院团委举办以"会四方学子,展师范新风"为主题的"一团二营"总结研讨会。广州阳光喔教育正式挂牌成为华南师范大学师范技能实训基地。回顾阳光喔与华师文学院的合作之旅,充满了双方对培育未来教育英才的坚定信念。华南师范大学文学院团委师范技能提升训练项目正式启动。首次报名爆满,超过200人。经过层层筛选,最终选取了60名学员参与教学实践培训。同学们了解到优秀的教师是需要经过千锤百炼。历经5个月,十三讲课的培训,包括教案编写、授课技巧、PPT制作、课堂表现力及板书设计等内容。同学们在讲师的指引下如雏鹰般汲取教学技巧养分,准备在教学的领域展翅高飞。同学们表示课程设置有趣,实践说课更是让他们认识到不足,努力调整,为未来成为优秀教师打下坚实基础。经过阳光喔的讲师一学期以来的教学指导,由浅入深地将理论与实践相结合,同学们在教学技能方面已经得到了大幅度的锻炼和提升,这无疑是一次成功的院企合作,不仅能培养在校大学生教师基本功,更能为培养企业人才,储备阳光喔明日之星。

比武大赛

教学只有在不断切磋、不断汲取中才能不断进步,不断迸发,教师比武大赛中,老师们各出奇招,全力以赴,大放异彩,呈现出一个又一个精彩的瞬间。

在比武大赛中,有一位老师在大赛前竟拿着日记在读,我很是好奇。

她任教多年，带的学生很多，平时工作也忙碌。但是和她聊起天来发现她竟然保持一个听起来好像很古老的习惯——写日记。翻开安静的日记本，每一个字都充满了生命力，我读到了活力四射的日常，更看到了她对自己专业领域的思考记录。每讲课后她都及时地总结课堂情况并对自己之后的教学提出更高的要求。比武大赛之前，她还专门拿来日记，想再复习复习。

她的日记这样写着：

加强课堂正面激励：阳光喔的课堂是知识、快乐、成长的课堂。我应该尽力让学生感受到快乐。比如细心观察，发现学生的闪光点，赞赏学生的点滴进步，课堂上多加分，物质上奖励小礼品，课下多提高自己的道德点评+技术点评的能力，课上给学生更贴切、到位、实用的点评，让学生获得浅层和深层双重快乐。

运用好各个课堂环节：之前我对课堂环节是比较不清晰的，比如作业点将台，我应该在这个环节，点评学生作业，大力表扬写得好的学生，让他们感到自豪，从而对写作产生更多的自信。

课堂细节：学生写作文之前，可以稍微放慢节奏、整顿纪律，先带领学生回忆作文思路，而不是让作文来得猝不及防。

常思常新，常新长久。最后，这个老师获得了比武大赛最优秀的名次。正是日记本里那些认真的文字，让她得到了这个殊荣。

第六节
让科研成果真正走进教学一线

——生态语文科研成果的全方位推广

甄选让一线语文教师满意的科研成果

相对于数学、英语等学科，语文教育的研究流派众多，用"令人眼花缭乱"来形容也不为过。曾有人总结过改革开放以来，语文教学的若干流派，包括以于漪、欧阳代娜、程翔等为代表的情感派，以钱梦龙、洪宗礼、蔡澄清等为代表的导读派，以宁鸿彬为代表的思维派，以魏书生、张富、严振遥等为代表的管理派，以洪镇涛为代表的语感派，以张孝纯、姚竹青等为代表的大语文教育，以武镇北、王文延为代表的目标派，以李吉林为代表的情境派，等等，近20种。这还不包括以高校学者研究方向及地域语文教育教学特征等为标准划分的派别，几大师范类院校语文教育研究自成体系，各省市也各具特色。单作文教学，目前进入"眼帘"的就有素描作文、童化作文、学科作文、滚动快速作文等十余种。而这些派别、种类无不是语文教学科研人员进行理论与实践研究的成果。

研究领域的"百花齐放"原本是一件好事，但是相对于教学管理人员和一线语文教师，反而成了一种负担。遵循哪个派别、运用何种研究成果，本身是个难题。再加上科研成果参差不齐、鱼龙混杂，以至于教育部门与校长、语文教师在面对一个陌生的新科研成果时，首先的态度是"质疑"和"抗拒"。真正优质的科研成果要想运用到一线，首先要"破壁"，扫清管理者和语文教师的思想障碍，这无疑增加了科研成果落地的时间成本，甚至有很多好的成果因此"搁浅"。

我在进行"十二五"作文课题研究及成果推广过程中，也遇到过类似的情况。因此，甄选优质科研成果显得尤为重要。

结合近20年科研成果推广经验，我认为优质的科研成果必须具备四个基本条件：符合教育政策与原理、可操作性强、符合本地学情、切实有效。这四个条件看似简单，要想达到并不容易。

首先，一线语文教师的科研往往是教学实践经验的总结，缺乏教育理论的引领，不乏老师为自己的科研成果贴理论标签的情况，但更多的情况是，研究者根本不理解甚至不了解背后的教育原理。

其次，高校学者研究成果学理性强，不过要抵达教学实践，还需要搭建合适的"梯子"。可喜的是，现在越来越多的大学教授开始走进小学课堂，给日常的教学赋予理论支撑。

再次，符合学情。要达到这一点，在成果推广前，须"坐下来"与当地的教学管理者、老师、家长、学生进行深入的交流和调研，并根据调研情况调整实施方案。现实情况是，成果推广人员没有时间做调研，同时也可能处于"捍卫"成果的考虑，对成果适用性过于自信，不能结合应用当地实际情况进行调整。最终的结果就是，成果可能是"好"成果，可惜"水土不服"，无法落地生根。

最后，切实有效。"有效"有两个基本评判标准：教师素养的提升及学生素养的提升。一个科研成果或项目的推广，要么为当地培养了一批骨干教师，要么学生素养得到一定程度的提升。测评和评估体系在这个环节显得尤为重要。

在甄选优质科研成果的过程中，我也发现像阳光喔这样的社会力量办学或民间机构，在进行科研成果研究与推广时有着天然的优势。首先，这类机构既有责任担当，又灵活高效，尤其在整合高校资源方面，因"无派别的中立身份"，反而更容易聚集各领域的权威学者。其次，民办教科研机构更贴近社会需求。在市场化背景下，只有市场回报才能给民办科研机构的创新带来持续投入。机构对科研人员的评价方式，则完全取决于项目的转化率。这样的研究有的放矢、接地气，创新也就源源不断。另外，民办机构的机制灵活，使得资源使用和人才引进培养更高效。民办科研机构人才的提拔、运用，不需要受到硬性条件的牵制，员工实行全员聘用制，优胜劣汰，最大限度地提高资源使用和人才引进、培养的效率。

因此，结合民办科研机构的优势，根据优质科研成果的甄选标准，我们围绕生态语文的七大能力，在全国乃至全球范围内遴选提高学生倾听力、阅读力、研学力、思维力、口语力、写作力、表演力等方面的理论与实践研究成果，这样既避免了重复研究，又节约了资源和时间。

多层次、全方位推广科研成果

目前，我们甄选的科研成果已在全国多个城市进行了多层次、全方位的试点推广，得到了广泛好评，也成为中国教科院教改实验区的推广项目之一。主要呈现出以下特点：

第一，地域覆盖广泛。从北京朝阳区试点成功，到全国 200 多所课题实验校推广，再到马来西亚及新加坡等国家引进生态语文理念，生态语文科研成果已从区域走向全国，走向东南亚乃至全世界。

第二，使用成果的机构多样，涵盖高等院校、公办中小学校、民办教育机构、民办学历学校以及国际学校等。天津师范大学、华南师范大学等高校将生态语文师训课程引入高校公选课堂，以响应全国教育大会精神，把握新时代教育发展规律，提升大学生综合素质。而北京、长沙、深圳、广州、武汉、西安、太原等多地的公办中小学校加入课题研究，共享生态语文科研成果的同时，也有机会展示各校的语文教育特色。生态语文科研成果还同时运用于全国100多个城市的语文培训学校，年学习人次达30余万，影响广泛。近年来，一些国际学校，如北京芳草地国际学校、广州加拿大国际学校也开始引进生态语文项目，以越过语言障碍，寻求教育共通之处。

第三，影响的人群众多。在进行生态语文研究与成果推广过程中，高校学者、教科研专家、教育管理人员、大学生、语文教师、学生、家长等都参与其中，认可生态语文理念，并将成果付诸实践。

第四，推广的形式多样。针对民办教育机构，可进行科研成果的直接推广，输出教师培训、课程、教材、教法、教具等生态语文教学体系，并通过测评监管实施效果。

在推向公办中小学校时，我们更倾向于与教育主管部门合作，北京市朝阳区生态语文项目的成果实施就离不开朝阳区教委的大力支持。朝阳区教委在深入了解成果后，成立了课题领导小组，并在全区范围内选择了教学实力处于不同水平的34所学校进行推广。项目结束时，课题组为朝阳区培养了73名作文骨干教师、30名优秀科研管理人员，学生的作文水平和综合素养也得到了明显提高。

在推广科研成果时，我们还取得部分公益基金会的支持。2018年，海南省教培院在全省范围内推广"十二五"作文教学与创新人才早期培养课题成果时，爱语文公益基金即给予了赞助，使得科研成果得以顺利落地。

我们也随时收集科研成果推广过程中的反馈，朝阳区教委领导在总结中指出："通过实施生态语文项目，有四点主要收获：相对于传统语文教学，语文教师及教学管理者对语文教学与作文教学有了新认识；历次课题活动与培训为作文教学切实带来了新教学方法；更为重要的是，课题为青年骨干教师提供了一个良好的成长与展示平台；而这些点滴进步又推动着整体教学质量的提升，最终受益者是学生，学生写作水平与语文素养得到了提升。"

而课题指导专家则这样评价：第一，"在'作文与创新人才培养'总课题组及负责人罗老师的指导与引领下，大部分子课题单位、学校已经达到了专业研究人员的水平，非常规范，这对于学校整体科研能力及教师教育教学水平的提升将起到重要的推动作用；第二，子课题校的表达能力及成果展示能力也得到了不断提升，比如山西太原万柏林区外国语小学，比如北京市海淀区羊坊店第五小学。"

参与项目的语文教师反馈："通过课题研究，学生的作文选材能力和思维广度得到提升，并且更明显地提升了对于他人、群体、历史、哲学、信仰、文化、民族、社会的关注。增见识长学问，拓展思路，改变思维习惯，促进个人进步，在生活中保有一颗积极乐观热爱国家的沸腾的心，这是真正在培养创新型人才。"

让现代科技助力科研成果推广

教育的发展与科技的进步往往相辅相成。随着现代科技及互联网技术的发展，"互联网+"教育、AI（人工智能）教育前进的脚步迈得更快了。尽管对在线教育曾有过一段观望和质疑的时期，以在线教育为主营业务的企业已经历过一次"洗牌"，但不得不承认，现代科技能让教育超越时间与空间的限制，简化并节约知识传递和存储的周期，通过大数据分析使得教育更加精准和个性化。

因而，在未来科研成果推广过程中，我们将充分借用现代科技的力量。实际上，我们在这方面已经开始了探索。现在正在研发的生态语文指数测评体系及以 3.0 标准进行课堂建设，就是受益于互联网、大数据等技术的发展。未来我们还将建立分别针对学生和语文教师使用的在线平台，集社群、活动、论坛、评选、测评（师生）、分享、课件、公开课、线上培训于一体，及时、快速、迅捷地分享优质科研成果，让更多的人受益，提高学生综合素养，全面提升国民素养，推动文化传承。

第七章 生态语文素养测评

第一节
语文素养，发掘创新人才

——生态语文素养测评的前期探索

中国绝大多数家长和孩子最直接关心的就是语文的分数和成绩。往往忽视了能力与素养，而当今国家需要的人才是创新人才，早已不再是单一的知识型人才。

经过30多年的研究与论证，我和阳光喔的研发团队发现生态语文首先是关注能力与素养的语文，这样培养的人才，才具备核心语文素养才是国家需要的创新人才。

例如，家长要让孩子养成早睡的好习惯，关注分数的语文就是这样教孩子：让孩子背诵早睡的10大好处，晚睡的10大坏处。结果孩子参加考试，回答早睡的好处可以得满分，但是孩子却并没有养成早睡的好习惯。生态语文教育观念指导下的家长会这样教孩子：我们每个人都是一封信,床就是信封,被子就是封条,我们每个人到了晚上就要把自己寄给梦想,早上梦想又把我们寄回来,看看爸爸妈妈和你谁先把自己寄给梦想。这样孩子很快就能享受早睡的好处,养成早睡的习惯,但是可能考试时早睡的好处,孩子会答不上来。家长到底是要孩子会回答早睡的好处,还是养成早睡的习惯呢?

我们以知识为中心的语文教育教出来的孩子只能是:有知识!以知识为中心的语文教育,孩子提升的仅仅是回答知识的能力。以孩子为中心的语文教育,知识会为孩子服务。在教孩子选材时,目的是发展孩子的发散思维;在选择主题时,目的是培养孩子的生命意义;在遣词造句时,是在通过文笔典雅度培养孩子的文化气质;等等。这样的教育我们称为生态语文教育,这样才能教育出有能力的学生。

我认为语文学习的宗旨:不是做知识的二传手,而是让生命更加精彩!

生态语文素养的五维框架和七种能力的现状,是实施生态语文教学的基础及依据,因而建立素养标准及测评体系显得尤为重要。

基于语文教育理念,我和阳光喔研发团队在 30 年 200 多万学生的教学实践基础上,联合武汉大学罗积勇教授团队、西南大学荣维东教授团队,在中国教科院吴霓博导团队等专家的指导下,进行了生态语文素养测评的前期探索,研发了一套生态语文素养测评体系,成为国家教育部"十二五"规划课题的重要成果之一。

生态语文素养中体现的五个维度:一、思维的广博度;二、表达的典雅度;三、思想的深刻度;四、表现的创新度;五、人生的和合度,价值观。整个测评体系即以此为测评标准,建立了测评体系。

建立测评体系

1. 测评标准

表1 五大素养测评标准

五大素养测评标准		
测评模块	测评维度	理想值
广博度	生活空间：家庭、学校、社会 知识空间：历史、文学、科学、哲学、音乐、美术、体育、舞蹈、风俗、法律、战争、新闻、时尚等 想象空间：童话、神话、科幻、虚拟	13
典雅度	俗：恶俗、低俗、通俗 雅：文雅、典雅、高雅 酸：酸气、酸涩、酸腐	9
深刻度	小我：关注自我、关注他人 大我：关注群体、关注社会、关注民族 真我：关注历史、关注哲学、关注信仰	8
创新度	个性角度：一般角度、个性 个性形式：基本、艺术、个性 个性风格：悲剧、喜剧、优美、幽默、个性等	10
和合度	情感（亲情、友情、师生情、故乡情、民族情）与理性（人性、环保、和平、成长、社会问题）表达的占比	5：5

2. 测评方式与流程

基础版的生态语文素养测评采用试卷作答的形式进行数据采集，其基本流程如下：

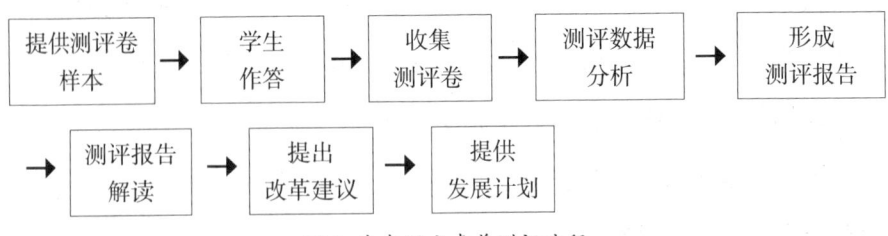

提供测评卷样本 → 学生作答 → 收集测评卷 → 测评数据分析 → 形成测评报告

→ 测评报告解读 → 提出改革建议 → 提供发展计划

图1 生态语文素养测评流程

我和阳光喔总课题组在课题研究期间，对北京、上海、武汉、深圳、广州等地的20余万学生进行了生态语文素养测评，测评结果反映生态语文素养现状如下：

思维广度素养测评

思维广度即能从三大空间——生活、知识、想象空间中思考与选材。生活空间又包括：家庭、学校、社会；知识空间包括：历史、文学、科学、哲学、体育、音乐、艺术、战争、法律、民俗、新闻、美术；想象空间包括：童话、神话、科幻、虚拟，总共18个维度。

测试题：《他（她）值得夸奖》，看到《他（她）值得夸奖》这个作文题，你想到哪些人物？

测试结果中，来自生活空间的答案归类如下：

来自家庭空间的答案：妈妈、爸爸、爷爷、奶奶、弟弟、哥哥、姐姐、妹妹等……

来自学校空间的答案：老师、同桌、××（具体姓名）、班长、小组长、劳动委员……

来自社会空间的答案：警察叔叔、清洁工阿姨、便利店老板的女儿、路边卖商品的小贩、公交车司机叔叔……

测试结果中，来自于知识空间的答案归类如下：

来自历史空间的答案：李白、曹操、武则天、诸葛亮、关羽、李世民……

来自文学空间的答案：鲁迅、冰心、胡适、莫言、茅盾……

来自科学空间的答案：张衡、袁隆平、牛顿、法拉利……

来自哲学空间的答案：柏拉图、罗素、黑格尔、哥白尼……

来自体育空间的答案：刘翔、李宁、张佳宁、李小双、王浩……

来自音乐空间的答案：贝多芬、肖邦、聂耳、李云迪、郎朗……

来自艺术空间的答案：杨丽萍、金星、宋祖英……

来自战争空间的答案：李云龙、朱德、毛主席……

来自法律空间的答案：韩非子、撒贝宁……

来自民俗空间的答案：刘三姐……

来自新闻空间的答案：乔布斯、希拉里、梅西……

来自美术空间的答案：唐伯虎、罗丹、齐白石、徐悲鸿……

测试结果中，来自于想象空间的答案归类如下：

来自童话空间的答案：小美人鱼、渔夫、聪明的农家女、莴苣姑娘……

来自神话空间的答案：盘古、后羿、维纳斯、宙斯……

来自科幻空间的答案：美国队长、变形金刚擎天柱、蜘蛛侠、钢铁侠……

来自虚拟空间的答案：初音未来、孙悟空、米老鼠……

我们将来自任意空间的一个答案，分值定为"1"，通过对20余万学生进行了思维广度测评，通过我和阳光喔团队从1988年开始教学起，发现学生通过思维训练，思维的广博度可提高到的平均值为13，我们把13定为学生广博度的理想值。

通过数据调研，广博度最高的城市：2.9；最低的城市：1.7；平均：2.21。这个数值离我们的目标值"13"差距很大，具体数据如下：

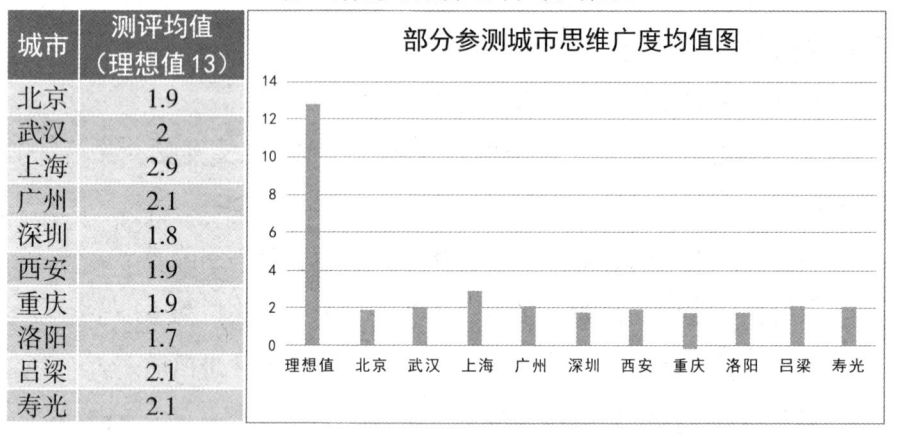

表2 部分参测城市思维广度均值图

城市	测评均值（理想值13）
北京	1.9
武汉	2
上海	2.9
广州	2.1
深圳	1.8
西安	1.9
重庆	1.9
洛阳	1.7
吕梁	2.1
寿光	2.1

分析可得：

一、生活空间

1. 3个选项：学生对生活的关注面较宽，是一个生活的有心人，能表达自己在生活中的见闻和感悟。

2. 两个选项：学生对生活有一定的关注度，并能表达自己在生活中的一些真情实感。

3. 1 个选项：学生关注生活，能在作文中展现身边的人和事。

4. 0 个选项：学生对生活缺乏关注，要多留意和关注身边的人和事噢！

二、知识空间

1. 5～6 个选项：学生能博览群书，采众家之长，所以学生的文章才能旁征博引。

2. 3～4 个选项：学生有较大的阅读量，能在文章中展现出较丰富的知识点，让其与众不同。

3. 1～2 个选项：学生有一定的阅读量，并能将书中的知识为我所用。

4. 0 个选项：学生的文章从选材来看缺乏知识的厚度。

三、想象空间

1. 4 个选项：学生的想象力丰富，思维活跃，能在作文中大胆运用想象，使其洋溢着童真童趣。

2. 2～3 个选项：学生有较好的想象力，独具个性思维，能在作文中展现童真童趣。

3. 1 个选项：学生有一定的想象力，内心依然留存童真童趣，思维未被束缚。

4. 0 个选项：选材中看不到学生的个性想象，思维易形成定式。请早日摆脱束缚，为自己的人生留一份童趣。

思维深刻度素养分析

2016 年 10 月初，受某全国作文大赛竞赛委员会邀请，我为经过选拔即将参赛的孩子们，做了一场关于文章主题的讲座。

我顺势拿起桌上一瓶矿泉水，对孩子们说道："面对这普普通通、无色无味的一瓶水,你能够思考出哪些主题?对于'矿泉水',你能想到用什么故事来表达你的主题?"

一个孩子举起手,说道:"放学回家,妈妈给我递上一瓶水。"另一个孩子说道:"上周的秋游活动,奶奶给我准备了两瓶矿泉水,怕我口渴。"

我评价道,刚才两位的发言都是"关注自我"类的主题。我们再发散一下,可以关注亲人,关注朋友,关注身边的人。这样,举手的孩子更多了,有的说:"我给爸爸递上了一瓶矿泉水。"有的说:"我给清洁工阿姨递上了一瓶水。"孩子们已经上升到"关注他人"这个层级。

接着我让孩子们以"矿泉水"为抓手,引导他们思维再向前发展,思考如何关注群体、关注社会、关注民族、关注历史。孩子们仿佛一下开窍了,不少同学举起手来。

有的说:"炎炎夏日,城市多处可见爱心冰箱,为清洁工、交警等户外工作着提供免费冰凉矿泉水。"(关注群体)有的说:"北京查出多处假雀巢桶装矿泉水,售价一桶仅 3 元,假矿泉水流入市场,严重危害了消费者身体健康。"(关注社会)有的说:"2014 年恒大冰泉矿泉水在人民大会堂,与英、法、德、俄、意、荷兰、西班牙、匈牙利、土耳其、波兰、斯洛伐克、白俄罗斯、瑞典等欧洲 13 个主要国家经销商代表正式签订分销协议。这是中国矿泉水第一次出口全球,实现'一处水源供全球'。"(关注民族)还有的说:"1970 年,我国生产出了第一瓶矿泉水。"(关注历史)

最后,我引导孩子们向第三阶梯进发。

"做人如这杯中水,切莫要'满瓶子不荡,半瓶水晃荡'。"(关注哲理)

"上善若水,厚德载物。"(关注信仰)

从 1998 年到 2003 年,历时五年,我研发出的《主题与境界》课程,引导孩子们关注自我、关注他人、关注群体、关注社会、关注民族、关注中外历史、关注哲学、关注信仰的八个思维梯度,不断拓展学生思维深度。

这次的测评我从学生的作文主题来分析学生的思维深度，第一级——八大关注其中关注自我，第二级——关注他人，第三级——关注群体，第四级——中级等级，第五级——关注社会，第六级——关注民族，第七级——关注历史，第八级——关注哲学、关注信仰。

测试题：五（1）班即将围绕"水"组织班会，请你为本次班会设计一个主题。

根据学生设计的主题关注统计结果，每一个答案，我们从关注内容来评定等级：

第一级——关注自我。

第二级——关注他人。

第三级——关注群体。

第四级——中级等级。

第五级——关注社会。

第六级——关注民族。

第七级——关注历史。

第八级——关注哲学、关注信仰。

过对20余万学生进行了思维深度测评，通过我和阳光喔团队从1988年开始教学起，发现学生通过思维训练，思维深度可提高到的平均值为8，我们把8定为学生广博度的理想值。

表3 部分参测城市思维深度均值图

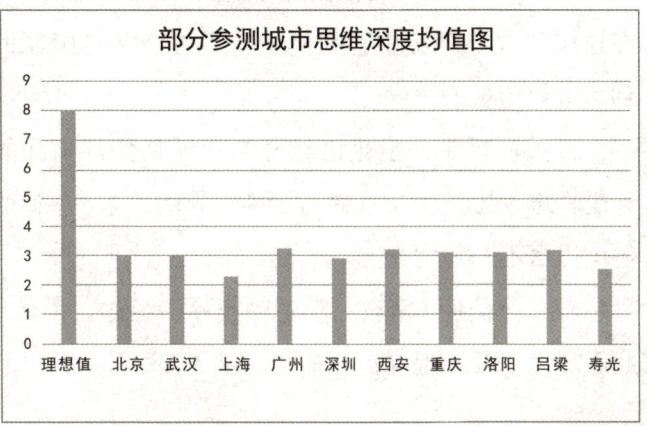

城市	测评均值（理想值8）
北京	3
武汉	3
上海	2.3
广州	3.2
深圳	2.9
西安	3.2
重庆	3.1
洛阳	3.1
吕梁	3.2
寿光	2.6

深刻度：通过数据调研发现，关注自我的学生占比为 97.1%，关注他人的有 37%，关注群体的有 1.7%，而其他关注仅为 0.8%。测试结果举例我们的目标值"8"差距很大，分析可得：

1. 关注自我：学生照顾自我，就是对别人最好的回报。但如果过度关注自我，在别人眼里就是一种自私。

2. 关注他人：学生能把目光投向他人，无论是感受他人的情感抑或是释放自己对他人的爱，都是跳出了"小我"的圈子。从一个一个的"他人"那里，学生会受益匪浅。但别只光顾着关注别人，忘了演绎自己的精彩！

3. 关注群体：学生的眼界已经从个体上升到群体，能够观察到群体表现的特征，说明你有敏锐的捕捉力和较强的分析能力，对群体关注越多，爱越多。

4. 关注社会：学生能观察到这个社会上的一些现象，无论是美好的一面抑或是阴暗的一面，都体现了学生内心喷薄欲出的责任感。但是别忘了，作为这个社会的一名成员，很多时候，你我的一个微小行动能解决社会上的大问题！

5. 关注民族：小小年纪便能关注到民族，说明该学生是一个有远大抱负和志向的人，人生会因此多了一份厚重与尊严。

6. 关注历史：历史是一条长河，它留给我们的既有瑰宝，也有遗憾。关注到"历史"这一面镜子，在继承历史财富的时候，还能以史为戒。在这样的寻根溯源中，我们的境界可能穿越国家的历史、民族的历史到达世界历史的高度。

7. 关注哲学：学生已经开始把触觉伸到高深的哲学世界，运用辩证逻辑思维思考物质世界与精神世界的关系、事物的本源等。虽显稚嫩，但境界真不一般呢！

8. 关注信仰/宗教：学生的境界已经达到了最高级！因为你已经超脱于凡世，开始追寻内心的归属感了。

文字典雅度素养测评

文字典雅度即是学生的作文语言具有优美而不粗俗的特点，"典"是古典，"雅"是文雅，典雅的语言要求我们的文字要具有古典语言的韵味与雅致，如何以数据形式呈现，这里我们分析学生习作中写作手法与修辞手法的数量。

测试题：一天，一只小老鼠溜进教室，同学们奋力捉老鼠，正巧罗老师走进教室，这时班上情景是怎样的？请你写一写。

我认为学生文字的典雅度体现在学生文笔的节奏感、意境感、韵律感以及文化感的呈现，这里我们统计了学生的描写手法与修辞手法数量，每用到一种描写手法或修辞手法可评等级"1"，相加累计的全部数量即为文字典雅度的测评结果，测评结果统计如下：

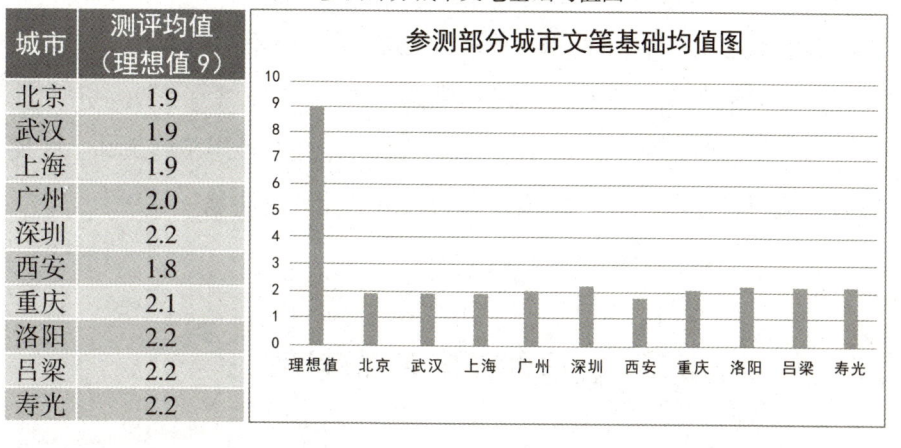

表4 参测部分城市文笔基础均值图

城市	测评均值（理想值9）
北京	1.9
武汉	1.9
上海	1.9
广州	2.0
深圳	2.2
西安	1.8
重庆	2.1
洛阳	2.2
吕梁	2.2
寿光	2.2

一、典雅度

通过数据调研，文字基本功在1～3级之间，文笔的节奏感、意境感、韵律感欠缺；文化感处于低俗与通俗之间，均须提升，分析：

1.5个选项：学生能运用多种描写手法，让文章细腻生动，文采飞扬，有很强的画面感。

2. 4个选项：学生能运用一定的描写手法，让文章自然得体。在与人交流的过程中，学生的话语会在对方头脑中形成一幅比较完整的画面。

3. 2~3个选项：学生能运用一定的描写手法，学生的文章读来让人意犹未尽。虽可留下想象空间，但总有缺憾。

4. 1个选项：学生运用一种描写手法，文章内容枯燥乏味，达不到一定的文学效果，无法引起读者的阅读兴趣。

二、修辞手法

1. 4个选项：学生能运用多种修辞手法准确刻画描写对象，说明学生刻画细节的功力比较深厚，因此文章显得文采斐然。善于运用修辞手法的人，在日常与人交流时，总是能在对方头脑中呈现栩栩如生的画面，给人留下深刻印象。

2. 2~3个选项：学生能运用一定的修辞手法刻画描写对象，说明学生有较好的刻画功力，能使文章更加生动有趣，于细节处见文采。

3. 1个选项：学生运用的修辞手法过于单一，使得不同文章在内容和趣味上无法展现出应有的文采和个性。

4. 0个选项：学生未使用任何修辞手法，文章显得枯燥无味。平时与人交流时，如不注意画面感，会给人留下无趣的印象。

表达创新度素养测评

2006年6月，在广州天河区一所小学，刚上完一堂五年级的作文公开课，一位母亲急匆匆地拿着一篇作文给我看的，说每次孩子亲身经历的事都写成了"流水账"，家长也不知道如何教孩子修改，到五年级了，都写不出一篇成形的文章，家长心急如焚。

难忘的事

一个阳光明媚的星期天，别的小朋友都在外面玩，可我还在家做着作业！

不一会儿就天黑了，我肚子也咕咕叫了，可妈妈还没下班，爸爸坐在沙发上看电视。爸爸是个足球迷，他把电视声音开得很大，一会儿大声喝彩，一会儿跺脚，吵得我都没法儿写作业。

突然，爸爸走过来对我说："孩子，帮老爸去买包烟？"我说："我还有好多作业啊，你自己去吧！"爸爸脸色马上变了，生气地说："你去不去？"我站起来对爸爸说："你自己在玩，我才不去呢！"还没等我说完，爸爸的手举了起来……我只得委屈地下楼了。

晚上7点，妈妈终于回家了，我哭着把事情的经过告诉了她，后来妈妈也批评了爸爸一顿。

父子之间因"买烟"产生矛盾的故事，在孩子平时生活中，类似的素材不胜枚举，也是作文中比较常见的材料。一个对文章没有建构功底的孩子，写成"流水账"不足为奇。基本功好点的，虽在描写上细致些，但文章还是会很平淡，因其全然没有布局谋篇的运筹能力。

"流水账"作文在中小学生中十分普遍。常规教学中，孩子的作文、周记、日记，只是单纯把生活中的事情还原，教师的教学也往往只要求运用"开头、中间、结尾"三段式的方法写作。从2004年底至今，我经过对武汉、广州、北京等地万余名学生的调查，结果没有几个人能准确回答何为作文的结构，更不用说能运用什么构篇方法。

这是其一来自于表达形式的构篇创新，除此之外表达的创新度还表现在学生作文的叙述角度，学生作文的风格两个方面。

我通过一篇作文进行测评，表达创新度即是学生写作的角度创新写作角度：1. 角度创新：三种人称——你；2. 三种人称——我；3. 三种人称——他；4. 六种个性角度——我是故事的主人公；5. 六种个性角度——我是主人公的对手；6. 六种个性角度——我是主人公的配角；

7.六种个性角度——我是主持人；8.六种个性角度——我就是我；9.六种个性角度——我是裁判。

构篇的创新包括了冲突构篇、散文构篇、明暗构篇、点面构篇四种形式。

文章风格形式的创新：喜剧风格、悲剧风格、惊险风格。

因为风格更多的是通过作文体现，所以我以一篇作文进行测评：

测试题：作文：《一场难忘的比赛》你能选择几个角度写作？能写出什么样的风格？

根据学生测评答案，统计数值，能使用一种创新角度即评定"1"，使用一种创新形式行文构篇评定数值"1"，呈现出一种风格评定数值"1"，评定结果为所有数值相加。我和阳光喔总课题组对北京、上海、武汉、深圳、广州等地的20余万学生进行了生态语文素养测评，测评结果反映学生表达创新度现状如下：

表5 参测部分城市构篇基础均值图

城市	测评均值（理想值10）
北京	3.2
武汉	3.1
上海	3.1
广州	3
深圳	3.2
西安	3.1
重庆	3.3
洛阳	3
吕梁	3
寿光	3.1

经过30多年的研究与实践，经过思维训练，我发现学生实现表达创新度数值为"10"通过数据调研，发现会使用个性角度表达的仅有4.6%，使用个性表达方式的有17%，而使用个性风格表达的只有3.4%，调研样本呈现的创新度令人堪忧，情况分析：

一、文体

1. 4 个选项：你能熟练运用多种表达方式，体现出文章的多样风格。不同的表达方式，也是个性表达的基础。

2. 3 个选项：学生能较为熟练地运用多种表达方式，使文章呈现出一定的风格。如果能进一步学习，掌握更全面的表达方式，学生的文章会更具个性。

3. 2 个选项：学生能够在不同场合运用合适的方式表达自己的观点或感情，能满足基础表达的需求，但离个性表达还有一定距离。

4. 1 个选项：学生的表达方式单一，既不能应对未来的考试，在与人沟通的时候自然也缺少几分个性。

二、叙事角度

1. 3 个角度：学生能多角度表达，让文章显得有新意。多角度看问题，也是未来社会人才的需求标准。

2. 2 个角度：学生选择的角度不够全面，如果能进一步变换角度，学生的作文会产生令人惊喜的文学效果。

3. 1 个角度：学生选择的角度单一，让文章显得呆板。单一角度看问题，容易让人偏执、自我。

三、叙述顺序

1. 3 个选项：学生能利用时空的切换渲染文学的效果，使得文章独具魅力。

2. 2 个选项：学生运用的表达顺序不够全面，无法达到更好的文学效果，应学习全面的叙述顺序，让文章引人阅读。

3. 1 个选项：学生运用的表达顺序过于单一，写出的文章给人按部就班的呆板感觉。

情理均衡度素养测评

"情理均衡度"是指通过作文看孩子明理与抒情的文章比例，推导出孩子的思维特质——科学思维（逻辑思维）/文学思维（感性思维）。极度理性的人逻辑思维强，收获成功的可能性高，但因缺乏感性思维，无法感受细腻生活，可能导致生活不幸福。极度感性的人太过于敏感，事业方面容易受挫。

"情"包括并不局限于亲情、友情、师生情、故乡情、爱国情；"理"包括并不局限于社会问题、环境问题、战争与和平、哲理、理想与追求。

我们测评孩子清理均衡度的一个重要方法是，检测阅读和所学知识在现实生活中的运用能力。

测试题：你为什么爱妈妈？

理性：妈妈值得爱的几大理由

感性：妈妈值得爱的几个画面

感性与理性结合：画面与理由

测试结果分值为比分制，回答到设计理性答案的可得"1"分值，回答内容设计到感性分析，可得"1"分，回答中所有的理性答案分值相加：回答中所有的感性答案分值相加，即可得出比分，分析如下：

和合度：调研数据显示，情理均衡的学生人数占23%，偏感性的学生人数占比38%，偏理性的学生人数占比34%。情理均衡度还有进一步提升的空间，分析如下：

1.（3:3）：学生的情理发展比较均衡。乐山者仁，乐水者智，感性与理性的均衡发展会为走向成功插上双翼。

2.（2:4）/（4:2）：学生的情理发展欠缺均衡。如果感性胜过理性，感情用事会让事情的成功性大打折扣。如果理性胜过感性，理性的思考、感性的表达是成功人士的法宝，学生应该适当加强感性思维的培养。

3.（1:5）/（5:1）：学生的情理发展较不均衡。如果感性胜过理性，内心太过敏感，对外界的感受和看法容易变得偏激。如果理性胜过感性，将会忽视外界的细微变化，无法获得丰富的感受。两者皆不利于自身成长。

4.（0:6）/（6:0）：学生的情理发展极不均衡。如果生活中太过感性，容易迷失自己。如果生活中太过理性，人生总是少一份乐趣。

生态语文素养测评体系的建立，让我们掌握了测评孩子语文素养的路径，通过测评结果，获得孩子的语文素养测评值，了解孩子的语文素养发展情况。

第二节
你真的了解自己吗

——生态语文指数的构建与测评

语文，是学好一切学科的基础，是一种生活的方式，更是一种生命的形态。古代科举制，文章选人才；今天，语文教育已经成为早期发现和培养国家需要的创新人才的重要途径。

生态语文是指"语文教育应以人为本；遵循成长规律，为学生建立一套信息吸收、处理和呈现的生态系统，实现学生学习动机与家校内外教育目标的和谐统一，以达到整体提升语文学习效率的目的"。

这套语文教育理念，是阳光喔教育在30年200多万学生的教学实践基础上，联合武汉大学罗积勇教授团队、西南大学荣维东教授团队以及中国教科院教育发展与改革研究所吴霓所长团队，分别就历史、国际以及当前教育改革政策等因素，提供了相关语文生态调查大数据，并成为教育部"十二五"规划课题的重要成果之一。

生态语文指数旨在通过听、读、研、思、说、写、演七大语文能力数据的测评，探索广博度、深刻度、典雅度、创新度、和合度五大语文素养培养路径；同时，语文生态大数据系统可通过不同年龄、地域的中小学生语文能力与素养指标，评估地区语文学习水平，为国家教育政策制定与提升地区语文教育水平提供数据支撑，并最终建立国际语文生态蓝皮书，了解不同国家和地区早期创新人才的差异，促进国际语文教育的交流。

倾听力测评的探索

多年前，我作为中国教育培训行业访问团的成员在美国杜克大学访问的时候，听过一个很有趣的关于倾听力的理论。

这个理论说，一个孩子生下来，在四岁以前的倾听力跟动物是一样的，到了五岁以后接受教育才慢慢变成了人类属性。举个例子，每个小猫小狗一生下来，眼睛还没有睁开就张着嘴要吃，凡是圆的都含到嘴里去了，这是动物的本能属性。小猫生下来一个多月先是吃，除了吃，就是刨地、磨爪子。其实，它并不单纯是为了磨爪子，它这个时候调动了所有的肢体、视觉、行为、注意力，为它未来捕捉老鼠训练，这叫技能，核心的属性就是聚焦。因为一生下来，它的神经系统只关注手，不管是 0.01 秒还是 0.05 秒，它是有反应的。反应完了以后大脑指挥爪子，而且是持续指挥，持续的注意力会为猫未来捕捉所有的东西提供关注力。所以一只没有经过教育的猫天生就具备了盯老鼠的能力。

听完理论的那天晚上，在街头，我无意中看到了一个细节。一只白猫，坐在路灯下面，猫的对面，是一堵墙，墙壁大概有三米多高。我停下了脚步，我就顺着猫的方向静静看，看见墙上有一只很小的壁虎。我就等着这只猫。这是一只有着本能的猫。我估计它一直等着那个壁虎，等到壁虎往下爬了一点，白猫迅速扑上去把壁虎吃了。

我在那里等了快 10 分钟。也就是说，猫的关注时间至少在 10 分钟以上。

这样的关注时间其实是不用培养的，每个孩子天生就有倾听力。

可是，我们很多家长会问，为什么孩子到了小学一年级、二年级开小差，甚至到大学或者工作开会，我们听着听着就开小差了。这是因为我们从小缺少关注时间的训练，尤其是在上小学之前这个阶段。

从心理学的角度来说，两岁半的孩子跟一只猫是一样的，他刨地、玩沙、在墙上画，要把某一个动作或者某一个眼神，或者是某一种关注的，比方说味觉，要让他重复400次，他也不会觉得厌倦。只要这个孩子生下来，你让他按照他的兴趣去琢磨，他的这种兴趣是基因当中本来就有的。任何一个人的倾听力也是与生俱来的，是一种本能。孩子玩沙玩400次不是脏的问题，玩的过程中什么东西建立起来了？我们在做一件事情的时候，视觉、触觉、感觉包括肢体，都因为这件事情调动起来了。

倾听力是学生较早发展起来的基本能力之一。儿童出生七八个月后，在听成人说话时，就开始把简单的词汇和它们所代表的事物联系起来。一岁左右，儿童能够听懂一些简单的话语，到五岁左右基本上能够做到没有困难地听别人说话。

儿童在进入小学前后，已经能够较好地听清字音，听清老师的要求和提问，能够比较顺利地运用口语进行简单交际。但是限于经验和思维水平，他们的聆听能力仍然是有欠缺的，对口语中没有用过的词不理解，语音感知和发音往往不够准确。

所以说倾听力对于孩子来说是非常重要的，倾听力的培养对于孩子的成长有着引导性的作用，就像是孩子成长道路上的基石一般。这也让我想到了一次小学语文公开课的教学比武，坐在评委席上的我，真切地感受到了倾听力的重要性。一位年轻的老师上台后，学生们的脸上都洋溢着灿烂的笑容，我想一定是这位老师的亲和力吸引着学生。果然，后来的课堂确实很活跃，学生在课堂上也是热情高涨。但是却出现了一个不容忽视的问题：当一个学生站起来回答时，还没回答完毕，其他的学生纷纷高举着小手，嘴里还喊着"老师，老师，我来说"。而当老师没有让他们站起来回答问题时，他们很明显出现了不愿倾听、毫无兴趣的状况。如果说课堂上出现这样的状况，而老师却不注意学生的倾听情况和倾听能力，那么课堂上很难会出现学习的效果，更别提高效课堂了。一个没有倾听质量的课堂，不是好课堂；一个不能让孩子们用心倾听的课堂，孩子们的学习成绩也不会很理想。

你是否知道自己的倾听力如何呢？你真的了解自己吗？这也就成了我研究倾听力的动力。

后来，我和阳光喔总课题组开始研究学生的倾听力，对北京、上海、武汉、深圳、广州等地的5万余四年级的学生进行了倾听力的部分内容的测评。第一次关于学生倾听力的研究，我选择了四年级的学生。对于四年级的学生来说，这个阶段主要在于会听懂两个人的对话和听懂通知，也就是倾听的内容。这两个方面主要是考核学生能否记忆简单话语中叙说和解说的内容，能否听出话语所表达的不同情感，能否概略理解语段间的衔接关系（因果、转折、假设等）。这其实也是倾听内容的能力（听话）的考核标准。

这次测评的内容一共有5题，让学生根据录音来选择与听到的录音内容最符合的答案（每题1分）。

1.男：上个月借的这几本书该还了，今天还没时间……

女：今天必须还吗？我正好要去图书馆一趟，我帮你还吧。

问：这位女同学要帮男同学做什么？（ ）

A.去图书馆　B.还书　C.学习

2.女：饿了吧！我们到外面餐厅去吃晚饭吧！

男：我现在还不饿，不太想吃饭。如果非要吃的话，去学校食堂简单吃点儿就行。

女：那我们走吧！

问：他们要去哪里吃饭？（ ）

A.学校食堂　B.外面餐厅　C.不吃晚饭

3.女：你说我今天穿裙子好还是穿裤子好？

男：今天天气冷，穿裙子你不怕冷吗？

问：这位男士是什么意思？（　　）

A.女的应该穿裙子　B.他太冷了　C.女的应该穿裤子

4.男：昨天的新闻你看了吗？我……

女：别说话了，表演马上就要开始了。

问：这位女士说话时的语气是（　　）

A.挖苦　B.幽默　C.不耐烦

5.女：您女儿真会跳舞，是谁教她的？

恰当的回答是（　　）

A.她5岁开始学的　B.老师教的　C.参加过表演

上述5个题目考核的内容是不一样的，第1题和第2题是在考核学生是否能记忆简单话语中叙说和解说的内容；第3题和第5题是在考核学生能否概略理解语段间的衔接关系；第4题是在考核学生能否听出话语所表达的不同情感。得分情况说明：若低于2分，你的倾听能力需要大量的训练；若2～4分，你的倾听能力亟待加强；若高于4分，你的倾听能力非常好。而测评得到的结果是，5万余四年级的学生的平均值仅为2.6分。由此可见，学生的倾听能力是需要一定训练的，还亟待加强。

我知道这还远远不够，这只是针对一个年级的部分倾听内容进行了测试，后来对其他年级的学生也做了样本分析，我发现：不同的年级，倾听内容的能力是完全不一样的。每个年级的具体情况如下：

1.一年级：能听清音节和简单的句子，大概理解语义。能比较正确地辨别语料中的显性事实。

2.二年级：能听清音节和句子，理解语义。能比较正确地辨别语料中的重要信息。

3.三年级：能听清音节和句子，理解语义。能抓住并理解关键词句，解释话语中关键词语、短语的意义。

4.四年级：能记忆简单话语中叙说和解说的内容。能听出话语所表达的不同情感。能概略理解语段间的衔接关系。（因果、转折、假设等）

5. 五年级：能准确概括一个或多个语段所负载的信息，得出某结论的多个依据、原因，或概括不同的表现等。

6. 六年级：能理解复杂语句的意思；能筛选话语中的要点；能针对特定目的初步归纳主要内容；能就话语的中事实、观点做简单推断。

7. 七年级：能正确归纳话语内容要点；能辨识讲者立场、观点、意图；能就话语中的事实、观点、论证、表达方法等做合理推断；能结合情境和语气、声调变化等推论语句的隐含意义。

8. 八年级：准确理解话语中的整体内容；理清讲者的立场、观点、意图；就话语中的事实、观点、论证、表达方法等做合理的评价。

9. 九年级：全面准确理解话语的深层意思；就话语中的事实、观点、论证、表达方法等做评价时有充分依据，富说服力，并具个人见解。

说到这里，我们只是说了倾听内容的能力，那学生的倾听态度如何呢？倾听态度在倾听力的测评中也尤为重要，它也是测评倾听力的内容之一。研究表明：不同年级的学生，对于倾听态度的要求也是不一样的。

1. 一年级：能用眼神注视说话者，认真地听他人发言，不随意打断他人的说话，追问有礼貌。保持5分钟专注倾听。

2. 二年级：能用眼神注视说话者，能用肢体语言（坐姿、点头、微笑）等传达倾听情绪。对不理解的地方能有礼貌地追问。保持10分钟专注倾听。

3. 三年级：能用眼神注视说话者，能用肢体语言（坐姿、点头、微笑）等传达倾听情绪。对不理解的地方有追问。尝试记录说话者的内容和观点。保持15分钟专注倾听。

4. 四年级：能用眼神注视说话者，能用肢体语言（坐姿、点头、微笑）等传达倾听情绪。对不理解的地方向人请教，就不同意见与人商讨，并试着表达自己的看法。保持20分钟专注倾听。

5. 五年级：能用眼神注视说话者，能用肢体语言（坐姿、点头、微笑）等传达倾听情绪。对不理解的地方向人请教，就不同意见与人商讨。

能整理听到的信息，并有条理地记笔记。保持 25 分钟专注倾听。

6.六年级：能用眼神注视说话者，能用肢体语言（坐姿、点头、微笑）等传达倾听情绪。对不理解的地方向人请教，就不同意见与人商讨。能用笔记详细有条理地记录听到的内容。保持 30 分钟专注倾听。

7.七年级：自始至终认真、耐心地听别人将话说话，适时针对说话者内容进行回应。保持 35 分钟专注倾听。

8.八年级：自始至终认真、耐心地听人讲话，适时针对说话者内容进行回应。能从讲者某点内容关联自己的生活和经验。保持 40 分钟专注倾听。

9.九年级：自始至终耐心专注地倾听，根据具体语境品评体察说话者的意图和情感；准确、及时、得体地回应对方。保持 45 分钟专注倾听。

我认为良好的倾听，不仅可以掌握信息，更是对他人的尊重。认真倾听是建立良好关系的前提，只有认真倾听对方的述说之后，你才能更深入地了解他人，更全面地掌握有效信息。在生活中，不管是成年人，还是小孩子，都是更喜欢能够积极倾听的人。很多时候，我们更愿意做一个说话者而非倾听者，主要是因为我们更倾向于找到一个忠实的听众去倾诉自己，表达自己的想法。所以说学会倾听，提高倾听力，对我们有着深远的影响。

写作力测评的探索

写作是一个人学习、生活、发展和生命成长的关键因素之一，历来在大中小学课程中举足轻重。依据我国官方文件，核心素养定义为"学生应具备的适应终身发展和社会发展需要的必备品格和关键能力"，我们可以将"写作核心素养或能力"界定为学生写作必备的、关键的知识、技能、策略、态度价值观等。

当今，国际上比较流行的是美国 NAEP 写作评价标准和《6+1 作文要素评价量表》。美国 NAEP 写作评价标准主要基于思辨类写作包括观点的展开、观点的组织、语言的流畅与规定三个方面。观点的展开要求作者结合自身的思考和经验去解决新问题；观点的组织是针对段落和句子的安排是否连贯顺畅，能否帮助读者顺畅阅读而言的；语言的流畅与规范包括句子内部结构的准确性、句子结构的多样性、词语的选择等内容。同时要求观点的展开、组织、语言的流畅与规范都指向写作目的和读者对象。美国 NAEP 2011 年作文评价标准的逻辑起点是"交际"，这与其"写作的本质是交际性"有关。它们代表世界写作理论发展的方向。

美国的写作比较注重交际、写作目的等，而中国比较注重文章本身的指标。写作能力评价是一个与价值指向、人才素养指标以及一个国家的教育政策文化传统密切相关的工作。如我国比较注重作文的"思想""文采"等要素，而今随着"语文核心素养"概念提出更关注"语言、思维、文学、文化"等要素。如何对这些进行评判、筛选、措置、整合、建构是一个很艰巨的工作。它既需要对人才观、教育观、写作观等不断反思，还需要对现实诸多因素进行考问，需要各利益相关方不断地探讨协商。写作评价指标从这个层面看，也是整个教育改革和社会文化改革的一部分，需要综合研判、科学研究并谨慎抉择。

我和阳光喔总课题组在充分研究借鉴国内外语文知识序列基础上，对阳光喔语文核心知识和能力框架布局如下：

1. 一年级侧重基本句式训练，比如一般陈述句、"是"字句、"把"字句等。

2. 二年级侧重基本句群训练，比如"并列""递进""因果""总分"等复句。

3. 三年级侧重基本段落及发散写长，比如"总分""并列""发散思维""动作分解""情节分解"写长等。

4. 四年级侧重常见类型语篇读写，比如头尾、结构、记叙六要素等基本写作知识等。

5. 五年级侧重常见文体语篇读写，比如自叙文、说明文、劝说文、文艺文、实用文等写作。

6. 六年级侧重小学段语篇综合训练，进一步掌握叙述类、说明类、劝说类、文艺类文章的写作。

7. 七年级侧重常见语篇初步的复杂精细训练，在基本类型文体写作上，写作技法有进一步体现。

8. 八年级侧重文学、文化类文章训练，尝试写文艺类、思辨类作品，如散文、时评、小研究论文等。

9. 九年级侧重语言思维文章文学文化等全面的整合训练与拓展，比如撰写读书笔记、摘要等，有兴趣的可以尝试写诗歌、散文、小说、短剧等。

上述九层级写作任务序列大致遵循：基本句型——基本句群——基本段落——基本篇章——文体语篇——综合语篇——精细语篇——文化语篇——综合语篇这一脉络，从简单到复杂循环递升。

我们以一年级的学生的写作能力——句子写作为例：一年级毕业时，学生要知道写作是生活、做事、学习的工具，是面向读者、有目的的表达和交流行为，要能用四五个通顺连贯的句子表达思想、传达信息，养成正确的写作观念、方法和习惯。一是能运用10种基本句式，写3～5句集中、连贯、得体的话；二是句子基本正确，能包含基本要素信息（谁＋在哪里＋做什么），句式完整正确，语义明白，能传达信息、观点和自己的情感；三是可以采用先说后写、读写结合、交际任务情境方式来写留言条、短信、贺卡等小作文（语篇）；四是能够依照一定时间顺序（先……接着……后来）展开，意思说清楚、说完整，有点个性特点和审美眼光；五是初步学习逻辑思维，尝试对一个事物，进行3个以上角度的观察或者想象，从"时间、地点、事件"等3个以上的不同的方面，进行有物有序的说话、写话；六是有好奇心，学会合作分享，学会利用新媒介学习、娱乐、成长。

以上3个方面说的是一年级学生要掌握的写作能力的内容，那对于一年级的学生是否有一个量化的标准呢？其实，对于一年级的学生来说，在进行句子写作时，有以下要求：每分钟写10字，笔顺正确，书写工整清晰，易于辨认，5分钟写50字左右，可以拼音带字，图画带字，格式基本规范。能构成完整连贯的3~5句话。3次连续成篇可以达到100~200字。

当然，不同的年级，考核的内容和标准也是不一样的。这里就不做具体概述了，详细内容见七大能力的测评标准。

我们队每个学生的测评结果，都会采取可视化图表以及文字描述方式，在考评之后提交家长、教师甚至学生个人。评语的要求也是科学化、专业化、人性化，让学生好明白自己的优点和缺点所在，然后基于此，进行相应的课程研发和教学支持。生态语文指数的测评与分析，其实也是对每一个学生生命成长的分析。通过听、读、研、思、说、写、演七大语文能力数据的测评，我们可以更清楚每个学生的具体能力，进而能够针对性地提升语文学习的能力，为国家培养创新型人才打下坚实的基础。

高尔基说过："没有不可认识的东西，我们只能说还有尚未被认识的东西。"我们一直秉承着对生态语文的尊重和敬仰，不断地认识和完善它。经过不断探索和研究，我们初步研发了一套面向学生和成人的生态语文七大能力的测评系统。

测评对象基本信息

该调研问卷为生态语文测评系统（试用版），分为倾听力、阅读力、思维力、口语力、写作力、表演力等部分，由判断题和选择题组成，了解测评对象基本信息，意在尝试分析生态语文能力的特点与成因。

表6 成人基础信息

成人基本信息				
姓名：	性别：男（ ）女（ ）	年龄：		民族：
所在城市	北京（ ） 武汉（ ） 广州（ ） 深圳（ ） 上海（ ） 重庆（ ）			
学历	本科以下（ ） 本科（ ） 硕士研究生（ ） 博士研究生及以上（ ）			
学生基本信息				
姓名：	性别：男（ ）女（ ）	年龄：		民族：
所在区域	省　市　区/县			
学校名称				
所读年级	1（ ） 2（ ） 3（ ） 4（ ） 5（ ） 6（ ） 7（ ） 8（ ） 9（ ）			

(一) 倾听力

表 7 倾听力测评表

倾听力测评

测评内容		测评标准	测评方式	测评时间点 1	测评时间点 2	测评时间点 3	测评时间点 4	成长曲线图
环境关注	公众场合：机场/车站/医院等	能掌握公众场合必须关注的重要信息	询问/自测					
		在没有关注到关键信息时知道如何补救方法 知道（ ）不知道（ ）						
	生活环境：餐厅/咖啡厅/聚会等	能判断聚会场合的氛围与意义 能（ ）不能（ ）						
		在判断错误时知道补救的方法 知道（ ）不知道（ ）						
人物关注	小型聚会	能判断人物的主次长幼 能（ ）不能（ ）						
		知道什么时候关注主宾，什么时候关注其他 知道（ ）不知道（ ）						
	双方对话	能直视对方 能（ ）不能（ ）						
		能分析对方的对话意图 能（ ）不能（ ）						
关注时长	感兴趣内容	对自己感兴趣内容的持续关注时间（分钟） < 10, 11～30, > 31						
	不感兴趣内容	对自己不感兴趣内容的持续关注时间（分钟） < 5, 6～20, > 21						

续表

	测评内容	测评标准	测评方式	测评时间点1	测评时间点2	测评时间点3	测评时间点4	成长曲线图
神态关注	眼神关注	眼神能持续跟随讲话人	能（ ）不能（ ）					
	表情关注	表情能随着讲话内容发生变化	能（ ）不能（ ）					
动作关注	头部关注	在关注时能用点头或者摇头表达自己的态度	能（ ）不能（ ）					
	身体关注	能前倾、后仰等肢体语言表达自己的态度	能（ ）不能（ ）					
语言关注	双方对话	能用"同意、明白、OK"等语言促进对话	能（ ）不能（ ）					
	群体聚合	能用"你的意识是不是……"确定对方意图	能（ ）不能（ ）					
工具关注	笔记记录	能举手提问表达自己的想法	能（ ）不能（ ）					
	手机记录	能用关键词、思维导图等方式记录讲者内容	能（ ）不能（ ）					
		能用手机拍摄或者在许可情况下录音记录	能（ ）不能（ ）					
能力	概括力	能简单概括讲者的内容	能（ ）不能（ ）					
		能做减法，确定对自己有用的关键内容	能（ ）不能（ ）					
	关联力	能做加法，确定与自己哪些经验关联	能（ ）不能（ ）					
		能用自己相应经验进一步丰富对方观点	能（ ）不能（ ）					
	创新力	能对比列举自己与对方不同的观点	能（ ）不能（ ）					
		能对比对方与大众不同的观点	能（ ）不能（ ）					
		能分通过分析反思得出新的观点	能（ ）不能（ ）					
		能借助新媒体等方式发表自己的观点	能（ ）不能（ ）					

（二）阅读力

表8 阅读力测评表

阅读力测评表

测评内容		测评标准	测评方式	测评时间点1	测评时间点2	测评时间点3	测评时间点4	成长曲线图
阅读兴趣	绘本故事	对绘本故事书籍阅读数量	<10本，11~30本，>31本					
	三百千	能背诵《三字经》	全部（ ）一点点（ ）不能（ ）					
		能背诵《百家姓》	全部（ ）一点点（ ）不能（ ）					
		能背诵《千字文》	全部（ ）一点点（ ）不能（ ）					
	童话故事	阅读中国与世界童话书的数量	<10本，11~30本，>31本					
	成语故事	能讲述成语故事	<10个，11~30个，>31					
	寓言故事	能讲述寓言故事	<10个，11~30个，>31					
	文学	能背诵唐诗宋词元大家散文篇数	<50篇，51~100篇，>101篇					
		阅读世界名著的数量	<50篇，51~100篇，>101篇					
	哲学	阅读了解中国哲学家数量	<3个，4~6个，>7个					
		阅读了解西方哲学家数量	<3个，4~6个，>7个					
	历史	精读中国几个历史时期	<3个，4~6个，>7个					
		知晓中国大致几个朝代的人物与事件	<5个，6~10个，>11个					
	个性	阅读多少侦探类书籍	<10本，11~30本，>31本					
		阅读多少科技自然类书籍	<10本，11~30本，>31本					
		阅读多少体育艺术类书籍	<10本，11~30本，>31本					

续表

测评内容		测评标准	测评方式	测评时间点1	测评时间点2	测评时间点3	测评时间点4	成长曲线图
阅读量	家庭藏书	家庭拥有的书籍册数	<300册，301~800册，>801册					
	正书	每周有计划的正书阅读量	<1000字，1001~3000，>3001					
	闲书	每周无计划的休闲阅读量	<3本，4~6本，>7本					
	快速阅读	每分钟能抓取的关键信息数	5个，6~10个，>11个					
		每分钟可以阅读的字数（能复述80%）	<300字，301~700字，>701字					
阅读方式	吟诵	能把平声读长	能（ ）不能（ ）					
		能把仄声读短	能（ ）不能（ ）					
		能把尾音读成连音	能（ ）不能（ ）					
	朗诵	能读出轻音	能（ ）不能（ ）					
		能读出重音	能（ ）不能（ ）					
		能读出停顿	能（ ）不能（ ）					
		能读出连音	能（ ）不能（ ）					
		能读出不同句式的语调(雷军)	能（ ）不能（ ）					
	吟唱	能吟唱多少经典篇数	<5篇，6~10篇，>11篇					
	批注	能运用眉批	能（ ）不能（ ）					
		能对关键句子进行批注	能（ ）不能（ ）					
		能运用尾批	能（ ）不能（ ）					

续表

	测评内容	测评标准	测评方式	测评时间点1	测评时间点2	测评时间点3	测评时间点4	成长曲线图
阅读能力	归纳	能用小标题归纳文章的内容	能（ ）不能（ ）					
	概括	能概括文章的写作内容	能（ ）不能（ ）					
		能概括段落的写作的意思	能（ ）不能（ ）					
	理解	能用各种方法理解句子的表面意思	能（ ）不能（ ）					
		能联系相关人物分析句子内在意思	能（ ）不能（ ）					
		能联系写作背景和现代生活理解引申意	能（ ）不能（ ）					
	分析	能分析文章的写作结构和手法	能（ ）不能（ ）					

（三）研学力

表9 研学力测评表

	测评内容	测评标准	测评方式	测评时间点1	测评时间点2	测评时间点3	成长曲线图
玩转游戏	有喜欢或经常玩的游戏	有（ ）无（ ）					
	能挑选适合自己的玩具/道具	有（ ）无（ ）					
	能较快了解游戏规则	有（ ）无（ ）					
	会做简单的游玩/旅游规划	有（ ）无（ ）					
制订计划	做旅游计划时会使用各类查询工具（手机，各类预定软件等）	有（ ）无（ ）					
	外出游玩时会做时间规划	有（ ）无（ ）					
	会做游览景点、路线规划	有（ ）无（ ）					
	会做旅游费用计划	有（ ）无（ ）					

续表

	测评内容	测评标准	测评方式	测评时间点1	测评时间点2	测评时间点3	测评时间点4	成长曲线图
选择伙伴	会选择合适的游戏伙伴（合作方或对手）	有（ ）无（ ）						
	玩游戏不顺利时，会与伙伴沟通并克服	有（ ）无（ ）						
	研学过程中，能与伙伴共同完成指定任务	有（ ）无（ ）						
	研学过程中，出现矛盾时能通过沟通解决问题	有（ ）无（ ）						
感悟自然	能选择合适的景物拍照片（如图文发朋友圈，分享自然之美）	有（ ）无（ ）						
	能向朋友或家人口头介绍一两处你印象深刻的景点	有（ ）无（ ）						
	能说出从不同距离（远近）和角度（仰视俯视平视）看同一景物的特点	有（ ）无（ ）						
	能说出生活中具有代表性的四季景物（所在城市或者全国范围内）	有（ ）无（ ）						
	能从听觉、嗅觉、味觉、触觉等综合感受景物	有（ ）无（ ）						
探寻文化	游览前能提前查看资料，了解景观/景点的设计、美学价值或历史文化价值	有（ ）无（ ）						
	外出旅游时，能通过询问方式了解一处当地风俗习惯或特色	有（ ）无（ ）						
	游览展览馆时，能通过介绍资料和说明文字了解展览重点	有（ ）无（ ）						
总结分享	能作为导游带领他人游览一处景点	有（ ）无（ ）						
	能通过网络直播分享自己的游览经历	有（ ）无（ ）						
	能写游记分享自己的研学过程，分享研学感悟	有（ ）无（ ）						

（五）口语力

表10 口语力测评表

测评内容		测评标准	测评方式	测评时间点1	测评时间点2	测评时间点3	测评时间点4	成长曲线图
音量	洪亮	声音能抵达50人以上的群体 能（ ）不能（ ）						
		知道在哪些场合声音需要洪亮 知道（ ）不知道（ ）						
	中音	声音能控制在对10人左右 能（ ）不能（ ）						
		知道在哪些场合声音需要中音 知道（ ）不知道（ ）						
	低音	声音能控制在抵达1～3人 能（ ）不能（ ）						
		知道在哪些场合声音需要低音 知道（ ）不知道（ ）						
发音	字正	能准确掌握发音 能（ ）不能（ ）						
	腔圆	能准确运用口腔和鼻腔 能（ ）不能（ ）						
语速	快速	能驾驭快速的语速，300字/分钟以上 能（ ）不能（ ）						
	中速	能驾驭中速语速，200～300字/分钟 能（ ）不能（ ）						
	慢速	能驾驭慢速语速，200字/分钟以下 能（ ）不能（ ）						
话语权		知道在主宾或长辈讲话时，停止讲话 知道（ ）不知道（ ）						
		知道在小型聚会时，主动争取话语权 知道（ ）不知道（ ）						
		知道不去霸占话语权 知道（ ）不知道（ ）						
生活口语		知道不去打断别人发言 知道（ ）不知道（ ）						
		能根据环境确定每个场合表达的主题 能（ ）不能（ ）						
	语言	能从3个以上的逻辑表达自己的观点 能（ ）不能（ ）						
	组织	能用故事案例表达自己的观点 能（ ）不能（ ）						
		能使用表情和肢体语言强化自己的观点 能（ ）不能（ ）						

续表

	测评内容	测评标准	测评方式	测评时间点 1	测评时间点 2	测评时间点 3	测评时间点 4	成长曲线图
即兴演讲 3 分钟	能鲜明的表达主题观点	能（ ）不能（ ）						
	能选择 3 个关键词进行逻辑组织	能（ ）不能（ ）						
	能使用排比句缓冲演讲压力	能（ ）不能（ ）						
8 分钟	能从数据案例中提出问题	能（ ）不能（ ）						
	能用故事方案提出解决方法	能（ ）不能（ ）						
	能阐明解决问题的价值与意义	能（ ）不能（ ）						
15 分钟	能用各种方法激趣，提出问题	能（ ）不能（ ）						
	能用 3 个小模块故事带入听众	能（ ）不能（ ）						
	能从故事中总结观点	能（ ）不能（ ）						

（六）写作力

表 11 写作力测评表 -1

	测评内容	测评标准	测评方式	测评时间点 1	测评时间点 2	测评时间点 3	测评时间点 4	成长曲线图
写作规范	书写整洁	文章每 100 字出现涂改污渍数	< 3 处，4～6 处，> 7 处					
	错别字	文章每 100 字出现错别字数	< 3 个，4～6 个，> 7 个					
书写速度	每分钟	阿拉伯数字	30 以内，31～50，大于 51					
		诗词默写	< 20 字，21～35 字，> 36 字					
		边想边写	< 20 字，21～35 字，> 37 字					
	持续书写	能被 20 整除的持续时间数（分钟）	< 5，6～10，11～20，> 21					

续表

测评内容		测评标准	测评方式	测评时间点1	测评时间点2	测评时间点3	测评时间点4	成长曲线图
句子完整	句子准确	能准确使用"谁是什么""谁干什么"等句式	能( )不能( )					
	句子完整	能完整写出"什么时间,什么地点干什么,干得怎么样"	能( )不能( )					
写具体	叙述能力	能一句话综述观点	能( )不能( )					
	分解能力	能从几个方面分解情节叙述	<2, 3~5, >6					
	细节对象	能选择几个描写主体与部位	<2, 3~5, >6					
	动词修饰	每个部位或主体能选择几个动词修饰	<2, 3~5, >6					
	形容词	每个部位或主体能选择几个形容词修饰	<2, 3~5, >6					
	修辞手法	每个部位或主体能选择几个修辞手法来修饰	能( )不能( )					
写清楚	小标题数	能用小标题表达观点	能( )不能( )					
	过渡段数	使用过渡段数	0, 1~2个, >3个					
	过渡句数	使用过渡句数	0, 1~2个, >3个					
	关联词数	使用关联词数	0, 1~2个, >3个					
节奏感	平均字数	每100字的断句平均字数	<8, 9~15, >16					
	短句数	每100字平均使用小于7字的短句数	<5个, 6~10个, >11个					
	节奏词数	每100字使用ABBVABABVAABB等节奏词语数	<5个, 6~10个, >11个					
意境感	意象数	每100字使用的意象数量	<3个, 4~6个, >7个					
	虚实数	每100字使用虚写句子数	<3个, 4~6个, >7个					
		每100字使用实写句子数	<3个, 4~6个, >7个					
	动静数	每101字使用的动态句子数	<3个, 4~6个, >7个					
		每100字使用的静态句子数	<3个, 4~6个, >7个					

续表

测评内容		测评标准	测评方式	测评时间点1	测评时间点2	测评时间点3	测评时间点4	成长曲线图
文化感	文言词数	每100字使用的文言词数 <5个, 6~10个, >11个						
	文言句数	每100字使用的文言句数 <5个, 6~10个, >11个						
	诗词引用	每100字诗词歌赋引用数 <5个, 6~10个, >11个						
基础构篇	时间	能按照时间先后构篇 能( ) 不能( )						
	事件	能按照事情发展顺序构篇 能( ) 不能( )						
	地点	能按照地点变化构篇 能( ) 不能( )						
	总分	能按照总分关系构篇 能( ) 不能( )						
基础文体	记叙文	能按照记叙文六要素构篇 能( ) 不能( )						
	说明文	能掌握常见说明文的构篇方法 能( ) 不能( )						
	议论文	能掌握论点、论据、论证的构篇方法 能( ) 不能( )						
风格构篇	喜剧	能运用点面方法构篇 能( ) 不能( )						
	优美	能运用散文构篇方法 能( ) 不能( )						
	惊险	能运用冲突构篇的方法 能( ) 不能( )						
	哲理	能运用明暗构篇方法 能( ) 不能( )						
个性构篇	日记	能运用日记体构篇 能( ) 不能( )						
	书信	能运用书信体构篇 能( ) 不能( )						
	诊断书	能运用诊断书构篇 能( ) 不能( )						
	实验报告	能运用实验报告体构篇 能( ) 不能( )						
	辩论会	能运用辩论题构篇 能( ) 不能( )						

表 12 写作力测评表-2

写作力测评表-2

	测评内容	测评标准	测评方式	测评时间点 1	测评时间点 2	测评时间点 3	测评时间点 4	成长曲线图
生活选材	家庭	能选择家庭不同成员做材料	1个，2~3个，4个以上					
	学校	能选择学校不同角色做材料	<2个，3~5个，>6个					
	社会	能选择社会不同角色做材料	<2个，3~5个，>6个					
知识选材	历史	能选择历史不同角色做材料	<2个，3~5个，>6个					
	文学	能选择不同文学家做材料	<2个，3~5个，>6个					
	科学	能选择不同科学家做材料	<2个，3~5个，>6个					
	哲学	能选择不同哲学家做材料	<2个，3~5个，>6个					
	音乐	能选择不同音乐家做材料	<2个，3~5个，>6个					
	美术	能选择不同画家做材料	<2个，3~5个，>6个					
	体育	能选择不同体育明星做材料	<2个，3~5个，>6个					
	民俗	能选择不同民族风俗做材料	<2个，3~5个，>6个					
	战争	能选择不同军事家做材料	<2个，3~5个，>6个					
	新闻	能选择不同新闻人物做材料	<2个，3~5个，>6个					
	舞蹈	能选择不同舞蹈家做材料	<2个，3~5个，>6个					
	时尚	能选择不同时尚人物做材料	<2个，3~5个，>6个					
想象空间	童话	能选择不同童话人物做材料	<2个，3~5个，>6个					
	神话	能选择不同中国神话西方神话人物做材料	<2个，3~5个，>6个					
	科幻	能选择不同科幻人物做材料	<2个，3~5个，>6个					
	虚拟	能选择不同虚拟概念做材料	<2个，3~5个，>6个					

续表

	测评内容		测评标准	测评方式	测评时间点1	测评时间点2	测评时间点3	测评时间点4	成长曲线图
基本角度	一人称	能运用第一人称写作	能（ ）不能（ ）						
	二人称	能运用第二人称写作	能（ ）不能（ ）						
	三人称	能运用第三人称写作	能（ ）不能（ ）						
个性角度	主人公	能运用：我是要描写故事人物的主人公	能（ ）不能（ ）						
	对手	能运用：我是要描写人物的对手	能（ ）不能（ ）						
	配角	能运用：我是要描写人物的配角	能（ ）不能（ ）						
	主持人	能运用：我用主持人角度邀请要描写人物	能（ ）不能（ ）						
	裁判	能运用：我是裁判角度写人和事	能（ ）不能（ ）						
	记者	能运用：我是采访当事人的记者角度	能（ ）不能（ ）						
小我立意	关注自我	能表达自己的情绪、情感、顿悟	能（ ）不能（ ）						
	关注他人	能站在身边人的立场表达观点情感	能（ ）不能（ ）						
大我立意	关注群体	能站在群体的立场表达观点情感	能（ ）不能（ ）						
		能站在民族的立场表达观点情感	能（ ）不能（ ）						
		能站在人类的立场表达观点情感	能（ ）不能（ ）						
		能站在大自然的立场表达观点情感	能（ ）不能（ ）						
真我立意	历史	能站在历史人的立场表达观点情感	能（ ）不能（ ）						
	哲学	能站在哲学的立场表达观点情感	能（ ）不能（ ）						

（七）表演力

表 13 表演力测评表

	测评内容		测评标准	测评方式	测评时间点 1	测评时间点 2	测评时间点 3	测评时间点 4	成长曲线图
秀自己	学会摆拍	能摆出卖萌的 pose	能（ ）不能（ ）						
		能摆出疯狂的 pose	能（ ）不能（ ）						
		能摆出幽默搞笑的 pose	能（ ）不能（ ）						
		能摆出安静思考的 pose	能（ ）不能（ ）						
	战胜镜头	能对着镜头自然的表达	能（ ）不能（ ）						
		能在场景表演时忽视镜头	能（ ）不能（ ）						
秀生活	秀家庭	能秀出自己在家庭生活小片段	能（ ）不能（ ）						
		能秀出父母家庭小片段	能（ ）不能（ ）						
		能秀出爷爷奶奶家庭生活小片段	能（ ）不能（ ）						
	秀校园	能秀出自己在校园生活片段	能（ ）不能（ ）						
		能秀出阳光校园人物片段	能（ ）不能（ ）						
		能秀出学校教师形象片段	能（ ）不能（ ）						
	秀社会	能秀出自己在社会生活小片段	能（ ）不能（ ）						
		能秀出街道邻居小角色	能（ ）不能（ ）						
		能秀出不同职业角色片段	能（ ）不能（ ）						

续表

测评内容		测评标准	测评方式	测评时间点1	测评时间点2	测评时间点3	测评时间点4	成长曲线图
秀文学	诗歌	能对一首小诗进行创作表演	能（ ）不能（ ）					
	课本	能对一篇小课文情节进行创作表演	能（ ）不能（ ）					
	话剧	能模仿表演一段小话剧	能（ ）不能（ ）					
秀文化	春节	能表演一段春节场景	能（ ）不能（ ）					
	端午节	能表演一段端午节场景	能（ ）不能（ ）					
	泼水节	能表演一段泼水节场景	能（ ）不能（ ）					
秀历史	政治家	能模仿表演历史上一个政治家	能（ ）不能（ ）					
	思想家	能模仿表演一个思想家	能（ ）不能（ ）					
	军事家	能模仿表演一个军事家	能（ ）不能（ ）					

第三节
搭建生态语文论坛平台
发布年度生态语文指数

——生态语文建设的平台化与数据化之路

举办生态语文教育论坛,搭建高端交流展示平台

为给全国生态语文实验单位的各类项目成果提供展示平台,同时更进一步探索生态语文的发展之路,我们联合教育主管部门、高校、教科研系统、企业、社会力量办学等单位,每年召开一场生态语文教育发展总论坛及若干场分论坛。

生态语文总论坛,是生态语文研究成果发布、实践经验交流,以及生态语文资源汇聚的全国性重要平台。论坛以"回归语文本真、守护人文本性、促进自主成长"为宗旨,以跨界联动为主要特色,每年举办一次,形成政府、学校、企业、社会组织合力,讲好中国故事,传播中国声音,助力生态语文发展。论坛主要采用"主论坛+分论坛+成果展示"的形式进行。

生态语文论坛的举办,响应了中共中央关于"传承中国文化,讲好中国故事,传播中国声音"的时代主题,对于建设"一带一路"、

建立文化自信具有重大意义。同时,论坛内容也是在响应全面深化基础教育改革及高考改革政策,探讨核心素养及创新人才培养路径。更重要的是,为一线教育工作者解决教育教学难题,提供一个有效的借鉴平台,对推广生态语文研究成果有着重要的意义。

2017年7月22日,首届博鳌生态语文创新发展论坛在琼海完美闭幕。论坛规格高、跨界广、内容丰富、影响深远,汇聚了来自全国21个省(自治区、直辖市)、38个城市、300多所学校/单位、近1500名参会代表,涵盖了国内外教育界、新闻界、外交界、军政界等领域的专家学者,见证了生态语文的多样性,共同打造了一个自然、和谐、开放、创新的语文教育高端学术交流与展示平台。

自首届总论坛召开以后,各地反响热烈,纷纷申请举办分论坛。2017年11月,湖北省武昌实验小学承办武汉分论坛;2018年1月,山西晋中教研室、语文报社等单位承办晋中分论坛;2018年5月,北京市朝阳区教委承办北京分论坛,寿光市教育局承办山东分论坛;2018年6月,马来西亚董教总等单位承办东南亚分论坛;2018年7月,营口教师进修学校承办营口分论坛。分论坛为40多位语文教师提供了展示平台,同时也将各地的语文教育特色展现在全国教育同行眼前。

2018年10月,继首届博鳌生态语文教育创新发展论坛之后,第二届生态语文总论坛在深圳召开,它以"改革开放四十年、语文教育迈入新时代"为主题,围绕语文教育与文化传承、语文教育与学科提升、语文教育与生命发展、语文素养与能力的测评,以及国家通用语言文字在少数民族地区的普及与发展等五大议题展开。着重探讨新时代下生态语文教育的新使命,共同打造基于核心素养教育目标下的语文共享新生态。

发布年度生态语文指数，建立语文素养数据常模

当前我国面临着缺乏语文素养数据常模，教学改革缺乏依据的现状，其主要原因在于国内尚无权威系统测评体系。为了应对这一现状，引入第三方教育评价体系十分必要。国家和教育主管部门也日益重视第三方教育评价的作用。

《国家中长期教育改革和发展规划纲要（2010—2020年）》中提出："推进专业评价。鼓励专门机构和社会中介机构对高等学校学科、专业、课程等水平和质量进行评估。建立科学、规范的评估制度。探索与国际高水平教育评价机构合作，形成中国特色学校评价模式。建立高等学校质量年度报告发布制度。"

2013年，《中共中央关于全面深化改革若干重大问题的决定》再次指出："深入推进管办评分离，扩大省级政府教育统筹权和学校办学自主权，完善学校内部治理结构。强化国家教育督导，委托社会组织开展教育评估监测。"

2013年，十八届三中全会中也明确指出，要"深入推进管、办、评分离"，要发挥社会评估组织即第三方教育评价机构的作用。

2015年，《教育部关于深入推进教育管办评分离促进政府职能转变的若干意见》指出，在做好内部评估的同时，要主动委托第三方开展全面、深入、客观的评估，评估结果作为评价政府及其主要负责人教育行政工作业绩的重要参考。引入独立第三方评估，有助于避免政府在评价体系中既当运动员又当裁判员，体现了政府更加开放地接受监督的胸怀，也凸显了政府着力推进行政体制改革的决心。

为响应国家呼吁，2015年11月，我国第三方教育评价机构联谊会成立。但这是仅具备"研讨会"功能的组织，尚无正式的准入和监督部门。

建立科学合理的第三方教育评价体系，构建中国语文素养常模，是生态语文研究的重要任务。为此，我们研发出专业性强而简易的测

评软件（包括理论基础、框架维度、能力指标、测评报告），尝试开展个体和群体语文能力测评，基于生态语文实验学校的数据，初步建立科学化、专业化的语文能力数据库，并于每年论坛上发表年度《生态语文指数蓝皮书》。

同时建立全国乃至全球范围内的研究团队，制订新研究计划；正式开展个性化、普适化测评（学校、学区语文能力测评）；发布专业可靠的语文能力指数报告，如进行效度、信度、关联度规律，进行个体整体素养和单项指标，如发散思维水平的比较等方面的分析。

我们还计划在全球选择100个城市，比较国家与国家、城市与城市、学校与学校、班级与班级、个人与个人生态语文教育差距。从信息吸收、处理、呈现等方面分析各地区差异，发布《全球生态语文教育指数蓝皮书》。